国有资产与经济风险及安全管理研究

GUOYOU ZICHAN YU JINGJI FENGXIAN JI ANQUAN GUANLI YANJIU

廖陈斌　宋　洋　朱颖华　主编

文化发展出版社
Cultural Development Press

图书在版编目（CIP）数据

国有资产与经济风险及安全管理研究 / 廖陈斌，宋洋，朱颖华主编．—北京：文化发展出版社，2020. 7

ISBN 978-7-5142-3034-5

Ⅰ．①国… Ⅱ．①廖… ②宋… ③朱… Ⅲ．①国有资产管理—研究②经济安全—安全管理—研究 Ⅳ．①F20②F114. 32

中国版本图书馆 CIP 数据核字（2020）第 109159 号

国有资产与经济风险及安全管理研究

主　　编：廖陈斌　宋　洋　朱颖华

责任编辑：张　琪　　　　　　责任校对：岳智勇
责任印制：邓辉明　　　　　　责任设计：侯　铮
出版发行：文化发展出版社有限公司（北京市翠微路 2 号　邮编：100036）
网　　址：www. wenhuafazhan. com　www. printhome. com　www. keyin. cn
经　　销：各地新华书店
印　　刷：阳谷毕升印务有限公司

开　　本：787mm×1092mm　1/16
字　　数：361 千字
印　　张：19.625
印　　次：2020 年 9 月第 1 版　2021 年 2 月第 2 次印刷
定　　价：58. 00 元
I S B N：978-7-5142-3034-5

◆ 如发现任何质量问题请与我社发行部联系。发行部电话：010-88275710

编委会

作　者	署名位置	工作单位
廖陈斌	第一主编	北京城建集团有限责任公司
宋　洋	第二主编	黑龙江省疾病预防控制中心
朱颖华	第三主编	陕西省招标有限责任公司
项云生	副 主 编	安徽居巢经济开发区投资有限公司 / 安徽旗诚担保有限公司
赵　磊	副 主 编	杭州市水务集团有限公司
黄彩云	副 主 编	河源市不动产登记中心
吴乔明	副 主 编	中海油田服务股份有限公司湛江分公司
宋　军	副 主 编	安徽省黄山市交通投资集团
陈丕概	副 主 编	南宁轨道交通集团有限责任公司

前言

近些年我国的在社会经济呈现良好的上升趋势，在加入WTO后，我国的经济更是得到了突飞猛进的发展，并且经济发展的空间也有所扩充，为我国经济的发展创造了更多的机遇。但是在实际当中，经济自身的发展还具有一定的风险，我国应该对经济风险做好提防，尽量避免受到严重的经济波动。在经济风险做好防控和安全管理的同时，我们还应加强对国有资产的管理，最终使得我国的经济水平稳定发展、提升综合国力。

本书共有十二章，分别介绍了：国有资产产权界定与登记、清产核资、国有资产统计评价、国有资本投入与收益、资源性国有资产、行政事业单位国有资产、国有资产流失查处、信用风险与利率风险、操作风险与流动性风险、商业银行全面风险与股票市场风险、固定收益证券市场的风险管理、外汇市场与保险市场的风险管理。本书根据国有资产与经济风险及安全管理的各项政策和规定进行编写，具备理论性和实用的特点，适合相关从业人员学习使用。

为了满足从事国有资产和经济风险及安全管理研究工作人员的实际要求，编委会的专家们翻阅大量国有资产和经济风险及安全管理的相关文献，并结合自己多年的实践经验编写了此书。

在本书的写作过程中，作者参考了国内许多同类专著，汲取了其中许多精髓，但由于时间仓促，书中疏漏和不足之处在所难免，恳请专家、同行和广大读者不吝指正。

《国有资产与经济风险及安全管理研究》编委会

目　录

第一章　国有资产产权界定与登记

第一节　产权界定与登记基础知识

一、产权界定

1．产权界定的意义

国有资产亦即全民所有的财产。新中国成立以来，在半个多世纪的经济建设中，我们积累了数额巨大的国有资产。由于在原有的计划经济体制下，形成了单一的公有制经济结构；在国有资产收益分配使用上，实行“统收统支”的政策，国家作为全民所有制企业的唯一投资主体，其资金的投入以财政拨款为基本形式，企业盈利全部上缴；企业不是独立的法人实体和市场竞争主体，没有自主经营地位和自身经济利益。所以，国家财产的归属关系与有关产权关系是比较明确的。

党的十一届三中全会以后，我国实行了改革开放的经济政策。多种所有制经济成分有了长足的发展，私营、个体及外商经济成分成为社会主义市场经济的重要组成部分；在国有经济内部，随着改革的不断深化，国家出资企业逐渐成为独立的商品生产经营者，企业拥有了相对独立的经营自主权。在经济利益主体多元化的格局下，国有资产产权界定十分必要。具体说，国有资产产权界定有以下重要意义（见表 1-1）。

2．产权界定的原则

（1）统一所有、分级代表原则

国有资产属于全民所有即国家所有，国务院代表国家行使国有资产所有权。但在具体管理上，则需要按地区、部门对国有资产实行分级代表、分工管理和监督。否则，国有资产的所有权管理就无法落实。国有资产的分级代表是指地方政府和部门由中央授权，对其管辖范围内的国有资产行使完整的所有权，它们是经过国家授权而形成的所有权主体。

表 1–1　国有资产产权界定的意义

意义	具体内容
维护社会主义基本经济制度的要求	公有制为主体，多种所有制经济共同发展是社会主义初级阶段的基本经济制度。国有资产是我国社会主义经济制度的物质基础，保护国有资产不受侵犯，就是维护、巩固社会主义基本经济制度。国有资产所有权归属关系不清，往往造成国有资产流失。通过产权界定，摸清国有资产家底，维护国家出资企业占用、使用国有资产的合法权益，加强国有资产的有效管理，才能巩固和维护社会主义市场经济体制赖以存在和发展的物质基础
巩固和发展国有经济的需要	国有经济就是社会主义公有制经济，由全民所有制经济和集体所有制经济组成，是国民经济的领导力量。通过产权界定，合理划分国有资产所有权和其他权能的归属，明确当事人的权利、责任和义务关系，是增强国有经济的支配力、控制力，发挥国有经济主导作用，有效实施国家宏观调控，保证市场经济发展的社会主义方向的要求
保护国有资产的要求	国有资产是全民所有的财产。保护好全民所有的财产，使国家所有者权益不受侵犯，是全体人民的共同要求。通过产权界定，可以落实国有资产监督管理和经营主体的权、责、利，明确国有资产国家所有权、出资人产权和企业法人财产权，形成有效的国有资产管理、监督和运营机制，及时发现和避免国有资产的流失
国有资产优化配置的前提	国有资产存量流动，是改变国有经济战线过长、分布范围过大的不合理状况，实现国有资产优化重组的有效途径，也是实现经济增长方式由粗放型向集约型转变，发挥国有经济在国民经济中主导地位的要求。通过产权界定，明晰产权关系，有利于消除妨碍国有资产流动重组的制度障碍，促进国有资源在产业间、地区间的优化配置；有利于抓大放小，促进优势企业成长壮大，优化企业组织结构；有利于提高国家出资企业规模经济效益和市场竞争力，从整体上搞活国有经济，提高国有资产宏观配置效益
建立现代企业制度的条件	深化国家出资企业产权制度改革，就是要建立现代企业制度。国家出资企业改革的实践证明，单纯的“放权让利”不能从根本上解决企业经营机制转变的问题，进行企业制度的改革创新是深化国家出资企业改革的必然要求。产权界定是明晰产权关系，进行企业产权制度改革、建立现代企业制度的前提。通过产权界定，明确国家所有权、出资人产权和企业法人财产权，有利于落实国有资产所有者、监管者和经营者各自的权、责、利，调动各利益主体的积极性，从制度上解决国有资产无人负责的弊端；有利于推动企业产权交易活动开展，实现企业产权主体多元化；有利于消除产权关系不明晰等障碍，形成企业内部所有者、经营者和劳动者相互激励、制衡的机制
国有资产管理的重要基础工作	产权界定是国有资产管理中重要的基础工作之一，是实施其他国有资产管理工作的前提。国有股权管理、产权登记、资产统计、产权纠纷调处等都需要以明晰的产权为基础。产权归属关系不明，家底不清，财产界限不明，就谈不上加强国有产权管理，其他国有资产管理工作也就失去了依托。同时，产权界定也是实施国有资产保值增值考核，加强企业经济核算制和开展企业经营绩效分析评价的前提和基础

（2）国家所有权受特殊保护原则

应当明确国家财产所有权具有特殊的法律地位，受到特殊保护。这是因为国有经济是国家的经济命脉，是国民经济的领导力量；国家是唯一代表全体人民共同利益的社会组织，国家是政权的承担者，而国有资产正是国家政权的物质基础。国家所有权受特殊保护体现在：无主财产推定为国家所有，即没有法律依据归其他经济主体的财产归国家所有；国家享有受特殊保护的财产追索权，即国家追索被非法侵占的财产不受诉讼时效的限制，也不受占有者是否善意取得的限制。

（3）出资人拥有产权原则

资产由投资形成，投资主体自然成为资产的所有权主体。出资人拥有产权即“谁投资、谁所有”。因此，产权界定工作需要追溯企业的初始投资来源，维护国家和其他经济主体的合法权益。在产权界定工作中，应防止以企业注册登记的所有制性质界定资产归属的错误做法。产权界定工作必须以事实为依据、以法律为准绳，实事求是，坚持“出资人拥有产权”的原则。就国有资产投资而言，由于国家投资具体划分为中央和地方各级政府的投资以及有权代表国家的部门和机构的投资，在对这些投资所形成资产进行产权界定时，就要在明确国家统一所有的前提下，坚持出资人拥有产权。

（4）兼顾国家、集体和个人三者利益原则

产权界定直接影响到各经济主体的权益，也关系到各经济组织成员的切身利益。产权界定实质上是对经济主体物质利益的界定。因此，必须兼顾国家、集体和个人三者利益，正确处理三者利益关系。在我国不同的经济发展历史时期中，国家颁布了一系列法律、法规和政策，来迎合不同经济体制的需要。因此，在制定产权界定政策时，应当通盘考虑，尊重历史，着眼于未来，力求保持政策的连续性和相互协调。当出现产权争议时，双方当事人要坚持协调为主、公平公正的原则，实事求是地划分产权归属，既维护国家所有者的正当权益，也保护集体、个人的合法利益。

二、产权登记

1．产权登记的意义

（1）加强国有资产监督管理的重要手段

我国经济体制改革的目标是建立社会主义经济体制。国有资产产权登记，是在社会主义市场经济条件下，国家对占有国有资产的各类企业和行政事业单位的资产经营（使用）活动和产权变动状况进行监督管理的重要手段，它强化了国家所有权监管职能，促进了国有资产产权管理权责的落实。通过开展国有资产产权登记，可以摸清占有国有资产的企业户数和国有资本金总量，为加强国有产权管理打下基础。不进行产权登记，就有可能使国有资产脱离国家的监管范围，对占有、使用国有资产的国家出资企业，国家监管就缺少了必要的手段，进而可能使国家的权益受到损害。产权登记有助于国有资产产权管理职能得到落实和加强，是建立与社会主义市场经济体制相适应的国有资产监督管理和运营体系的重要手段。

（2）国有资产基础管理的重要内容

通过产权登记可以巩固清产核资工作的成果，为及时、准确进行国有资产统计奠定基础，为处理国有资产产权纠纷提供了法律依据，产权登记也是进行国有资产保值增值考核的基础和前提。产权登记通过填报、汇总国有资产产权登记及产权变动有关资料，可以获得国有资产总量及其分布结构的基本数据，反映国有资本结构及其变化趋势，为国有经济布局战略调整提供依据。可以监督国家出资企业的出资行为和产权变动过程，及时有效地加以规范、指导和调控，堵塞国有资产监督管理工作中的漏洞，防止国有资产流失现象发生。通过产权登记可以强化对行政事业单位国有资产使用、处置的监管工作，加强对“非转经”资产的管理，提高行政事业性资产使用效率。通过产权登记收集、积累基础数据和开展汇总分析，可以进一步拓展、完善国有资本金管理职能，更好服务于财政中心工作和经济改革、发展的大局。因此，产权登记是国民经济宏观调控体系的组成部分，可以为政府宏观经济决策提供重要依据。

（3）企业重大事项审批的必备文件

根据有关制度的规定，产权登记证还是企业进行工商登记、股份制改革以及资产评估立项、资产出售和转让等重大事项审批的必备文件之一。随着我国社会主义市场经济的逐步建立，随着产权登记工作的不断发展和完善，产权登记与国家对企业的各项规范与管理工作的配合将日益密切，产权登记的作用和功能也将日益扩大。

（4）建立现代企业制度的必要前提

产权登记是保障国家所有权，落实企业法人财产权的具体形式。产权登记从法律上确认了国家出资企业资产的归属关系，维护了国家所有者的合法权益，同时也明确了企业作为占有、使用国有资产的主体资格及其权利，以及所承担的国有资产保值增值责任，从而促进了国家出资企业产权关系明晰化，为建立现代企业制度创造了条件。

（5）促进企业加强管理的重要措施

产权登记的工作过程，也是政府对企业经营管理状况实施监督的过程。国有资产产权登记表记载着企业所有者权益、资产、负债等多项指标，通过这些信息能够反映企业的资产实力、获利能力、偿债能力和经营风险，可以对企业经营状况进行客观的分析和评价，发现企业产权管理中存在的问题，及早发现、解决可能造成的经济隐患。国有资产产权登记证是企业依法占有国有资产、享有相应权益的法律凭证，它为企业行使法人财产权提供了保障。通过产权登记揭示了企业经营管理中存在的问题与不足，也为促进企业加强经营管理、实现经营机制转换、提高经营效益创造了条件。

2．产权登记与工商登记的关系

（1）产权登记与工商登记的区别

1）登记的目的和任务不同

国有资产产权登记的目的是为了明确国家作为国有资产所有者，企业、单位作为国有资产占有、使用者所享有的权利和应承担的责任、义务。它的主要任务是监督、保护企业、单位合法有效地经营和使用国有资产，防止国家所有者权益受到损害。

工商登记包括企业法人登记和企业登记，它的目的是为了确定市场经营单位的法人资格或营业资格，是对其从事市场经营活动的合法性的判定和确认。它的主要任务是规范市场经营主体行为，维护正常社会经济秩序。

2）登记对象和范围不同

国有资产产权登记的对象，是占用、使用国有资产的企业和行政事业单位。凡具有法人资格，占用、使用国有资产的企业和行政事业单位，都属于国有资产产权登记的范围。

工商登记的对象是从事市场经营活动的企业和单位，登记的范围是：具备法人条件的国家出资企业、集体企业、私营企业、联营企业、外商投资企业及股份制企业等；具备法人条件的实行企业化管理的事业单位和从事经营性活动的科技类社会团体；企业法人设立的不能独立承担民事责任的分支机构和由国家核拨经费的从事经营性活动的事业单位、科技类社会团体及其设立的不具备法人资格的经营单位。

3）登记的内容不同

工商登记的内容主要包括企业、经营单位的名称、住所、法定代表人、经济性质、经营范围、从业人员、注册资金等基本情况。

产权登记除登记上述一般事项之外，还要登记资产总额、国有资产总额、国有资本金等反映国有资产占用量及其变动情况的事项，因此企业产权登记的内容多于工商登记的内容。

4）登记表、证的作用不同

工商登记注册书是企业、经营单位向工商行政管理机关申请登记注册的申报文书，工商管理机关核发的企业法人营业执照是企业、经营单位取得法人资格或合法经营权的法律凭证。

国有资产产权登记表是企业、单位对国家承担占用国有资产的经济责任和国家对这些国有资产享有所有权的凭证，是国有资产产权证书的副本。国有资产产权登记表与国有资产产权证书具有相同的性质和功能，是确认国家与占用国有资产的企业、单位之间产权关系的法律凭证。

（2）产权登记与工商登记的联系

产权登记与工商登记的联系，见表 1–2。

表 1–2　产权登记与工商登记的联系

项目	主要内容
登记客体上的联系	国有资产产权登记的客体是占有、使用国有资产的各类企业和行政事业单位。工商登记的对象是从事市场经营活动的企业和经营单位。若某一企业占有、使用了一定量的国有资产，那么它既要进行产权登记，也要进行工商登记。两种登记在客体上具有一定相容性
登记内容上的联系	工商登记包括企业单位名称、负责人、注册资金等基本内容。国有资产产权登记除上述基本内容之外，还包括国有资产总额等内容。两种登记在内容上具有包含关系
登记类型上的联系	在登记的类型上，企业国有资产产权登记中的占有产权登记、变动产权登记、注销产权登记和产权登记年度检查，与工商登记中的开业登记、变更登记、注销登记和工商年度检验在形式上具有一一对应、密切衔接的关系
登记功能上的联系	国有资产产权登记，是国家对企业、单位占有、使用国有资产予以确认的法律手段，它为国家出资企业、单位的工商登记提供了有法律保障的资信证明，有利于提高工商登记的准确性和工作效率。工商登记是国家认定企业、经营单位的经营能力和承担民事责任的能力，确认其从事经营活动合法地位的法律行为，它有利于维护正常的经济秩序，保护国家和企业的财产权益。两者在功能上是相辅相成的

第二节　产权界定规则

一、国有独资企业产权界定

1. 国有独资企业产权界定的规定

根据原国家国有资产管理局颁发的《国有资产产权界定和产权纠纷处理暂行办法》，国家出资企业中资产所有权界定按以下规定执行：

（1）国家授权投资的部门和机构以货币、实物和所有权属于国家的土地使用权、知识产疼等向企业投资，构成的国家资本金，界定为国有资产。

（2）国有独资企业运用国有资本金及借入的资金，通过生产经营活动所形成的税后利润经国家批准留给企业作为增加投资的部分，以及从税后利润中提取的盈余公积金和未分配利润等，界定为国有资产。

（3）以国家机关和其他全民单位名义担保，完全用国内外借入资金投资创办的或完全由其他单位借款创办的企业，其收益积累的净资产，界定为国有资产。

（4）国有独资企业接受馈赠而增加的国有资本金及其权益，界定为国有资产。

（5）在实行《企业财务通则》《企业会计准则》以前，国有独资企业用从留利中提取的职工福利基金和在“两则”实施后购建的集体福利设施，相应增加的所有者权益，界定为国有资产。

（6）国有独资企业的党、团、工会组织等占用的财产，界定为国有资产。由个人交纳的党费、团费、会费以及按国家规定由企业拨付的活动经费等的结余部分购建的除外。

上述规定，也适用于全民所有制与其他所有制单位之间以及全民所有制各单位之间的国有资产产权界定及产权纠纷的处理。

2. 国有单位之间的产权界定

国有单位之间的产权界定按以下规定执行：

（1）各个单位占用的国有资产，应按分级代表的原则，明确其与中央、地方、部门之间的管理关系。非经有权管理其所有权的人民政府批准或双方约定，并办理产权划转手续，不得变更资产的管理关系。

（2）国有单位对国家授予其使用和经营的资产拥有使用权或经营权。除法律、法规另有规定者外，不得在国有单位之间无偿调拨其资产。

（3）国家出资企业之间是平等竞争的实体，相互之间可以投资入股，按照“出资人拥有产权”的原则，企业法人的对外长期投资或入股，属于企业法人的权益，不得非法干预或侵占。

（4）依据国家有关规定，企业之间可以实行联营，并享有联营合同规定范围内的财产权利。

（5）国家机关投资创办的企业和其他经济实体，应与国家机关脱钩，并按规定办理产权划转手续。

（6）国家机关所属事业单位经批准以其占有使用的国有资产出资创办的企业和其他经济实体，其产权归该单位所有。

二、股份制企业产权界定

股份制企业（含国有独资公司、国有资本控股公司和国有资本参股公司）国有资产所有权界定按以下规定执行：

1. 国家机关或其授权单位向股份制企业出资形成的股份，包括现有已投人企业的国有资产折成的股份，构成股份制企业中的国家股，界定为国有资产。

2. 国有独资企业向股份制企业投资形成的股份，构成国有法人股，界定为国有资产。

3. 股份制企业公积金中，国有单位按照投资比例应享有的份额，界定为国有资产。

4. 股份制企业未分配利润中，国有单位按照投资比例应享有的相应份额，界定为国有资产。

联营企业的国有资产所有权界定参照上述规定的原则办理。

三、中外合资、合作经营企业产权界定

中外合资、合作经营企业国有资产产权界定按以下规定执行：

1. 中方以国有资产出资投人的资本总额，包括现金、厂房建筑物、机器设备、场地使用权、无形资产等形式的资产，界定为国有资产。

2. 企业注册资本增加，按双方协议，中方以分得利润向企业再投资或优先购买另一方股份的投资活动中所形成的资产，界定为国有资产。

3. 可分配利润及从税后利润中提取的各项基金中中方按投资额比例所占的相应份额，不包括已提取用于职工奖励、福利等分配给个人消费的基金，界定为国有资产。

4. 企业清算或完全解散时，馈赠或无偿留给中方继续使用的资产，界定为国有资产。

第三节　产权界定的组织与产权纠纷调处

一、产权界定组织管理

1．产权界定的范围

企业国有资产产权界定工作，中央企业由国务院国有资产监督管理委员会负责组织，地方企业由地方政府的各级国有资产监督管理机构负责组织。各级国有资产

监督管理机构应当成立国有资产产权界定和产权纠纷调处委员会，具体负责产权界定和产权纠纷处理事宜。一般而言，全国范围内的产权界定工作，应结合清产核资工作部署，逐步开展进行。

占有、使用国有资产的单位，发生下列情形的，应当进行产权界定：

与外方合资、合作的；实行股份制改造和与其他企业联营的；发生兼并、拍卖等产权变动的；国有独资企业创办其他经济实体的；按照规定需要进行产权界定的其他情形。

2．产权界定的程序

（1）国有资产产权界定的一般程序

1）国家出资企业的各项资产及对外投资，由国家出资企业首先进行清理和界定，国有资产监督管理机构负责监督检查。必要时也可由国有资产监督管理机构直接进行清理和界定。

2）国家出资企业经清理、界定已清楚属于国有资产的部分，按财务隶属关系报同级国有资产监督管理机构认定。

3）经认定的国有资产，须按规定办理产权登记等有关手续。

占用国有资产的其他单位的产权界定，可参照上述程序办理。

（2）清产核资产权界定的一般程序

1）组织和发动。企业、单位清产核资机构应组织有关人员认真学习有关政策、文件和规定，明确所有权界定的内容、意义、任务及各项政策界限。

2）清理账目和原始凭证。在账目清理过程中，要做到与资产实物清理相结合。

3）进行资产清理和产权界定，编制有关产权界定报表。

4）对产权界定工作进行总结。它的主要内容包括：所有权界定工作的组织过程、经验总结，在所有权界定工作中发现的问题、解决的问题、尚待解决的问题、政策性建报表和工议等。

5）将作总结一并报国有资产监督管理机构审核、认定和批复。

6）企业、单位根据批复的报表，调整有关账目。

二、产权界定方法

这里主要介绍国有资产所有权界定的方法，其他财产权能的界定可以参照进行。

根据“出资人拥有产权”的原则以及我国国有资产的具体成因，可以从三个方面获取企业财产所有权归属的依据：国家原始投资的查定；国家原始投资增值的查定；国家优惠政策所形成资产的查定。所有权界定的方法就是通过适当的途径和方式获得上述三方面的资料。

1．国家原始投资的查定

国家原始投资的查定，涉及国有资产投资活动进行的方式。一般说来，国有资产投资是由政府的某一部门或企业、单位向拟建的企业、单位进行投资。前者称为"主办单位"，后者称为"接受投入单位"。国有资产投资活动起于主办单位，落实于接受投入单位。因此，对国家原始投资的查定，可以按照下列三个步骤进行（见表1–3）：

表1–3　国家原始投资的查定步骤

步骤	具体内容
一	清查主办单位投资的有关账目和原始凭证，清查期从接受投入单位开办之日起至规定的清查时点止。根据清查结果编制"国家原始投资查定明细表"，确定主办单位拨给接受投入单位的国家出资总额
二	清查接受投入单位的有关账目和原始凭证，时间从接受投入单位开办之日起至规定的清查时点止。然后编制"国家原始投资查定明细表"，确定接受投入单位实际获得的国家出资总额
三	将从上述两方面获得的"国家原始投资查定明细表"进行核对，如核对无误，可将其收作"企业、单位国有资产所有权界定文本"；若发现有漏项或重项，纠正后再将其收作"企业、单位国有资产所有权界定文本"

2．国家原始投资增值的查定

国家原始投资增值，主要指出资企业的经营积累，具体体现为企业税后利润提取的生产发展基金中按照出资比例应归属国有的部分。经营积累产生于企业的经营活动，所以，查定国家原始投资的增值，需要清查接受出资单位的财会账目和原始凭证。在查实企业历年利润及利润分配情况的基础上，编制"企业历年利润及利润分配明细表"，计算出企业自开办之日起至规定的清查时点止，国家原始投资增值的总额。为了确保数据准确，"企业历年利润及利润分配明细表"应报国有资产监督管理机构审核批复。国家出资企业、单位投资举办的集体企业，则应当与税务部门进行有关数据核对。对重复或遗漏的项目，应编制调节表进行调整。

3．国家优惠政策形成资产的查定

国家优惠政策所形成的资产，主要指减免税形成的资产、税前还贷和以税还贷形成的资产。要获得这方面的资料，必须清查企业历年经营积累情况，然后，据以编制"企业历年经营积累明细表"，计算出企业自开办之日起至规定的清查时点止，国家优惠政策所形成的资产总额。为了确保数据准确，"企业历年经营积累明细表"也应当报国有资产监督管理机构审核批复。

最后，将查实的上述三方面资料汇总计算，在此基础上编制所有权界定情况简表，报国有资产监督管理机构认定。企业根据批复的报表，调整有关账目。至此，国有资产所有权界定工作结束。

三、产权纠纷调处

1．产权纠纷调处的基本依据

国有资产产权纠纷调处的基本依据是：

（1）出资人拥有产权原则。“出资人拥有产权”原则，是调处国有资产产权纠纷的最基本依据。处理产权纠纷时，首要的是搞清资产投资主体，并注意正确区分投资行为和非投资行为，据以界定产权归属。例如，凡以下行为不属于产权意义上的投资：1）为维护资产使用价值而投入资金的行为，如企业对固定资产进行大修理等；2）单纯的资金借贷行为；3）捐赠性的资金投入行为。因此，这些资金投人行为并不形成产权关系。

（2）行政划拨文件。国有资产的行政划拨是产权界定和产权纠纷调处的重要依据。根据国有资产“统一所有、分级管理”的原则，各级政府对其管辖范围内的国有资产拥有依法划拨的权力，国务院拥有最终的处置权。国有资产的依法划拨应有法律及文件依据，并办理相应手续。只要文件依据充分，手续齐全，就可以作为国有资产产权界定和产权纠纷调处的依据。

（3）企业组织形式变更文件。随着现代企业制度的建立，出现了一些新的企业组织形式，例如，组建国有资本控股公司、国有资本参股公司和企业集团等。这些改革凡是经各级政府国有资产监督管理机构批准的，其有关批文和相应的文件，也是认定产权归属的依据。

2．国有资产产权纠纷调处程序

国有资产产权纠纷调处一般要经过六个阶段，见表 1–4。

表 1–4 国有资产产权纠纷调处程序

步骤	具体内容
程序性审查	国有资产监督管理机构在接到产权纠纷申述方提交的申述书及附具的有关证明文件后，要先对该案的程序性要件进行审查，决定是否立案受理。首先，要审查该案是否属于国有资产产权，不属于国有资产产权的或不同所有制主体之间的产权纠纷，不属于国有资产产权纠纷调处的范围；其次，要审查该案双方的主体资格，确认是否属于本级国有资产监督管理机构调处产权纠纷的管辖范围；最后，要与纠纷的被述方联系，查验申述方所提的产权纠纷标的是否确实存在，关键部分是否属实

续表

步骤	具体内容
立案受理	经过上述程序性要件审查，对符合立案条件的产权纠纷，应当依法立案受理。立案受理后应及时向双方当事人下发受理通知书，申述人与被申述人对自己的主张负有举证责任
书面调处	被申述人在接到受理通知书后，必须在限期内提交答辩书及有关证明文件，逾期不能提交的并不影响调处工作进行。产权纠纷调处工作应当实现产权纠纷双方当事人的观点相互沟通、充分论辩。经过双方充分的书面论辩，可以使产权纠纷调处人员澄清分歧，辨明是非，抓住问题关键，找到解决纠纷的突破口
调解阶段	解决国有资产产权纠纷应当坚持以调解为主的原则。在调解中要求国有资产监督管理机构作为中立的第三者，通过促成当事人之间的意见交换或者提供正确的信息、提出适当的纠纷解决方案，帮助当事人达成合意，化解纠纷，避免双方感情用事，激化矛盾
依法裁决	对确无调解基础和条件的国有资产产权纠纷，受理纠纷的国有资产监督管理机构有权依法进行裁决，以避免因久拖不决而导致国有资产流失和致使企业、单位工作遭受损失。产权纠纷的调解书和裁决书是具有法律效力的文件。对产权纠纷进行裁决的调处部门要制作"国有资产产权纠纷裁决书"，并将其送达纠纷双方当事人
行政复议	国有资产产权纠纷当事人对裁决不服，可以在规定的时期内向上一级国有资产监督管理机构申请行政复议。复议机关经过审理，应做出维持、变更或撤销原具体行政行为或者责令被申请人补正、限期履行和重新做出具体行政行为的复议决定

第四节　企业产权登记

一、企业产权登记的对象

企业产权登记的对象是所有各类国家出资企业，即以各种形式占有国有资产的企业都必须办理产权登记。国有独资企业、国有独资公司、国家控股企业和国家参股企业，以及其他形式占有国有资产的企业，都应当向国有资产监督管理机构部门申报、办理产权登记。

凡下列已取得法人资格或申请取得法人资格的企业和国家授权投资机构，均应按规定申办企业国有资产产权登记：

（1）国有独资企业、国有独资公司、国家控股公司和国家参股公司；

（2）国有授权投资机构；

（3）占有国有资产的集体企业；

（4）国有独资企业和国有独资公司投资设立的企业；

（5）其他形式占有、使用国有资产的企业。

二、企业产权登记的具体规定

对于不同组织形式的企业，产权登记操作有不同的规定。具体包括：

1．国家出资企业

国有独资企业、国有独资公司、国家控股公司和国家参股公司，只要取得了法人资格，就要申办产权登记。

2．国家授权投资机构

国家授权投资机构必须符合下列条件：

（1）省级以上国家授权投资机构；

（2）按照国家有关法律、法规的规定设立，并且办理了企业国有资产占有产权登记和企业法人注册登记；

（3）授权投资机构内部各企业按照《公司法》及有关法律、法规的规定，明晰产权关系，构造母子公司体制；

（4）经批准在授权投资机构内部实行合并会计报表制度；

（5）国家其他关于国家授权投资机构的有关规定。

对于符合规定的国家授权投资机构，应当按照实施细则中的规定进行产权登记。国家授权投资机构应到同级国有资产监督管理机构办理占有产权登记、变动产权登记、注销产权登记。国家授权投资机构出资设立的国有独资企业，由该独资企业办理上述产权登记。国家授权投资机构及其出资设立企业的产权登记年度检查，由国家授权投资机构一并向同级国有资产监督管理机构办理，即其投资设立的企业不需单独到国有资产监督管理机构部门办理年度检查。

3．企业集团

通过资本纽带构成母子公司关系的企业集团，母公司要办理占有产权登记、变动产权登记和注销产权登记，子公司也要办理相应的产权登记；母公司、子公司新设企业要办理新设企业产权登记和占有产权登记；产权登记年度检查，由母公司统一进行。没有母子公司关系的企业集团成员按一般企业的要求进行产权登记。

4．集体企业

凡占有国有资产的集体企业是进行产权登记的对象，但集体企业应当在产权界定的基础上申办产权登记。

5．有限责任公司、股份有限公司、中外合资合作经营企业和联营企业

这些企业由国有股权持股单位申办产权登记或委托企业申办产权登记。国有股权持股单位明确的，由持股单位申办企业产权登记，也可以委托企业申办产权登记；国有股权持股单位不明确的，由企业办理产权登记。

其中，由两个以上股东组建的有限责任公司、中外合资合作经营企业和联营企业，由产权登记机关按股权比例最大的国有股权持股单位的产权归属关系组织该企业产权登记；若股权相等，则由推举的国有股权持股单位产权的归属关系组织该企业的产权登记。

邮电、铁路、金融等行业，根据管理需要办理国有资产产权登记。

三、企业产权登记的种类

企业国有资产产权登记管理包括四种产权登记行为：占有产权登记、变动产权登记、注销产权登记和产权登记年度检查。

1．占有产权登记

占有产权登记，是对拟设立的企业和已在工商管理机关注册登记并取得法人资格的企业占有使用国有资产的情况进行登记的行为，适用于所有占有、使用国有资产的法人企业。拟申请取得法人资格的企业，在取得企业法人资格后到原产权登记机关办理占有产权登记；在实施产权登记之前已经取得法人资格的企业，应当补办占有产权登记。

由企业产权登记主管机关审定的企业产权登记表和变动产权登记表，是拟申请取得法人资格的企业办理相应工商登记必备的资信证明文件。国家出资企业无论是申请企业法人设立登记还是变更登记，工商登记机关只需要资信证明，不需要会计师事务所等机构出具的验资证明。所以，已经通过国有资产产权登记的，在申请企业法人开业登记或变更登记时，申请单位只需提交经产权登记机关核准的国有资产产权登记表，就可以代替资金数额的证明文件。

对拟设立的企业来说，其工商注册有被批准和不被批准两种可能。新设企业产权登记表只限于企业申请取得法人资格时使用，拟设立企业持该表到工商机关办理注册登记，待被批准注册并取得企业法人资格后，再据此办理合法占有、使用国有资产的占有产权登记，领取产权登记证。这样可以防止未被批准注册的企业进行虚假的占有产权登记，扰乱国家工商管理和正常的经济秩序。可见，企业产权登记表有以下两个作用：第一，为企业申办设立提供资信证明；第二，保证占有国有资产产权登记的真实性。

2．变动产权登记

变动产权登记，适用于企业发生企业名称、住所或者法定代表人改变的；企业资本金增加或减少超过一定比例的或国家资本金比例发生较大变化的；企业分立、合并或者改变经营形式的以及产权登记机关规定的其他变动情形。

3．注销产权登记

注销产权登记，适用于企业发生解散、被依法撤销或者依法宣告破产的以及产权登记机关规定的其他情形。

4．产权登记年度检查

产权登记年度检查，适用于已经办理了占有产权登记的企业。年度检查的主要内容是：出资人的资金实际到位情况；企业国有资产的结构变化；企业对外投资情况；国有资产增减、变动情况以及产权登记机关规定的其他事项。

四、企业产权登记表

1．产权登记表的种类

企业国有资产产权登记表，是按照国家统一规定设计的、用以记录企业占有、使用国有资产状况的一整套表格。国有资产产权登记表是国有资产产权登记证的副本，是国家对企业行使国有资产所有权并进行相应监管的法律凭证，是企业对国有资产享有占有、使用权和对国家承担保值增值责任的依据，是企业占有、使用国有资产的资金信用证明，是核发、换发或收回国有资产产权登记证的凭据，是产权登记机关和政府部门对企业国有资产占有、使用、变动等情况进行汇总分析的原始文件资料。

根据不同产权登记行为和产权登记年度检查制度，产权登记工作共设计有 4 种企业国有资产产权登记表，即占有产权登记表、变动产权登记表、注销产权登记表和产权登记年度检查表。

2．产权登记表的内容

产权登记表的具体内容，见表 1–5。

表 1–5　产权登记表的具体内容

项目	内容
变动产权登记表的内容	企业产权变动前的一般情况；企业发生变动的有关事项；企业国有产权变动的原因；企业产权变动后的情况；企业产权变动的审查意见

续表

项目	内容
占有产权登记表的内容	企业国有资产占有产权登记表是产权登记中结构较复杂、登记内容较多的登记表。其内容包括：企业的一般事项；国有资产占有状况；企业资产、负债、注册资本金及无形资产的有关情况；企业吸收投资情况；企业对外投资情况；企业主管部门的审查意见和产权登记主管机关的审定意见
产权登记年度检查表的内容	占有国有资产企业的一般事项；企业本年度与上年度的资产、负债和所有者权益情况；企业对外投资情况；企业主管部门的审查意见和产权登记主管机关的审定意见
注销产权登记表的内容	企业注销前的一般情况；企业的资产、负债、所有者权益；企业注销前的情况；企业注销的审查情况

3. 产权登记证

产权登记证是占有产权登记表的转化形式，是依法确认企业产权归属关系的法律凭证。产权登记证由产权登记主管机关依据审定的产权登记表等填写、核发。该证书一经核发，国家与企业的产权关系便得以确定。

第五节　企业产权登记管理与分析报告

一、产权登记的原则

1. 统一政策、分级代表原则

国家统一所有、政府分级代表是我国国有资产监督管理的一项基本原则，国有资产产权登记必须坚持这一原则，统一政策、分级代表就是上述国有资产监督管理基本原则在产权登记管理上的具体体现。统一政策、分级代表，就是产权登记的基本政策和规章制度要由中央统一制定，各地区、各部门、各企业、各单位必须遵照执行；在遵照国家统一政策和规定的前提下，各地区、各部门可以制定适合自己实际情况的具体做法。统一政策、分级代表既保证了中央政令的贯彻执行，又调动、发挥了地方和部门的积极性、主动性。

2. 户数不重原则

所谓户数不重，是指产权登记的基本单位不能重复登记，要做到一户一表，一户一证。户数不重保证了将所有占有国有资产的企业纳入到产权登记管理中，明确了产权登记的监管范围。

3．资产不漏原则

所谓资产不漏，是指凡占有国有资产的企业，无论是占有国家资本，还是占有国有法人资本；无论是国家出资企业，还是集体企业以及混合所有制企业等，均应当按规定进行产权登记。这是因为产权登记属于微观管理，它侧重于企业个体是否占有国有资产、占有多少国有资产，以便政府运用产权登记管理手段，不仅能够监管国家资本，也能够监管国有法人资本。此外，产权登记重在理顺企业间的产权关系，如果只对国家资本进行登记，不对国有法人资本进行登记，则企业之间的产权关系将是不清晰的。

二、产权登记机关职责划分

组织实施产权登记是各级国有资产监督管理机构的重要职责。为保证产权登记工作的全面进行，需要对各级产权登记主管机关在产权登记工作中的管理职责进行科学的划分。

1．国家国有资产监督管理机构的职责

国家国有资产监督管理机构的产权登记机关负责下列企业的产权登记工作：国务院管辖的企业、行业总公司；国家计划单列的企业集团公司；国务院批准的国家授权投资机构及其投资设立的企业；上述国家出资企业投资设立的企业。

2．省级政府国有资产监督管理机构的职责

省、自治区、直辖市（含计划单列市，下同）国有资产监督管理机构负责下列企业的产权登记工作：省、自治区、直辖市人民政府管辖的企业；省计划单列的企业集团公司；国家出资企业投资设立的企业；国家产权登记主管机关委托其办理产权登记的企业。

3．市级政府国有资产监督管理机构的职责

市（地）、县国有资产监督管理机构产权登记管辖范围由省、自治区、直辖市及计划单列市国有资产监督管理机构规定。其基本要求是类比国家和省产权登记主管机关的管理对象，负责办理本级政府出资的企业及其所属下级企业的产权登记。

4．多元产权主体的管辖机关确定

对有两个（或两个以上）主管部门的国家出资企业，或多个国家出资企业投资设立的企业，应按国有资本额最大的出资者的产权归属关系，确定该企业产权登记的管辖机关；若两个主体出资额相等，则按推举的出资者的产权归属关系确定产权登记管辖机关。产权登记机关办理该企业产权登记时，应将产权登记表原件一式多份分送其余出资者的产权登记管辖机关。同时，其余出资者应出具产权登记委托书。

此外，产权登记机关视具体情况，可以委托政府有关部门或下一级产权登记机关办理某些企业的产权登记。

三、产权登记的程序

国有资产产权登记程序是指办理产权登记的具体操作步骤。产权登记办理程序由申请受理、填报审查、审核认定、核发证书四个阶段组成。

1．申请受理

申请受理指需要进行产权登记的企业，向国有资产产权登记机关提出申请，由登记机关决定是否受理的过程。

企业有下述情况之一的，应当在进行工商登记之前，申办产权登记：

（1）新设立企业；

（2）企业名称、住所或法定代表人改变；

（3）企业资本金增加或减少超过一定比例或国有资本比例发生较大变化；

（4）企业分离、合并或者改变经营形式；

（5）企业解散、依法撤销或被依法宣告破产；

（6）产权登记的年度检查；

（7）产权登记主管部门规定的其他情形。

企业办理产权登记和产权登记年度检查时，应当向产权登记主管机关提出申请，并提交企业法人营业执照副本，有关部门批准企业设立、变动、注销等的批准文件，经审核的企业财务报告，国家出资人的出资证明，资产评估报告等相应的文件资料。申请登记情况比较复杂的，如多方出资组建企业、企业破产等，还应当提交书面报告，说明申请登记的原因。

产权登记机关接到企业申请后，应及时对企业提交的文件资料及申请报告进行确认，决定是否受理。受理的基本条件如下：

（1）申请单位必须是占有国有资产并且具有企业法人资格或具备企业法人条件的；

（2）按产权归属关系应由本级产权登记机关办理产权登记的；

（3）申请单位是依照产权登记规定必须进行登记的；

（4）企业提供的申办登记的文件资料齐全的。

同时具备上述 4 项条件者，产权登记机关应予受理，并发给国有资产产权登记表，同时做好产权登记的有关解释说明。

2．填报审查

填报审查是指企业按规定填写国有资产产权登记表并报主管单位审查和签署意见的过程。企业应当按照产权登记制度的规定，认真、如实填写产权登记表。企业主管单位应当对企业填报的项目内容及其有关文件、证件、资料等进行审查核实，签署审核意见并加盖公章。主管单位对审查工作的质量负责。

3．审核认定

审核认定是指产权登记机关对申请登记的企业提交的各种文件、证件及资料和经主管单位审查后的产权登记表进行审核，对审核合格的产权登记表签署意见并加盖产权登记专用章，确认企业产权归属关系的行为。这一阶段是产权登记工作最重要的阶段，它对保证产权登记工作的质量具有十分重要的作用。

产权登记审核应遵循真实性、有效性和完整性的原则。审核的重点是：对办理占有产权登记的企业，审核其成立批件和国有资本的出资证明文件；对办理变动产权登记的企业，审核有关证件、批件和变动当期的会计报表；对办理注销产权登记的企业，审核其财产清理报告书、资产评估确认书及资产处理结果报告等；对进行年度检查登记的企业，审核其年度财务报告、国有资产增加或者减少的审批文件等。

产权登记机关发现企业产权登记表填列的内容与提交的文件不符，或账簿金额与财务报告不符，或未按规定提交必要文件的，应暂缓登记。对暂缓登记的企业，应责成其限期改正，在规定时间内达到要求后再予以登记。

4．核发证书

核发证书是对经产权登记审核认定合格的企业，办理发放中华人民共和国国有资产产权证书（境内企业）事宜的过程。这一阶段是产权登记的最后阶段。具体要求是：

（1）产权登记证依据审定的占有产权登记表予以核发。核发时，产权登记机关填写人员应在证芯主页上填写证件编码、国家出资企业的名称、发证机关名称并加盖公章。同时，对证芯的附页“占有登记”中的每项内容，都应认真、准确、清晰填写。经办人、审核人、领证人均应亲笔签名。

（2）产权登记证依据审定的变动产权登记表予以换发。名称、地址、企业法定代表人及国有资本权益发生变更的，均应换领产权登记证。

（3）产权登记证依据审定的注销产权登记表予以收回。企业撤销、解散、破产等终止经营的，必须交回产权登记证。

（4）产权登记证依据年度检查表签署检查意见。产权登记填写人员对证芯的附页“年度检查”中的内容，应当认真填写。

（5）产权登记机关对产权登记中形成的有价值的资料，特别是审定后的产权登记表，要按照要求归档集中保管，并建立国家出资企业国有资产产权登记档案。

四、产权登记分析报告

为充分发挥产权登记的功能和作用，各级国有资产监督管理机构及其他有关部门和单位，应当依据国有资产产权登记表和产权登记汇总表，定期编写产权登记分析报告。产权登记分析报告是综合反映报告期内国有资产产权登记情况、产权变动情况以及产权变动对国有资产配置、运营、发展变动趋势的影响情况的书面报告。编报产权登记分析报告有利于政府国有资产的宏观管理决策，有利于加强国有资产产权监督管理，有利于改进企业经营管理工作。

1．产权登记分析报告的编制要求

坚持统一领导、逐级编报、逐级审查的原则。国家国有资产监督管理机构主管全国的产权登记分析报告编报工作。下级国有资产监督管理机构分析报告的编报受上一级国有资产监督管理机构的领导和审查。企业编报年度国有资产经营情况报告书必须包括本企业及其所属企业的产权变动情况。

满足客观性、及时性、完整性和准确性要求。客观性是指报告编写应实事求是，如实反映产权登记工作的成绩和问题，提供真实可靠的信息和数据。及时性是指分析报告应讲求时效，在时间上满足政府有关部门和企业的决策需要。完整性是指分析报告应力求全面反映国有资产产权管理的情况，运用多种指标进行多层次、多角度分析。准确性是指分析报告应突出重点、深入透彻，抓住问题的实质，使分析报告真正起到为决策服务的作用。

2．产权登记分析报告的内容

产权登记分析报告包括两方面内容，即产权登记情况总结分析和产权变动情况总结分析。

（1）产权登记情况总结分析的主要内容

1）本年度产权登记管理工作总结。

2）国有资产总量及结构分析，包括国家资本、国有法人资本额及其权益总额；国有资产的企业组织形式结构、行业结构、管理层次结构、企业规模结构等。

3）国有资产经营效益分析，包括主要经济效益指标分析；经营效益对比分析；重点企业经营效益及影响国有资产经营效益的因素分析等。

4）国有资产经营风险等主要问题分析以及解决问题的措施和建议。

（2）产权变动情况总结分析的主要内容

1）企业国有资产总量及结构变动情况分析。

2）国有资本投资规模及投向分析，包括新设立国家出资企业的户数、国有资本及国有法人资本在不同产业、不同企业组织形式、不同行政区域的投资情况等。

3）国家出资企业产权转让状况分析，包括企业产权出售、购并、无偿划拨等的户数和资产额；国家出资企业产权转让对象（受让主体）的情况；产权转让时国有资产的账面额评估额、实际成交额；国家出资企业产权转让存在的问题、原因及典型事例分析报告。

4）国家出资企业破产、撤销、终止经营的状况。

5）非经营性资产转为经营性资产的情况。

6）国家出资企业产权变动趋势及其对国有经济效益、布局、整体发展的影响，以及对国民经济与社会发展的影响分析。

五、完善产权登记工作的思路

新形势下进一步改进、完善产权登记工作的基本思路见表 1–6。

表 1–6　完善产权登记工作的思路

序号	主要内容
一	合理划分职责范围。国家国有资产监督管理机构主要办理国务院明确的国家授权投资机构和国家重点企业（集团公司）等中央一级企业的产权登记。二级及以下管理级次的企业产权登记交由一级企业办理
二	加强产权登记工作的规范化。公开企业产权登记程序和具体要求，规范管理，服务企业
三	强化产权登记数据分析功能和监管力度。重点加强对国有资本流动的分析和产权变动监管，促进国有资本合理流动配置、严防国有资产流失
四	改进产权登记的方法和手段。对企业产权登记表、证的内容和登记方法进一步修订、简化，研究开发新的产权登记管理软件

第二章　清产核资

第一节　清产核资的组织

一、清产核资的范围

清产核资的范围可以分为国资委指令的范围和国资委批准的范围两个部分。

1．国资委指令的范围

国有资产监督管理机构对符合下列情形之一的，可以要求企业进行清产核资：

（1）资产损失。企业资产损失和资金挂账超过所有者权益。

（2）会计信息失真。企业会计信息严重失真、账实严重不符。

（3）不可抗力因素。企业受重大自然灾害或者其他重大、紧急情况等不可抗力因素影响，造成严重资产损失。

（4）账务异常。企业账务出现严重异常情况，或者国有资产出现重大流失。

（5）其他应当进行清产核资的情形。

2．国资委批准的范围

符合下列情形之一，需要进行清产核资的，由企业提出申请，报同级国有资产监督管理机构批准：

（1）产权结构发生重大变动。企业分立、合并、重组、改制、撤销等经济行为涉及资产或产权结构重大变动情况。

（2）会计政策发生重大更改。会计政策发生重大更改，是指企业在会计确认、计量和报告中所采用的原则、基础和会计处理方法发生变化。

（3）特定经济行为。国家有关法律法规规定企业特定经济行为必须开展清产核资工作的。

二、清产核资的程序

企业清产核资除国家另有规定外，应当按照下列程序进行（见表2–1）。

表2–1　清产核资的程序

步骤	具体内容
企业提出申请	企业清产核资申请报告应当说明清产核资的原因、范围、组织和步骤及工作基准日
批复同意立项	国有资产监督管理机构批复同意立项；对企业提出的清产核资申请，同级国有资产监督管理机构根据本办法和国家有关规定进行审核，经同意后批复企业开展清产核资工作
内设专门机构	指定企业内设的财务管理机构、资产管理机构或者多个部门组成的清产核资临时办事机构，统称为清产核资机构，负责具体组织清产核资工作
制定实施方案	企业制定工作实施方案，并组织账务清理、资产清查等工作；企业清产核资实施方案以及所聘社会中介机构的名单和资质情况应当报同级国有资产监督管理机构备案
鉴证损溢	聘请社会中介机构对清产核资结果进行专项财务审计，对有关损溢提出鉴证证明
上报工作结果	企业上报清产核资工作结果报告及社会中介机构专项审计报告；向同级国有资产监督管理机构报送由企业法人代表签字、加盖公章的清产核资工作结果申报材料
核实批复	国有资产监督管理机构收到企业报送的清产核资工作结果申报材料后，应当进行认真核实，在规定时限内出具清产核资资金核实的批复文件
认定损溢	国有资产监督管理机构对资产损溢进行认定，对资金核实结果进行批复
处理账务	企业根据清产核资资金核实结果批复调账。即按照国有资产监督管理机构的清产核资批复文件，对企业进行账务处理，并将账务处理结果报国有资产监督管理机构备案
办理变更手续	企业办理相关产权变更登记和工商变更登记。企业在接到清产核资的批复30个工作日内，应当到同级国有资产监督管理机构办理相应的产权变更登记手续，涉及企业注册资本变动的，应当在规定的时间内到工商行政管理部门办理工商变更登记手续
完善规章制度	企业在清产核资的基础上，按照国家现行的财务、会计及资产管理制度规定并结合企业实际情况，建立健全各项规章制度。主要包括；资产管理制度、责任制度、风险控制制度、财务信息披露制度、决策制度和纪检监察制度

三、清产核资实施主体的职责

企业清产核资工作按照统一规范、分级管理的原则，由同级国有资产监督管理机构组织指导和监督检查。各级国有资产监督管理机构负责本级人民政府批准或者交办的企业清产核资组织工作。

1．国有资产监督管理机构的职责

（1）加强组织领导

各级国有资产监，加督管理机构应当加强企业清产核资的组织领导强监督检查，对企业清产核资工作结果的审核和资产损失的认定，应当严格执行国家清产核资有关的法律、法规、规章和有关财务会计制度规定，严格把关，依法办事，严肃工作纪律。

（2）进行监督检查

各级国有资产监督管理机构应当对企业清产核资情况及相关社会中介机构清产核资审计情况进行监督，对社会中介机构所出具专项财务审计报告的程序和内容进行检查。

（3）国务院国有资产监督管理机构的职责

国务院国有资产监督管理委员会在企业清产核资中履行下列职责。

1）制定全国企业清产核资规章、制度和办法。

2）负责所出资企业清产核资工作的组织指导和监督检查；所出资企业由于国有产权转让、出售等发生控股权转移等产权重大变动需要开展清产核资的，由同级国有资产监督管理机构组织实施并负责委托社会中介机构。

3）负责对所出资企业的各项资产损溢进行认定，并对企业占用的国有资本进行核实。

4）指导地方国有资产监督管理机构开展企业清产核资工作。

（4）地方国有资产监督管理机构的职责

地方国有资产监督管理机构在企业清产核资中履行下列监管职责：

1）依据国家有关清产核资规章、制度、办法和规定的工作程序，负责本级人民政府所出资企业清产核资工作的组织指导和监督检查。

2）负责对本级人民政府所出资企业的各项资产损溢进行认定，并对企业占用的国有资本进行核实。

3）指导下一级国有资产监督管理机构开展企业清产核资工作。

4）向上一级国有资产监督管理机构及时报告工作情况。

2．企业清产核资机构的职责

（1）企业清产核资机构负责组织企业的清产核资工作，向同级国有资产监督管理机构报送相关资料，根据同级国有资产监督管理机构清产核资批复组织企业本部及子企业进行调账。

（2）子企业由于国有产权转让、出售等发生控股权转移等重大产权变动的，由所出资企业自行组织开展清产核资工作。对有关资产损溢和资金挂账的处理，按规定程序申报批准。

3. 多元投资企业的清产核资工作组织

企业投资设立的各类多元投资企业的清产核资工作，由实际控股或协议主管的上级企业负责组织，并将有关清产核资结果及时通知其他有关各方。

四、清产核资的要求

1. 国家出资企业

国家出资企业清产核资的要求，见表 2–2。

表 2–2　国家出资企业清产核资的要求

要求	内容
全面彻底	企业进行清产核资应当做到全面彻底、不重不漏、账实相符，通过核实“家底”，找出企业经营管理中存在的矛盾和问题，以便完善制度、加强管理、堵塞漏洞
认真清理	企业在清产核资中应当认真清理各项长期积压的存货，以及各种未使用、剩余、闲置或因技术落后淘汰的固定资产、工程物资，并组织力量进行处置，积极变现或者收回残值
实事求是	企业在清产核资工作中应当坚持实事求是的原则，如实反映存在的问题，清查出来的问题应当及时申报，不得瞒报虚报。企业清产核资申报处理的各项资产损失应当提供具有法律效力的证明材料
明晰产权	企业清产核资中产权归属不清或者有争议的资产，可以在清产核资工作结束后，依据国家有关法规，向同级国有资产监督管理机构另行申报产权界定
全面总结	企业在完成清产核资后，应当全面总结，认真分析在资产及财务日常管理中存在的问题，提出相应整改措施和实施计划，强化内部财务控制，建立相关的资产损失责任追究制度，以及进一步完善企业经济责任审计和企业负责人离任审计制度
加强财务管理	企业应当在清产核资中认真清理各项账外资产、负债，对经批准同意入账的各项盘盈资产及同意账务处理的有关负债，应当及时纳入企业日常资产及财务管理的范围
健全不良资产管理机制	企业对清产核资中反映出的各项管理问题应当认真总结经验，分清工作责任，建立各项管理制度，并严格落实。应当建立健全不良资产管理机制，巩固清产核资成果
建立账销案存制度	企业对经批复同意核销的各项不良债权、不良投资及实物资产损失，应当加强管理，建立账销案存管理制度，组织力量或成立专门机构积极清理和追索，避免国有资产流失
积极配合中介机构工作	进行清产核资的企业应当积极配合社会中介机构的工作，提供审计工作和经济鉴证所必要的资料和线索。企业和个人不得干预社会中介机构的正常执业行为。社会中介机构的审计工作和经济鉴证工作享有法律规定的权力，承担法律规定的义务

2. 中介机构

（1）实施专项财务审计。除涉及国家安全的特殊企业以外，企业清产核资工作结果须委托符合资质条件的社会中介机构进行专项财务审计。

（2）独立、客观、公正。社会中介机构应当按照独立、客观、公正的原则，履行必要的审计程序，认真核实企业的各项清产核资材料，并按规定进行实物盘点和账务核对。

（3）合规评判。对企业资产损溢按照国家清产核资政策和有关财务会计制度规定的损溢确定标准，在充分调查研究、论证的基础上进行职业推断和合规评判，提出经济鉴证意见，并出具鉴证证明。

（4）加强会计档案管理。企业及社会中介机构应当根据会计档案管理的要求，妥善保管有关清产核资各项工作的底稿，以备检查。

五、法律责任

1．违反规定程序的法律责任

企业在清产核资中违反规定程序的，由同级国有资产监督管理机构责令其限期改正；企业清产核资工作质量不符合规定要求的，由同级国有资产监督管理机构责令其重新开展清产核资。

2．提供虚假会计资料的法律责任

企业在清产核资中有意瞒报情况，或者弄虚作假、提供虚假会计资料的，由同级国有资产监督管理机构责令改正，根据《中华人民共和国会计法》和《企业国有资产监督管理暂行条例》等有关法律、法规规定予以处罚；对企业负责人和直接责任人员依法给予行政和纪律处分。

3．侵吞、转移国有资产的法律责任

企业负责人和有关工作人员在清产核资中，采取隐瞒不报、低价变卖、虚报损失等手段侵吞、转移国有资产的，由同级国有资产监督管理机构责令改正，并依法给予行政和纪律处分；构成犯罪的，依法追究刑事责任。

4．企业负责人和中介机构的法律责任

企业负责人对申报的清产核资工作结果真实性、完整性承担责任；社会中介机构对企业清产核资审计报告的准确性、可靠性承担责任。

5．提供虚假鉴证材料的法律责任

社会中介机构及有关当事人在清产核资中与企业相互串通，弄虚作假、提供虚假鉴证材料的，由同级国有资产监督管理机构会同有关部门依法查处；构成犯罪的，依法追究刑事责任。

6．国有资产监督管理机构工作人员的法律责任

国有资产监督管理机构工作人员在对企业清产核资工作结果进行审核过程中徇私舞弊，造成重大工作过失的，应当依法给予行政和纪律处分；构成犯罪的，依法追究刑事责任。

第二节　账务清理和资产清查

一、账务清理的要求

账务清理是指对企业的各种账户进行全面核对和清理，包括银行账户、会计核算科目、各类库存现金和有价证券等基本财务情况，以及企业的各项内部资金往来情况，以保证企业账账相符，账证相符，确保企业账务的全面、准确和真实。账务清理的要求包括以下方面（见表 2–3）：

表2–3　财务清理的要求

项目	具体内容
核对内部账户	企业账务清理应当以清产核资工作基准日为时点，采取倒轧账的方式对各项账务进行全面清理，认真做好内部账户结算和资金核对工作。通过账务清理要做到总公司内部各部门、总公司同各子企业之间、子企业相互之间往来关系清楚、资金关系明晰
核对清理账务	为保证企业的账账相符、账证相符，企业在清产核资工作中必须认真做好账务清理工作。包括：对企业总公司及子企业所有账户进行清理，以及对总公司同各子企业之间的各项内部资金往来、存借款余额、库存现金和有价证券等基本账务情况进行全面核对和清理，以保证企业各项账务的全面和准确
清理违规账户	企业在清产核资中，应当认真清理企业及所属子企业各种违规账户或者账外账，按照国家现行有关金融、财会管理制度规定，检查本企业在各种金融机构中开立的银行账户是否合规。对违规开立的银行账户应当坚决清理；对于账外账的情况，一经发现，应当坚决纠正
清理存款账户	企业对在金融机构开立的人民币支付结算的银行基本存款账户、一般存款账户、临时存款账户、专用存款账户，以及经常项目外汇账户、资本项目外汇账户等要进行全面清理
清理风险财产	企业在清产核资中，应当认真对企业总部及所属子企业对内或者对外的担保情况、财产抵押和司法诉讼等情况进行全面清理，并根据实际情况分类排队，采取有效措施防范风险

续表

项目	具体内容
清查账外现金	企业在清产核资工作中，应当认真清查公司总部及所有子企业的各项账外现金，对违反国家财经法规及其他有关规定侵占、截留的收入，或者私存私放的各项现金（即“小金库”）进行全面清理，认真予以纠正，及时纳入企业账内
进行账务调整	企业在账务清理中，对清理出来的各种由于会计技术性差错因素造成的错账，应当根据会计准则关于会计差错调整的规定自行进行账务调整

二、资产清查的要求

资产清查是指对企业的各项资产进行全面的清理、核对和查实。资产清查的基本要求包括以下方面：

1．全面清理

企业应当在清产核资过程中认真组织力量做好资产清查工作，对企业的各项资产进行全面的清理、核对和查实。社会中介机构应按照独立审计准则的相关规定对资产盘点进行监盘。

2．账实相符

企业在组织资产清查时，应当把实物盘点同核实账务结合起来，在盘点过程中要以账对物、以物核账，做好细致的核对工作，保证企业做到账实相符。

3．真实准确

企业资产清查工作应当把清理资产同核查负债和所有者权益结合起来，对企业的负债、权益认真清理，对于因会计技术差错造成的不实债权、债务进行甄别并及时改正；对清查出来的账外权益、负债要及时入账，以确保企业的资产、负债及权益的真实、准确。

4．核实产权

企业资产清查工作应当重点做好各类应收及预付账款、各项对外投资、账外资产的清理，查实应收账款的债权是否存在，核实对外投资初始成本的现有实际价值。

三、资产分类清查

企业资产清查应分类进行，主要分为以下八类：

1．流动资产的清查

流动资产是指可以在一年或者超过一年的一个营业周期内变现或者耗用的资产。流动资产清查核实的范围和内容包括货币资金、各种应收及预付款项、短期投资和存货等。

（1）货币资金的清查

货币资金是指直接以货币形态存在的经营资金。包括现金、存款和其他货币资金。货币资金的清查要求（见表2–4）：

表2–4　货币资金的要求

项目	内容
查实记录	确定货币资金的收支记录是否完整。备用金余额加上各项支出凭证的金额应等于当初设置备用金数额。截止清查时点时，核对企业现金日记账的余额与库存现金的盘点金额是否相符；如有差异，应说明原因
查实资金	确定货币资金是否存在。查看库存现金是否超过核定的限额，现金收支是否符合现金管理规定；核对库存现金实际金额与现金日记账户余额是否相符；编制库存现金盘点表。对库存外币依币种清查，并以清查时点当日的银行外币买入牌价换算
确认余额	确认存款账面余额是否相符。主要清查企业在开户银行及其他金融机构各种存款账面余额与银行及其他金融机构中该企业的账面余额是否相符。根据银行存款对账单、存款种类及货币种类逐一查对、核实。检查银行存款余额调节表中未达账项的真实性；检查非记账本位币折合记账本位币所采用的折算汇率是否正确，折算差额是否已按规定进行账务处理
逐一核对	逐一核对其他货币资金账户及其明细分类账。主要清查外埠存款、银行汇票存款、银行本票存款、在途货币资金、信用卡存款、信用证存款等，按其他货币资金账户及其明细分类账逐一核对

（2）应收及预付款项的清查

应收及预付款项是指企业所拥有的将来收取货币资金或得到商品劳务的权利。属于短期债权，即在一年内或者长于一年的一个营业周期内可以收回的债权。应收及预付款项的清查内容包括应收票据、应收账款、其他应收款、预付账款和待摊费用。应收及预付款项的清查要求是：

1）分类查实。分类查实应收票据。企业应当按其种类逐笔与购货单位或者银行核对查实。清查应收账款、其他应收款和预付账款时，企业应当逐一与对方单位核对，以双方一致金额记账。

2）清理债权。对有争议的债权要认真清理、查证、核实，重新明确债权关系。

3）清理拖欠。对长期拖欠，要查明原因，积极催收；对经确认难以收回的款项，应当明确责任，做好有关取证工作；应当认真清理企业职工个人借款并限期收回。

（3）短期投资的清查

短期投资是指能够随时变现、持有时间不超过一年的有价证券和其他投资。主要包括国库券、各种特种债券、股票及其他短期投资。短期投资的清查要求（见表2–5）：

表2–5　短期投资的清查要求

项目	具体内容
分类清理	按国库券、各种特种债券、股票及其他短期投资分类进行清理
核对余额	股票、债券及基金账户对账单与明细账余额核对；盘点库存有价证券，与相关账户余额进行核对
据实入账	有价证券，按购入价入账（含买价和费用）
确定收益	如已宣告发放股利或者利息，则入账成本中应当扣除股利和利息；将股利和利息作为其他应收款处理；账面值和清查值要分别登记；核算股利和利息，确定投资收益

（4）存货的清查

存货是指企业在生产经营过程中为销售或者耗用而储存的各种资产。主要包括：原材料、辅助材料、燃料、修理用备件、包装物、低值易耗品、在产品、半成品、产成品、外购商品、协作件以及代保管、在途、外存、外借、委托加工的物资（商品）等。存货的清查要求是：

1）清仓查库。各企业都应当认真组织清仓查库，对所有存货全面清查盘点；对清查出的积压、已毁损或需报废的存货，应当查明原因，组织相应的技术鉴定，并提出处理意见。

2）查收外借。对长期外借未收回的存货，应当查明原因，积极收回或按规定作价转让。

3）代查保管。代保管物资由代保管单位协助清查，并将清查结果告知产权单位。

2．固定资产的清查

固定资产是指使用年限在一年以上、单位价值在规定标准以上，在使用过程中保持原有物质形态的资产。固定资产清查的范围主要包括房屋及建筑物、机器设备、运输设备、工具器具和土地等。固定资产的清查要求如下：

（1）分类查实。对固定资产要查清固定资产原值、净值，已提折旧额，清理出已提足折旧的固定资产、待报废和提前报废固定资产的数额及固定资产损失、待核销数额等。

（2）核对出租。租出的固定资产由租出方负责清查，没有登记入账的要将清查结果与租入方进行核对后，登记入账。

（3）清理外借。对借出和未按规定手续批准转让出去的资产，应当认真清理收回或者补办手续。

（4）查明盈亏。对清查出的各项账面盘盈（含账外）、盘亏固定资产，要认真查明原因，分清工作责任，提出处理意见。

（5）重新登记。经过清查后的各项固定资产，依据用途（指生产性或非生产性）和使用情况（指在用、未使用或不需用等）进行重新登记，建立健全实物账卡。

（6）处理闲置资产。对清查出的各项未使用、不需用的固定资产，应当查明购建日期、使用时间、技术状况和主要参数等，按调拨（其价值转入受拨单位）、转生产用、出售、待报废等提出处理意见。

（7）明确权属，定级估价。土地清查的范围包括企业依法占用和出租、出借给其他企业使用的土地，企业举办国内联营、合资企业以使用权作价投资或入股的土地，企业与外方举办的中外合资、合作经营企业以使用权作价入股的土地。

3. 长期投资的清查

长期投资的清查主要包括总公司和子企业以流动资产、固定资产、无形资产等各种资产的各种形式投资。长期投资的清查要求如下：

（1）确认产权。在清查对外长期投资时，凡按股份或者资本份额拥有实际控制权的，一般应采用权益法进行清查；没有实际控制权的，按企业目前对外投资的核算方式进行清查。清查内容包括：有关长期投资的合同、协议、章程，有权力部门的批准文件，确认目前拥有的实际股权、原始投入、股权比例、分红等项内容。

（2）明确收益。企业在境外的长期投资清查主要包括以资金、实物资产、无形资产在境外投资举办的各类独资、合资、联营、参股公司等企业中的各项资产，由中方投资企业认真查明管理情况和投资效益。

4. 在建工程的清查

在建工程是指正在施工的项目、停止建设的项目、暂缓建设的项目、已完工未交付使用项目和交付使用但未验收入账的项目和报废的项目。在建工程清查的范围主要是在建或停缓建的国家基建项目、技术改造项目，包括完工未交付使用（含试车）、交付使用未验收入账等工程项目、长期挂账但实际已经停工报废的项目。在建工程的清查要求（见表2–6）：

5. 无形资产的清查

无形资产是指企业长期使用而没有实物形态的资产。无形资产清查的范围和内容包括各项专利权、商标权、特许权、版权、商誉、土地使用权及房屋使用权等。

表2-6 在建工程的清查要求

项目	主要内容
确认投资	在建工程要由建设单位负责按项目逐一进行清查，主要登记在建工程项目的性质、投资来源、投资总额、实际支出、实际完工进度和管理状况
核实支出	按项目实际支出登记。投资总额的清查要求确认属于自营工程还是出包工程，并按实际支出进行查对核实。其中：自营工程的实际支出包括购入物资、领用物资、职工工资、设备安装、修理和运输成本、其他支出和借款利息等；出包工程的实际支出包括预付承包单位的工程价款、工程借款利息等
及时入账	对清理出来的在建工程中已完工未交付使用和交付使用未验收入账的工程，企业应当及时入账
规范报废	对在建工程的毁损报废要详细说明原因，提供合规证明材料

无形资产的清查要求是：

（1）全面盘点。对无形资产的清查进行全面盘点，确定其真实价值及完整内容；核实权属证明材料，检查实际摊销情况。

（2）正确入账。购入的无形资产，按实际成本入账；自行开发的无形资产，按实际发生的支出数记账；土地使用权及房屋使用权等无形资产，按评估确认值记账；接受馈赠的无形资产，按所附单据或者参照同类无形资产市价入账。

6．递延资产及其他资产的清查

递延资产是不能全部计入当期损益，应当在以后年度分期摊销的费用，属于长期待摊费用。包括开办费、租入固定资产改良支出和特准储备物资等。递延资产的清查要求如下：

（1）逐项清理。按开办费、租入固定资产改良支出和特准储备物资分类清理，分类建账。

（2）核查摊销。清查开办费和租入固定资产改良支出时，按摊销余额登记。开办费是指企业筹创期间发生的费用。开办费的摊销期由企业自行规定，但不得低于5年。租入固定资产改良支出，是指以经营租赁方式租入的固定资产，为适应生产需要而进行改良所发生的费用，属于长期待摊费用，在租赁期内分期平均摊销。

（3）核查特储。特准储备物资是指具有专门用途，不参加生产经营的经国家批准储备的特种物资。专门用途一般是指国家应付自然灾害和意外事故等特殊需要。它不占用企业的资金，亦不属于企业的存货。平时企业无权动用，只有当发生战争或灾荒时，企业才能按国家的命令调拨。“特准储备物资”账户用于核算企业（主要是商业企业）特准储备物资的增减变动和结存情况。“特准储备物资”账户下，应按特准储备物资的品种、规格设置明细账户。特准储备物资清查时按账面余额登记。

7. 负债的清查

负债，是指企业承担的、能够以货币计量、以资产或者劳务偿付的债务。负债清查的范围包括各项流动负债和长期负债。流动负债是指将在一年或者超过一年的一个营业周期内偿还的债务。流动负债要清查各种短期借款、应付及预收款项、预提费用及应付福利费等。长期负债是指偿还期在一年或者超过一年的一个营业周期以上的债务。长期负债要清查各种长期借款、应付债券、长期应付款、住房周转金等。

（1）核对明细。逐项核对各类流动负债和长期负债明细账，明细账余额应与对应账户余额一致。

（2）账账相符。企业与债权单位逐一核对账目，达到双方账面余额一致。

8. 所有者权益的清查

所有者权益，是企业出资人对企业净资产的所有权。净资产是企业全部资产减去负债后的余额。所有者权益包括：投入资本、资本公积、盈余公积、未分配利润。

（1）投入资本的清查

投入资本是投资者实际投入权益经营活动的各种财产物资，是所有者权益的基本组成部分。包括货币、实物、证券和无形资产等。投入资本的清查要求是：

分类设账，按投资者类别设置明细账。

账账相符，明细账账面余额应当与“实收资本”账户一致。

（2）资本公积的清查

资本公积是指包括股本溢价、法定财产重估增值和接受捐赠的资产价值在内的资本积累项目。资本公积的清查要求是：

分类核对，资本公积按类别逐一核对。

账账相符，明细账余额应当与资本公积账户一致。

（3）盈余公积的清查

盈余公积是指按照国家规定，从利润中提取的公积金。盈余公积金的用途是转增资本金、弥补亏损和分配红利。盈余公积的清查要求是：

据实记账，盈余公积按实际提取数记账，盈余公积设明细科目核算。

账账相符，各明细科目余额之和应当与“盈余公积”账户余额一致。

（4）未分配利润的清查

未分配利润是企业实现的利润扣除所得税、提取盈余公积、分配利润后的余额，是企业留于以后年度分配的利润和待分配利润。未分配利润与盈余公积都属于投资者的资本增值。差别在于：盈余公积是已分配并指定用途的利润；而未分配利润是尚未指定用途的利润。未分配利润的清查要求是：

核算积存，“利润分配”账户余额即为累计积存的未分配利润。

据实登记，清查时，按账面实际余额登记。

第三节　资产价值重估

一、资产价值重估基础内容

1. 资产价值重估的作用

（1）有利于正确反映国有资产价值量。资产价值重估可以基本上解决固定资产账面价值严重背离实际价值问题。重估后的资产价值基本接近实际价值水平。

（2）有利于正确核算成本。由于资产的账面价值背离实际价值，使固定资产实际消耗的价值不能完全进入成本，造成成本不实。通过资产价值重估，按重估后的资产价值计提折旧费，成本不实的问题可以得到解决。

（3）有利于足额补偿固定资产消耗。资产价值重估后，升值幅度一般在50%左右。按重估后的固定资产价值计提折旧，可以为解决固定资产补偿不足问题创造条件。

（4）有利于促进企业技术进步。按重估后的资产价值计提折旧，可以增加企业更新改造基金，增强了企业自我改造、自我发展的能力，有利于促进企业技术改造。

（5）有利于合理分配资产收益。由于资产账面价值背离实际价值，造成成本不实，使一部分资产保值基金转化为财政收入和企业利润，直接影响企业的生产能力。资产价值重估可以提高利润核算水平，合理分配资产收益。

2. 资产价值重估的原则

资产价值重估的原则包括：

（1）统一政策、合理估价。按照国务院统一的清产核资办法、细则、资产目录和重估标准，进行资产价值重估。

（2）实事求是。客观反映资产实际价值，即根据实际情况，正确运用重估方法，使重估价值能够真实反映资产的实际价值水平。

（3）兼顾技术进步。正确核算成本，按照资产重估后的价值计提折旧和调整折旧率，根据规定计入成本。

3．资产价值重估与资产评估的区别

资产价值重估与资产评估都是对资产价值重新估价的活动。但是，二者又存在区别。主要内容见表 2–7：

表 2–7　资产价值重估与资产评估的区别

区别	具体内容
目的不同	资产价值重估的目的，主要是解决资产账面价值与实际价值背离的问题，为正确核算成本和核定国有资本金服务；资产评估的目的，主要是为产权变动提供依据
估价标准不同	资产价值重估，按市场价格或者重置成本估算；资产评估，则除了按这两种标准外，还采用收益现值和清算价格估算
范围不同	资产价值重估，是对全国范围内进行清产核资的企业和单位的某些资产进行重新估价；资产评估，是对发生产权变动的企业单位的全部资产进行评估
估价机构不同	资产价值重估，由开展清产核资的企业单位组织专门小组进行；资产评估，由资产占用企业单位委托资产评估机构进行
估价的依据不同	资产价值重估，依据国务院制定的《清产核资办法》和《清产核资资产价值重估实施细则》等文件进行；资产评估，主要依据国务院颁发的《国有资产评估办法》进行

二、资产价值重估的方法

1．物价指数法

物价指数法，是以资产购置年度的价格为基期价格，按重估目录所列的价格指数进行资产价值重估的方法。它以资产账面原值（历史成本）为基价，考虑自计价基期到评估期的物价水平变动，相应调增资产价格。如果资产再生产的技术条件变化不大，应用物价指数法评估的资产价格可近似地反映资产的更新重置成本。适用于价格已经完全放开的固定资产的价值重估。

在我国，这种方法被广泛应用于资产保值的宏观经济分析和决策，在资产价值重估和资产转让的评估实务中，也应用这种方法进行某些项目和类别的资产评估，以适应资产实物形态再生产的需要。一般运用分类生产资料物价指数，即按待评资产相对应的生产资料分类物价指数，特别是在资产分类较细、相应的分类物价指数也较齐全的条件下，资产评估值与实际重置成本更为接近。

物价指数法的基本公式是：

$$资产重估价值（原值）= 资产账面原值 \times \frac{重估年度的资产价格}{购置年度的资产价格}$$

或者，资产重估价值 = 资产账面原值 ×（1+ 适用物价上涨指数）

式中：

（1）资产重估价值（原值），被评估资产按现行价格计算的价值额，即资产完全重置成本。

（2）资产账面原值，被评估资产购置年度的账面价值额，即资产历史成本。

（3）$\frac{\text{重估年度的资产价格}}{\text{购置年度的资产价格}}$，为被评估资产的物价指数。

（4）适用物价上涨指数：即按定基法计算的资产自计价基期到评估期的物价上涨幅度。

例1：某有限责任公司1986年建造了一栋厂房。该厂房建筑面积为3000平方米，原每平方米造价900元。设重估年度同类厂房每平方米造价2800元。试重估该厂房价值。

解：

1986年购建，采用物价指数法。

$$\text{资产重估价值（原值）}=\text{资产账面原值}\times\frac{\text{重估年度的资产价格}}{\text{购置年度的资产价格}}$$

$$\text{该厂房重估价值（原值）}=900\times3000\times\frac{2800}{900}=2700000\times3.11=8397000\text{（元）}$$

答：该厂房重估价值（原值）为8397000元。

2．重置成本法

重置成本法，是指以资产在全新情况下按现行市价的重新购建成本来确定资产价值的方法。重置成本分为复原重置成本和更新重置成本。复原重置成本，是指按现行市场价格，购建以相同材料、标准、设计、技术复制的全新固定资产所需要的成本。更新重置成本，是指按现行市场价格，参照现行技术条件，购建以新材料、新工艺、新设计、新标准和新技术构成的，具有同等功能的固定资产所需要的成本。通常进行资产估价时，较多采用更新重置成本标准。

重置成本的基本含义是被评估资产按全新状态来说，在现时的价格和费用水平下要花多大代价才能生产出来。采用重置成本进行计算时，要考虑的主要因素是成本消耗和价格、费用水平。

重置成本法的基本公式是：

资产重估价值（原值）=按现价计算的重置直接费+按现价计算的重置间接费

式中：

（1）直接费，是指直接工程费和措施费。直接工程费包括人工费、材料费和施工机械使用费。措施费可以分为通用措施项目费和专用措施项目费两部分。通用措施项目费包括安全、文明施工费，夜间施工增加费，二次搬运费，冬雨季施工增加费等。专业措施项目费包括混凝土、钢筋混凝土模板及支架费、脚手架费等。

（2）间接费，是指耗用在建筑工程和设备安装工程上除直接费以外的费用总和。由规费和企业管理费组成。规费是政府和有关权力部门规定必须缴纳的费用，包括：工程排污费和社会保障费（养老保险费、失业保险费、医疗保险费，工伤保险费、生育保险费、住房公积金）。　企业管理费是指建筑施工或安装企业组织施工生产和经营管理所需费用，包括：管理人员工资、办公费、差旅交通费、固定资产使用费、工具用具使用费、劳动保险费、工会经费、职工教育经费、财产保险费、财务费等。

重置成本法的优点是资产估价的结果比较接近资产的实际价值，可靠性较高。但由于重置成本法涉及的经济参数多，因此操作难度太。该方法主要适用于少量特殊的、价值量较大的行业专用非标准设备、少量自制设备和经过多次技术改造的设备、多次翻修的房屋建筑等的价值重估。

例 2：某企业 2008 年购建大型专用机床 1 台。企业提供的购建成本资料如下：该机床总造价为 25 万元。其中，机床账面原值 15 万元，运输费 1 万元，安装费 3 万元，调试费 1 万元，规费和企业管理费 5 万元。该机床已投入使用 7 年。经市场调查得知，该专用机床市场价格上升了 25%；铁路运价近两年提高了 2 倍，安装的材料和工费上涨幅度加权计算为 45%，调试费用上涨了 25%，规费和企业管理费上涨幅度加权计算为 40%。试重估该专用机床价值。

解：

2008 年购建，采用重置成本法。

机床采购重置全价 =15×（1+25%）=18.75（万元）

运杂费重估价 =1×3=3（万元）

安装费重估价 =3×（1+45%）=4.35（万元）

调试费重估价 =l×（1+25%）=1.25（万元）

规费和企业管理费估价 =5×（1+40%）=7（万元）

综合以上各项，该机床重估价值为：

该机床重估价值（原值）=18.75+3+4.35+1.25+7=34.35（万元）

答：该机床重估价值（原值）为 34.35 万元。

第四节　土地清查与估价

一、土地清查与估价的范围

清产核资中对土地清查估价的范围与整个清产核资的范围是一致的。

1. 凡是参加清产核资的企业、单位，都要进行土地清查，并逐步开展土地估价工作。

2. 企业依法占用和出租、出借给其他企业使用的土地。

3. 企业以土地使用权作价投资举办国内联营企业，或以土地使用权作价入股举办股份制企业的，要查清国有企业投入土地资产的股份和面积。

4. 企业与外方举办的中外合资、合作经营企业，以土地使用权作价入股的，也要查清中方投入土地资产的股份和面积。

5. 在清产核资前已领取土地证和房地产的企业、单位，不再进行土地清查登记，只进行土地估价，凭土地证和房地产证办理清产核资中有关土地清查登记事宜。

二、土地估价方法

土地价格的评估方法包括基准地价系数修正法、市场比较法、收益还原法、成本逼近法和剩余法等。其中，基准地价系数修正法是被广泛采用的土地价格评估方法。因此，我们只介绍基准地价系数修正法。

1. 基准地价系数修正法

基准地价系数修正法是在利用级别或区域基准地价评估宗地地价时，通过对待估宗地地价影响因素的分析，利用宗地地价修正系数，对各级政府公布的同类用途、同级或同一区域土地基准地价进行修正，估算待估宗地客观价格的方法。

基准地价系数修正法基本公式如下：

$$V = V_{1b} \times \left(1 + \sum_{i=1}^{n} k_i\right) \times K_j$$

式中：

V，土地单位面积价格，土地估价后的单位面积价格，即每平方米土地的价格。

V_{lb}，某一用途土地在某一土地级上的基准地价，即土地使用权单位面积平均价格。

$1+\sum_{i=1}^{n}k_j$，1+因素修正系数。其中，k，是第i种因素的修正系数。

K_j，估价期日、容积率、土地使用年期等其他修正系数（j=l、2、3、4、5、6......）。

2．影响因素修正系数

影响土地价格的因素都需要确定其修正系数。主要包括：

（1）期日修正系数。指基准地价基准期日至估价基准期日的地价变动指数，即以估价对象的估价基准期日地价指数与政府公布的最近基准期日的地价指数相比较计算得出。一般以政府地价动态监测成果公布的地价指数、地价增长率为准。如果资料不全，可以用物价变动指数来代替。

（2）年期修正系数。土地使用权年期是指土地交易中契约约定的土地使用权年限。土地使用权年限的长短，直接影响可利用土地并获相应土地收益的年限。如果土地的年收益确定以后，土地的使用期限越长，土地的总收益越多，土地利用效率也越高，土地的价格也会因此提高。因此，通过土地使用权年限修正，可以消除由于使用期限不同所造成的价格上的差别。年期修正系数的计算公式是：

$$K=\frac{1-\left[1/(1+r)^n\right]}{1-\left[1/(1+r)^m\right]}$$

式中：

K，年期修正系数。

r，土地还原利率。土地还原利率实质上是土地投资的收益率，即土地收益与土地价格的比值。通常参考同期银行贷款利率和投资风险进行判定。或者，按同期中国人民银行公布的一年期贷款利率，区别商业、办公、居住、工业用途，分别上浮25%、20%、15%、10%，确定土地还原利率。

n，宗地剩余使用年限。法定土地使用年限扣减已经使用的年限，为剩余使用年限。

m，基准地价规定的相应用途土地使用年限。法定土地使用年限是：商业用地40年、办公用地50年、居住用地70年、工业用地50年。

（3）容积率（楼层）修正系数。可参照地方各级政府公布的《基准地价更新成果》和《容积率修正系数表》确定。

（4）用途修正系数。土地用途不同，收益会出现差异，进而影响土地的价格。因此需要确定土地用途修正系数。用途修正系数按地上和地下分类。地上部分包括居住、商业、工业和办公四类用途修正系数，可参照《基准地价用途修正系数表》确定。地下部分包括地下商业、地下办公、地下仓储、地下车库等用途，可参照《基准地价地下空间修正系数表》确定。

（5）因素修正系数，又称宗地地价修正系数。是指除期日、年期、容积率、用途等修正系数之外的其他地价影响因素的综合修正系数。可参照《基准地价因素总修正幅度表》确定。

（6）土地开发程度修正。宗地土地开发程度不同，土地价格也会出现差异。因此，需对适用的基准地价进行土地开发程度差异修正后，作为下一步宗地地价评估的基准。开发程度差异修正后的基准地价 = 适用的基准地价 ±（开发费用 / 级别平均容积率）。开发费标准可参照《建设用地基础设施建设费表》选取。

3．基准地价系数修正法的应用

例：某市属国有独资公司土地估价相关资料如下：面积 2800 平方米；用地性质为工业；剩余使用年限为 35 年；基准地价为 8330 元 /m2；基准地价基准期日为 2014 年 1 月 1 日，本次估价的基准期日为 2015 年 10 月 8 日；用途修正系数为 1.0；容积率修正系数为 1.1506；因素修正系数为 0.1；开发程度修正为 97 元 /m^2。试评估该宗地标定地价。

解：

（1）分析确定期日修正系数

思路：以估价对象的估价基准期日地价指数与政府公布的最近基准期日的地价指数相比较计算得出。

分析：根据该市公布的地价指数，工业地价指数 2014 年为 237，2013 年为 227，计算得出增长率为 4.4%；根据全国城市地价动态监测系统的最新数据，2015 年第三季度该市同比工业地价增速超过 4.0%；由此分析确定期日修正系数为 4.4/4.0=1.1。

（2）分析确定土地还原利率

思路：参考同期银行贷款利率和投资风险进行判定；或者按同期中国人民银行公布的一年期贷款利率上浮 10%，确定工业用途土地还原利率。

分析：根据中国人民银行决定，自 2015 年 5 月 11 日起下调金融机构人民币贷款和存款基准利率。金融机构一年期贷款基准利率下调 0.25 个百分点至 5.1%。房地产开发投资风险较大，其行业平均利润率为 10%。工业用地作为企业固定资产的重要组成部分，其投资风险大于银行一年期贷款基准利率，小于房地产开发平均利润率。据此测得工业用地土地还原利率为 7.55%，即 5.1%+ $\frac{10\%-5.1\%}{2}$ =7.55%。而按同期中国人民银行公布的一年期贷款利率上浮 10%，确定的工业用途土地还原利率为 5.61%，即 5.1%×（1+10%）=5.61%。

综合上述两种方法测算结果，分析确定该工业用地的土地还原利率为 6.58%。即：$\frac{7.55\%+5.61\%}{2}$ =6.58%

（3）计算年期修正系数

将土地还原利率、宗地剩余使用年限和法定土地使用年限，代入年期修正系数计算公式。

$$K=\frac{1-\left[1/(1+r)^{n}\right]}{1-\left[1/(1+r)^{m}\right]}=\frac{1-\left[1/(1+6.58\%)^{35}\right]}{1-\left[1/(1+6.58\%)^{50}\right]}=\frac{1-\left[1/(1.0658\%)^{35}\right]}{1-\left[1/(1.0658\%)^{50}\right]}=\frac{1-[1/9.3035]}{1-[1/24.1983]}=\frac{1-0.1074}{1-0.0413}$$

$$=\frac{0.8926}{0.9587}=0.9310$$

计算得出年期修正系数为：0.9310。

（4）计算土地单位面积价格

按基准地价系数修正法基本公式计算土地单位面积价格 V。

$$V=V_{1b}\times\left(1+\sum_{i=1}^{n}k_i\right)\times K_j$$

由所给出的资料和上述计算得知：

V_{1b}：基准地价 8330 元。

$1+\sum_{i=1}^{n}k_i$：因素修正系数为 0.1，$1+\sum_{i=1}^{n}k_i$ =1.1。

K_j 其他修正系数为：

K_1 用途修正系数为 1.0；

K_2 容积率修正系数为 1.1506；

K_3 期日修正系数为 1.1；

K_4 年期修正系数为 0.9310；

K_5 开发程度修正为 97 元 /m^2。

代入计算公式：

V=8330×1.1×1.0×1.1506×1.1×0.9310+97=10797.03+97=10894.03（元）

（5）计算该宗地标定地价评估值

该宗地标定地价评估值 = 土地单位面积价格 × 宗地总面积 =10894.03 × 2800=3050.3284（万元）

答：该宗地标定地价评估值为 3050.3284 万元。

三、土地清查登记的程序与方法

土地清查登记是土地清查估价的首要环节，清查登记包括土地申报、地籍调查、权属审核、注册登记和颁发土地证书等五个阶段。

1．土地申报

土地申报是土地登记申请者向政府申请土地登记的行为，是土地登记必须履行的法律程序。参加清产核资的企业、单位，应在规定的时期内，持土地权属证明材料办理申请登记手续；土地登记人员对交验的证明材料进行初审，审核内容包括法人资格证明、法定代表人身份证明、土地权属来源证明等，经初审符合登记条件者，发给土地登记申请书。

2．地籍调查

地籍调查是在申报的基础上，由土地管理部门按照地籍调查法定程序，对土地权属、界址、面积等进行现场调查和勘测，编绘地籍图件资料，为权属审核、登记注册颁发土地证书提供依据。

3．权属审核

权属审核是土地清查登记工作的核心内容，其主要任务是以地籍调查的资料和图件为基础，以国家法律、政策为准绳，对照申请者提交的申请书、权属证明材料，逐宗土地进行审查。审查土地权属来源是否合乎法律政策规定，手续是否齐全，界址是否清楚，面积是否准确等。土地权属审核应进行初审和复审，务必达到“权属合法、界址清楚、面积准确”，然后将审查结果予以公告。

4．登记注册

土地权属审查结果经公告期满，有关各方未提出异议，报政府批准后，即为土地权属得到确认，应将土地权属状况登录于土地登记簿。土地登记簿是具有法律效力的文件，经注册登记的土地权利受国家法律保护。已经登记的项目，非经法定程序，不得变更。土地登记的内容见表 2–8：

5．颁发土地证书

土地注册后，即依据土地登记簿填写和颁发土地证书，作为土地使用者取得土地使用权利的凭证。颁发土地证书必须按照一定的程序进行。颁证过程也是对土地登记工作质量再次检验的过程。

表2-8 土地登记的内容

项目	主要内容
登记单位的情况	包括单位名称、单位地址、所有制性质、上级主管部门等
土地权属	包括权属性质、权属范围等
土地等级	指按照国家规定正式评定的等级
使用期限	指按照规定正式批准的使用期限
其他方面	如登记时间、登记人员等

第五节 资产损失认定

一、资产损失认定的原则

资产损失认定的原则，见表2-9。

表2-9 资产损失认定的原则

原则	主要内容
依规认定	为保证企业资产状况的真实性和财务信息的准确性，企业对清产核资中清查出的已丧失了使用价值或者转让价值、不能再为企业带来经济利益的账面无效资产，凡事实确凿、证明充分的，依据国家财务会计制度和清产核资政策规定，认定为损失，经批准后可予以财务核销
证据合法	企业对清产核资中清查出的各项资产损失，应当积极组织力量逐户逐项进行认真清理和核对，取得足以说明损失事实的合法证据，并对损失的资产项目及金额按规定的工作程序和工作要求进行核实和认定。对数额较大、影响较大的资产损失项目，企业应当逐项作出专项说明，承担专项财务审计业务的中介机构应当重点予以核实
中介鉴证	企业对清产核资中清查出的各项资产损失，虽取得外部法律效力证明，但其损失金额无法根据证据确定的，或者难以取得外部具有法律效力证明的有关资产损失，应当由社会中介机构进行经济鉴证后出具鉴证意见书
清理追索	企业对经批准核销的不良债权、不良投资等损失，应当认真加强管理，建立“账销案存”管理制度，组织力量或成立专门机构进一步清理和追索，避免国有资产流失
降低损失	企业对经批准核销的报废毁损固定资产、存货、在建工程等实物资产损失，应当分类排队，进行认真清理，对有利用价值或者能收回残值的，应当积极进行处理，以最大限度降低损失

续表

原则	主要内容
依规更正	企业清查出的由于会计技术性差错引起的资产不实，不属于资产损失的认定范围，应当由企业依据会计准则规定的会计差错更正办法，经会计师事务所审计提出相关意见后自行处理
同步核销	企业集团内部单位之间、母公司与子公司之间的互相往来款项、投资和关联交易，债务人核销债务要与债权人核销债权同等金额、同时进行，并签订书面协议，互相提供处理债权或者债务的财务资料

二、资产损失分类认定

1．货币资金损失的认定

货币资金损失是指企业清查出的现金短缺和各类金融机构存款发生的有关损失。企业清查出的现金短缺，将现金短缺数扣除责任人赔偿后的数额，依据下列证据确认为损失：

（1）现金保管人确认的现金盘点表（包括倒推至基准日的记录）。

（2）现金保管人对于短款的说明及相关核准文件。

（3）由于管理责任造成的，应当有对责任人的责任认定及赔偿情况说明。

（4）涉及刑事犯罪的应当提供有关司法涉案材料。

2．坏账损失的认定

坏账损失是指企业不能收回的各项应收款项造成的损失。主要包括：应收账款和其他应收款、应收票据、预付账款等发生坏账造成的损失。对在清产核资中清查出的各项坏账，企业应当逐项分析形成原因，对有合法证据证明确实不能收回的应收款项，分别不同情况，认定为损失。

（1）债务单位消失。因债务单位已被宣告破产、注销、吊销工商登记或者被政府责令关闭等，造成应收款项无法收回的，依据下列证据认定为损失：法院的破产公告和破产清算的清偿文件；工商部门的注销、吊销证明；政府部门有关行政决定文件。

对上述情形中已经清算的，应当扣除债务人清算财产实际清偿部分后，对不能收回的款项认定为损失。

对尚未清算的，由社会中介机构进行职业推断和客观评判后出具经济鉴证证明，对确实不能收回的部分认定为损失。

（2）债务人失踪、死亡。因债务人已失踪、死亡，造成应收款项无法收回的，在取得公安机关出具的债务人已失踪、死亡的证明后，确定其遗产不足清偿部分或无法找到承债人追偿债务的，由社会中介机构进行职业推断和客观评判后出具经济鉴证证明，认定为损失。

（3）不可抗力因素影响。因债务人遭受战争、国际政治事件及自然灾害等不可抗力因素影响，造成应收款项无法收回的，由企业作出专项说明，经社会中介机构进行职业推断和客观评判后出具经济鉴证证明，认定为损失。

（4）逾期不能收回。逾期不能收回的应收款项，有败诉的法院判决书、裁定书，或者胜诉但无法执行或债务人无偿债能力被法院裁定终（中）止执行的，依据法院的判决、裁定或终（中）止执行的法律文书，认定为损失。

在逾期不能收回的应收款项中，单笔数额较小、不足以弥补清收成本的，由企业作出专项说明，经社会中介机构进行职业推断和客观评判后出具经济鉴证证明，认定为损失。

逾期 3 年以上的应收款项，企业有依法催收磋商记录，确认债务人已资不抵债、连续 3 年亏损或连续停止经营 3 年以上的，并能认定在最近 3 年内没有任何业务往来，由社会中介机构进行职业推断和客观评判后出具鉴证证明，认定为损失。

逾期 3 年以上的应收款项，债务人在境外及港、澳、台地区的，经依法催收仍不能收回的，在取得境外中介机构出具的有关证明，或者取得我国驻外使（领）馆或商务机构出具的有关证明后，认定为损失。

对逾期 3 年以上的应收款项，企业为了减少坏账损失而与债务人协商，按一定比例折扣后收回（含收回的实物资产）的，根据企业董事会或者经理（厂长）办公会审议决定（二级及以下企业应有上级母公司的核准文件）和债权债务双方签订的有效协议，以及已收回资金的证明，其折扣部分，认定为损失。

3. 存货损失的认定

存货损失是指有关商品、产成品、半成品、在产品以及各类材料、燃料、包装物、低值易耗品等发生的盘盈、盘亏、变质、毁损、报废、淘汰、被盗等造成的净损失，以及存货成本的高留低转资金挂账等。

（1）盘盈和盘亏的存货。对盘盈和盘亏的存货，扣除责任人赔偿后的差额部分，依据下列证据，认定为损失：存货盘点表；社会中介机构的经济鉴证证明；其他应当提供的材料，包括：存货保管人对于盘盈和盘亏的情况说明；盘盈存货的价值确定依据（相关入库手续、相同相近存货采购发票价格或者其他确定依据）；盘亏存货的价值确定依据；企业内部有关责任认定、责任人赔偿说明和内部核批文件。

（2）报废、毁损的存货。对报废、毁损的存货，将其账面价值扣除残值及保险赔偿或责任人赔偿后的差额部分，依据下列证据，认定为损失：单项或者批量金额较小的存货，由企业内部有关部门出具技术鉴定证明；单项或者批量金额较大的存货，应取得国家有关技术鉴定部门或具有技术鉴定资格的社会中介机构出具的技术鉴定证明；涉及保险索赔的，应当有保险公司理赔情况说明；其他应当提供的材料（企业内部关于存货报废、毁损情况说明及审批文件；残值情况说明；企业内部有关责任认定、责任人赔偿说明和内部核批文件）。

（3）被盗的存货。对被盗的存货，将其账面价值扣除保险理赔以及责任人赔偿后的差额部分，依据以下证据，认定为损失：向公安机关的报案记录；公安机关立案、破案和结案的证明材料；涉及责任人的责任认定及赔偿情况说明；涉及保险索赔的，应有保险公司理赔情况说明。

（4）削价、折价处理的存货。对已削价、折价处理的存货，由企业有关部门说明情况，依据有关会计凭证将原账面价值与已收回价值的差额部分，认定为损失。

4．待摊费用挂账损失的认定

待摊费用挂账损失的认定，见表 2-10。

表2-10　待摊费用挂账损失的认定

项目	主要内容
失去摊销意义的费用项目	企业清查出的已经失去摊销意义的费用项目，由企业作出相关事项说明，经社会中介机构进行职业推断和客观评判后出具经济鉴证证明，认定为损失
长期应摊未摊费用	企业清查出的长期应摊未摊费用，由企业作出难以自行消化的未摊销专项说明，经社会中介机构进行职业推断和客观评判后出具经济鉴证证明，认定为损失
汇兑损失挂账	企业清查出的以前年度由于国家外汇汇率政策调整引起的汇兑损失挂账，由企业作出专项说明，经社会中介机构进行职业推断和客观评判后出具经济鉴证证明，认定为损失
应提未提费用	企业清查出的有关应提未提费用，由企业作出专项说明，经社会中介机构进行职业推断和客观评判后出具经济鉴证证明，认定为损失

5．投资损失的认定

投资损失是指企业发生的不良股权或者债权投资造成的损失，包括长期投资损失和短期投资损失。对清查出的不良投资，企业要逐项进行原因分析，对有合法证据证明不能收回的，认定为损失。

（1）被投资单位消失。被投资单位已破产、清算、被撤销、关闭或被注销、吊销工商登记等，造成难以收回的不良投资，依据下列证据，认定为损失：法院的破产公告或者破产清算的清偿文件；工商部门的注销、吊销文件；政府部门的有关行政决定文件。

对已经清算的，扣除清算财产清偿后的差额部分，认定为损失。

尚未清算的，由社会中介机构经过职业推断和客观评判后出具经济鉴证证明，对被投资单位剩余财产确实不足清偿投资的差额部分，认定为损失。

（2）被投资单位资不抵债。对企业有关参股投资项目金额较小，确认被投资单位已资不抵债、连续经营亏损 3 年以上或连续停止经营 3 年以上的，由社会中介机构进行职业推断和客观评判后出具经济鉴证证明，对确实不能收回的部分，认定为损失。

6．固定资产损失的认定

固定资产损失是指企业房屋建筑物、机器设备、运输设备、工具器具等发生的盘盈、盘亏、淘汰、毁损、报废、丢失、被盗等造成的净损失。

（1）盘盈的固定资产。对盘盈的固定资产，依据下列证据，确认为固定资产盘盈入账：固定资产盘点表；使用保管人对于盘盈情况的说明材料；盘盈固定资产的价值确定依据（同类固定资产的市场价格、类似资产的购买合同、发票或竣工决算资料）；单项或批量数额较大固定资产的盘盈，企业难以取得价值确认依据的，应当委托社会中介机构进行估价，出具估价报告。

（2）盘亏的固定资产。对盘亏的固定资产，将其账面净值扣除责任人赔偿后的差额部分，依据下列证据，认定为损失：固定资产盘点表；盘亏情况说明（单项或批量金额较大的固定资产盘亏，企业要逐项作出专项说明，由社会中介机构进行职业推断和客观评判后出具经济鉴证证明）；社会中介机构的经济鉴证证明；企业内部有关责任认定和内部核准文件等。

（3）报废、毁损的固定资产。报废、毁损的固定资产，将其账面净值扣除残值、保险赔偿和责任人赔偿后的差额部分，依据下列证据，认定为损失：企业内部有关部门出具的鉴定证明；单项或批量金额较大的固定资产报废、毁损，由企业作出专项说明，应当委托有技术鉴定资格的机构进行鉴定，出具鉴定证明；不可抗力原因（自然灾害、意外事故）造成固定资产毁损、报废的，应当有相关职能部门出具的鉴定报告。如消防部门出具的受灾证明；公安部门出具的事故现场处理报告、车辆报损证明；房管部门的房屋拆除证明；锅炉、电梯等安检部门的检验报告等。

企业固定资产报废、毁损情况说明及内部核批文件；涉及保险索赔的，应当有保险理赔情况说明。

（4）被盗的固定资产。对被盗的固定资产，将其账面净值扣除责任人的赔偿和保险理赔后的差额部分，依据下列证据，认定为损失：向公安机关的报案记录；公安机关立案、破案和结案的证明材料；企业内部有关责任认定、责任人赔偿说明和内部核批文件；涉及保险索赔的，应当有保险理赔情况说明。

7．在建工程和工程物资损失的认定

在建工程损失和工程物资损失是指企业已经发生的因停建、废弃和报废、拆除的在建工程项目造成的损失，以及因此而引起的相应工程物资报废或者削价处理等发生的损失。

（1）停建、拆除的在建工程。因停建、废弃和报废、拆除的在建工程，将其账面投资扣除残值后的差额部分，依据下列证据，认定为损失：国家明令停建项目的文件；规划等有关政府部门出具的工程停建、拆除通知文件；企业对报废、废弃的在建工程项目出具的鉴定意见和原因说明及核批文件；单项数额较大的在建工程报废，应当有行业专家参与的技术鉴定意见；工程项目实际投入的价值确定依据。

（2）毁损的在建工程。由于自然灾害和意外事故毁损的在建工程，将其账面投资扣除残值、保险赔偿及责任赔偿后的差额部分，依据下列证据，认定为损失：有关自然灾害或者意外事故证明；涉及保险索赔的，应当有保险理赔情况说明；企业内部有关责任认定、责任人赔偿说明和核准文件。

（3）工程物资。工程物资发生损失的，比照存货损失的认定要求，进行损失认定。

8．无形资产损失的认定

无形资产损失是指某项无形资产已经被其他新技术所代替或已经超过了法律保护的期限，已经丧失了使用价值和转让价值，不能给企业再带来经济利益，而使该无形资产成为无效资产，其账面尚未摊销的余额，形成无形资产损失。

企业清查出的无形资产损失，依据有关技术部门提供的鉴定材料，或者已经超过了法律保护的期限证明文件，将尚未摊销的无形资产账面余额，认定为损失。

9．其他资产损失的认定

企业或有负债（包括担保、抵押、委托贷款等行为造成的损失）成为事实负债后，对无法追回的债权，分别按有关资产损失认定要求，进行损失认定。

（1）担保损失。对外提供担保损失。被担保人由于不能按期偿还债务，本企业承担了担保连带还款责任，经清查和追索，被担保人无偿还能力，对无法追回的，比照坏账损失的认定要求，进行损失认定。

（2）抵押损失。由于企业没能按期赎回抵押资产，使抵押资产被拍卖或变卖，其账面价值与拍卖或变卖价值的差额部分，依据拍卖或变卖证明，认定为损失。

（3）委托贷款损失。企业委托金融机构向其他单位贷出的款项，对贷款单位不能按期偿还的，比照本规则投资损失的认定要求，进行损失认定。

（4）国家特准储备物资发生损失的，按有关规定的审批程序另行报批。企业应按照《会计档案管理办法》的规定，妥善保管清产核资工作档案，清产核资各种工作底稿、各项资产损失认定证明和会计基础材料，应分类装订成册，按规定期限保存。

第六节　资金核实与完善制度

一、资金核实

资金核实，是指国有资产监督管理机构重新核定企业实际占用国有资本金数额。国有资产监督管理机构是资金核实的主体，企业实际占用国有资本金数额是资金核实的对象。

1．资金核实的依据

资金核实的依据是企业清产核资工作的结果。包括：

（1）企业上报的资产盘盈结果。

（2）企业上报的资产损失结果。

（3）企业上报的资金挂账结果。

（4）审核并批复准予账务处理的结论，即依据国家清产核资政策和有关财务会计制度规定，组织进行审核并批复准予账务处理的结论。

2．资金核实的内容

（1）审核上报内容

国有资产监督管理机构在收到企业报送的清产核资报告后，按照国家有关清产核资政策、国家现行的财务会计制度及相关规定，对上报材料的内容进行审核。

清产核资结果上报材料包括：清产核资工作报告、清产核资报表、专项财务审计报告及有关备查材料。属于国有控股企业的应向国有资产监督管理机构附报董事会或者股东会相关决议。

1）审核企业清产核资工作报告。包括：企业清产核资基本情况简介；清产核资工作结果；对清产核资暴露出来的企业资产，财务管理中存在的问题、原因进行分析并提出改进措施；企业对清查出的各项资产盘盈（包括账外资产）、资产损失和资金挂账等的具体处理意见。

2）审核企业清产核资报表。企业清产核资报表应包括企业总部及所属全部子企业的资产状况，以反映企业总体经营实力，并采取合并方式编制。企业所属子企业的清产核资报表以送电子文档格式附报。

3）审核专项财务审计报告。专项财务审计报告由社会中介机构出具，主要内容包括：清产核资范围及内容；清产核资行为依据及法律依据；清产核资组织实施情况；清产核资审核意见；社会中介机构认为需要专项说明的重大事项；报告使用范围说明等。另外，还应当附申报资产损失分项明细表；资产损失申报核销项目说明及相关工作材料等。

4）审核证明材料。企业提交的各项资产损失、资金挂账的原始凭证资料及具有法律效力证明材料的复印件，如材料较多应单独汇编成册，编注页码，列出目录。清产核资企业及相关社会中介机构要对所提供证明材料的复印件与原件的一致性负责。

（2）提出处理意见

对企业上报的各项资产损失、资金挂账有充分证据的，国有资产监督管理机构在清产核资企业申报的处理意见及社会中介机构的专项财务审计意见基础上，依据企业的承受能力等实际情况，提出相应的损失挂账处理意见。企业有消化能力的应以企业自行消化为主；如企业确无消化能力的可按相关规定冲减所有者权益。

（3）做出补报决定

对确实因客观原因在企业申报清产核资资金核实结果时，相关资产损失、资金挂账的证据不够充分，国有资产监督管理机构无法审定核准的，企业经同意可继续收集证据，在不超过一年的时间内另行补报（1次）。

二、完善制度

企业在清产核资的基础上，应当针对清产核资工作中暴露出来的资产及财务管理等方面问题，对资产盘盈、资产损失和资金挂账等形成原因进行认真分析，分清管理责任，提出相关整改措施，巩固清产核资工作成果，防止前清后乱。需要完善的制度主要有以下方面（见表2–11）。

表2–11　需要完善的制度

项目	主要内容
完善责任制度	企业在清产核资的基础上，应当进一步加强会计核算，完善各项内控机制，加强对企业内部各级次的财务监督，建立资产损失责任制度，完善经济责任审计和子企业负责人离任审计制度

续表

项目	主要内容
完善资产管理制度	企业在清产核资的基础上，按照国家现行的财务、会计及资产管理制度规定并结合企业实际情况，建立健全各项资产包括固定资产、流动资产、无形资产、递延资产、在建工程等管理制度，完善内部资产与财务管理办法
完善财务信息披露制度	企业在清产核资的基础上，应当建立和完善财务信息披露制度，将本企业投资、经营、财务以及企业经营过程中的重大事项，按照国家法律、法规的要求及时向出资人、董事会和股东披露，规范会计信息的披露
完善风险控制制度	企业在清产核资的基础上，应当认真研究各项风险控制管理制度，尤其是对企业担保、委托贷款资金等事项，提出控制风险的可行办法，加强担保及委托资金的管理与控制
完善纪检监察制度	企业内部的纪检监察部门应当积极介入本企业的清产核资工作，对发现的严重违纪违规问题，应当移交有关部门调查处理；涉嫌违法的问题，应当及时移送司法机关处理
完善决策制度	企业应当根据清产核资工作结果，对所属各子企业的资产及财务状况进行认真分析，对确已资不抵债或不能持续经营的，应当根据实际情况提出合并、分立、解散、清算和关闭破产等工作措施，促进企业内部结构的调整，提高企业资产营运效益

第三章　国有资产统计评价

第一节　国有资产统计评价基础知识

一、国有资产统计评价的内容

国有资产统计评价工作主要包括组织编报国有资产统计报表、组织编写国有资产经营（使用）情况年度报告和组织进行国有资本金效绩评价三个方面内容。

1．国有资产统计报表

国有资产统计报表是国家根据会计制度、统计法规和经营、占有或使用国有资产的企业、单位的经济类型等统一制定的报表格式。它可以全面反映国家出资企业国有资产经营状况、经济实力、资产质量、社会贡献、社会负担等情况。国有资产统计报表是对国家出资企业的国有资产运营状况进行统计分析、效绩评价和前景预测的重要工具，主要由国有资产年度报表、国有资产季度监测报表和国有资产监测月报组成。

2．国有资产经营（使用）情况年度报告

国有资产经营（使用）情况年度报告是由经营、占有或使用国有资产的企业、单位依据国有资产年度报表以及本年度国有资产经营（使用）的实际情况，分别编写的年度内国有资产的经营（使用）状况报告书。国有资产年度报表和国有资产经营（使用）情况年度报告是国有资产年度统计报告的基本内容。

3．国有资本金效绩评价

国有资本金效绩评价又称企业效绩评价，是企业基本运营效益评判和经营者业绩评估的简称。其主要内容是运用数理统计和计量经济学等方法，采用现代市场经济条件下通用的企业经营指标体系，按照规定的程序，参照预先测算的行业标准，对企业一定经营期间的资本运营效益和经营者业绩，进行较为全面和科学的定量及定性对比分析，做出客观、公正、准确的综合评判。

二、国有资产统计评价职责划分

国有资产统计评价职责划分，见表 3–1。

表 3–1　国有资产统计评价职责划分

类别	主要内容
国家国有资产监督管理机构	各类国家出资企业根据国有资产统计评价工作的需要，由国有资产监督管理机构或专职人员负责国有资产统计评价工作。国家国有资产监督管理委员会负责全国国有资产统计评价工作的组织领导。国家国有资产监督管理委员会内设财务监督与考核评价局，负责所监管企业财务预决算的有关工作；完善所监管企业负责人经营业绩考核制度，对所监管企业负责人进行年度和任期考核；建立健全国有企业绩效评价指标体系，综合考核所监管企业的经营业绩；研究提出所监管企业重大资产损失责任追究的意见和措施；承担所监管企业清产核资和资产损失核销工作；承担国有资产统计分析工作
地方政府国有资产监督管理机构	各地区（省、市、县）国有资产监督管理机构，负责组织对本级所监管企业国有资产统计报表和有关数据资料的布置、收集、整理、汇总、分析、评价和上报工作，并相应建立国有资产数据库
权责界定	各级国有资产监督管理机构，有权要求本级所监管的国家出资企业按照国家规定的统计表式和报告内容提供真实的数据资料和基本情况，并负责对所监管范围内国有资产统计资料和报告进行核实确认。对在国有资产统计评价工作中做出成绩的集体或个人给予表彰；对发生虚报、瞒报、拒报、漏报、迟报的单位和个人，应根据《统计法》、《会计法》和《国有企业财产监督管理条例》等有关规定，按情节轻重予以处罚
工作人员的责任和义务	从事国有资产统计评价工作的人员应具有高度的责任心和执行资产统计评价任务所需的专业知识，并有义务揭发、检举在国有资产统计评价工作中因违反国家规定造成的国有资产虚报、瞒报或流失行为

三、国有资产统计评价的意义

1．国家宏观决策的基本依据

统计是管理的基础，是决策的依据，是市场经济条件下国家对社会经济运行进行监控的基本手段。国有资产统计是国家实施国民经济管理不可替代的基本工具，为政府经济管理工作的科学化、高效化奠定了基础。通过国有资产统计工作，提供内容全面、真实准确、编报及时的数据资料，使各级政府能够全面了解国有资产的存量、分布、结构和效益情况，为进行国有经济结构调整，实现国有资产优化配置，发挥国有经济在国民经济中的主导作用提供依据；通过国有资产统计，定期、如实地反映国民经济运行的宏观态势和微观状况，为政府对国民经济运行实施及时有效的宏观调控，制定切实可行的经济政策和措施提供决策支持；国有资产统计工作的开展和完善，有助于实现清产核资工作的“制度化、规范化、经常化”，便于国家掌握国家出资企业的经营能力、经营效绩、经营风险、经营环境等各方面情况，为深化国家出资企业改革，加强对企业经营管理工作的指导、监督提供基本数据。

2．完善国家出资企业管理的必要手段

国有资产统计是完善企业经营管理的重要手段，对加强企业的内部管理和外部监督，促进国家出资企业改革，转换企业经营机制，推进现代企业制度建立具有十分重要的作用。国有资产统计信息来源于基层企业、单位的基础数据，对国有资产统计资料的收集、汇总和定期公布的过程，也是发挥统计监督作用的过程。通过编制国有资产经营情况报告，可以使企业及政府部门对国有资产经营状况和成果进行全面分析，客观地总结工作经验，及时发现经营中存在的问题和困难，提出解决问题的可行措施，制定出进一步提高国有资产运营效率的方案。

3．建立国有资产统计监测体系的前提

国有资产统计工作的发展与完善对建立国有资产统计监测体系具有十分重要的意义。通过建立科学、规范的国有资产统计报告制度，可以对国家出资企业的数据资料进行定期采集和统计汇总，实现对大中型国家出资企业经营情况的重点监测。

4．国有资本金效绩评价体系的基础

国有资产统计报表和企业财务会计报表是企业效绩评价的基础。通过对国有资产统计和企业财务报表提供的数据进行宏观分析，可以实现政府和社会公众对国家出资企业生产经营（工作开展）情况、资产管理状况和资本金运营效益的监测与评价，达到褒扬先进、鞭策落后，完善企业监督、激励机制的目的。

四、国有资产统计工作的原则

国有资产统计工作必须遵循的基本原则，见表 3–2。

表 3–2　国有资产统计工作的原则

原则	内容
数据真实可靠	数据真实是统计工作的前提，保证统计资料质量是统计工作的基本要求。编制国有资产报表，要求各企业、单位按照规定要求按期结账、对账，并进行资产清查盘点，使账表相符，账实相符，报表与分析报告的数据相衔接。要保证统计数据真实可靠，不能用估计的数据来代替实际数据，更不能为个人和小团体利益在统计数据上弄虚作假。报表的各级汇编单位要按照统一规定的编制要求和审核方法，对上报的各类报表、数据软盘认真检查核对，做到基层数据真实、报表类型齐全、数据录入规范、汇总方法正确

续表

原则	内容
指标内容完整	统计工作是对国民经济基础数据进行收集的工作，要求所收集的信息内容必须完整。只有统计资料翔实，指标内容完整，才能为国家宏观决策提供可靠的依据，为企业搞好生产经营提供必要的支持。编报国有资产统计报表，应当有统一的格式和内容3各种报表应当编报齐全；按要求应当填列的指标，无论是主要项目，还是补充资料，必须全部填报；统计分析报告，应当按规定要求认真编写；报表的各级汇编单位对所有应当汇总编制的项目、指标、情况，都要全部汇总，不得缺报漏报
报表编报及时	统计资料的时效性是发挥其作用的前提，过时的信息会贻误企业经营管理和政府的宏观决策。各企业、单位应当按照国有资产统计制度的要求，在规定的期限内报送统计报表和分析报告，以便有关部门及时汇总上报，满足各级政府经济管理的需要。迟报、拒报与虚报、瞒报都是违法行为。各企业、单位应当做好日常统计基础管理工作，注意各种资料的收集、整理、保管，及时编报国有资产报表和分析报告。要严格遵守国家统计法规和国有资产统计报告制度，查处、杜绝各种统计违法行为

第二节　国有资产统计分类、报表和年度报告

一、国有资本金统计分类

为规范国有资本金统计分析工作，建立科学和统一的分类标准，深入开发国有资产年报数据，根据国家标准《国民经济行业分类与代码》，对全国国有资本金统计分类有如下规定：

1．基本分类

以国家标准《国民经济行业分类与代码》的基本分类为依据，国有资本金统计分为七类。

（1）按产业结构划分，分为第一产业、第二产业、第三产业

第一产业包括：农业、林业、畜牧业、渔业、农林牧渔服务业和水利管理业；

第二产业包括：工业、建筑业；

第三产业包括：地质勘查业、交通运输业、仓储业、邮电通信业、金融保险业、批发和零售业、贸易和餐饮业、房地产业、社会服务业、卫生体育和社会福利业、教育文化艺术及广播电影电视业、科学研究和综合技术服务业、国家机关、政党机关和社会团体。

（2）按产业作用划分，分为基础性行业、一般生产加工行业、商贸服务及其他行业基础性行业包括：采掘业、原材料制造业、电力、煤气及水的生产和供应业、建筑业、交通运输、仓储及邮电通信业；

一般生产加工行业包括：农林牧渔业、一般加工制造业、建筑业；

商贸服务及其他行业包括：农林牧渔服务业、批发和零售业、贸易及餐饮业、金融保险业、房地产业、社会服务业、卫生体育和社会福利业、教育文化艺术及广播电影电视业、科学研究和综合技术服务业、国家机关、政党机关和社会团体及其他行业。

（3）按产业特征划分，分为垄断性行业、竞争性行业、公益性及其他行业垄断性行业包括：石油工业、烟草工业、航天航空工业、核工业、武器弹药制

造业、电力工业、铁路运输业、航空运输业、邮电通信业、金融保险业；

竞争性行业包括：煤炭工业、冶金工业、，建材工业、化学工业、森林工业、食品工业、船舶工业、纺织工业、石化工业、医药工业、机械工业、电子工业、其他工业、建筑业、公路运输业、水上运输业、管道及其他运输业、仓储业、房地产业、批发和零售业、贸易及餐饮业；

公益性及其他行业包括：农林牧渔服务业、市政公用工业、地质勘查及水利业、社会服务业、卫生体育福利业、教育、文化广播电影电视业、科学研究和综合技术服务业、国家机关、社会团体及其他行业、农林牧渔业。

（4）按产业管理部门划分，分为农牧渔业、林业、工业、建筑业、地质勘查及水利业、交通运输业、邮电通信业、贸易及餐饮业、金融保险业、房地产业和社会服务业

工业产业包括：煤炭工业、石油工业、冶金工业、建材工业、化学工业、森林工业、食品工业、烟草工业、纺织工业、石化工业、医药工业、机械工业、军工工业、电子工业、电力工业、市政公用工业及其他工业；

贸易及餐饮业包括：内贸、外贸、粮油、餐饮。

（5）按具体行业划分

根据国家技术监督局发布的国家标准《国民经济行业分类与代码》（GB/T4754-2002）中的大类、中类和小类标识划分。其中，大类包括：农林牧渔业；采矿业；制造业；电力、燃气及水的生产和供应业；建筑业；交通运输、仓储和邮政业；信息传输、计算机服务和软件业；批发和零售业；住宿和餐饮业；金融业；房地产业；租赁和商务服务业；科学研究、技术服务和地质勘查业；水利、环境和公共设施管理业；居民服务和其他服务业；教育；卫生、社会保障和社会福利业；文化、体育

和娱乐业；公共管理和社会组织；国际组织。

（6）按经济带划分，分为东部沿海地区、中部内陆地区、西部边远地区

（7）按行政区域划分，分为华北、东北、华东、中南、西南和西北地区

2．适用范围

国有资本金统计分类适用于以下用途：

（1）国有资本金年报数据、季报数据、月报数据的汇总和分析。

（2）集体资本金年报数据、季报数据、月报数据的汇总和分析。

（3）清产核资数据的汇总和分析。

（4）根据国有资本金统计数据测算企业效益评价指标标准值和保值增值指标比较系数。

二、国有资产统计报表的填报单位

为了明确统计报表的填报范围，保证统计资料收集的完整、准确、及时，必须确定报表的基本填报单位。国有资产统计报表的基本填报单位是国家出资企业。国家出资企业必须具备的条件是：具有独立企业法人资格、独立核算、能编制完整的资产负债表。

按照国有资产统计报告制度的规定，所有经营、占有或使用国有资产的各类国家出资企业，必须按照国家规定的报表格式和报告内容，正式向同级国有资产监督管理机构报送国有资产年度报表和经营（使用）情况报告书。这些单位按其性质划分为：

1．国有独资企业，即依照《全民所有制工业企业法》设立的，企业全部注册资本均为国有资本的非公司制企业。按照《全民所有制工业企业法》的规定，企业财产属于全民所有，国家依照所有权和经营权分离的原则将其授予企业经营管理，企业对国家授予其经营管理的财产享有占有、使用和依法处分的权利。企业内部的治理结构与公司制企业不同：企业的高级管理人员由政府或者履行出资人职责的机构直接任命；政府通过向企业派出监事组成监事会，对企业的财务活动及企业负责人的经营管理行为进行监督。

2．国有独资公司，即依照公司法设立的，全部注册资本均为国有资本的公司制企业。公司法对国有独资公司作了专门规定：国有独资公司不设股东会，由国有资产监督管理机构行使股东会职权，也可以授权公司董事会行使部分股东会的职权；国有独资公司的公司章程由国有资产监督管理机构制定或者由董事会制定，报国有资产监督管理机构批准；董事会成员、监事会成员都由国有资产监督管理机构委派。

3．国有资本控股公司，即按照公司法成立的国有资本所有者出资占控股地位的公司，包括有限责任公司和股份有限公司，以及各类合资合作经营企业。这里所称国有资本所有者出资占控股地位与公司法规定的控股是一致的。我国公司法对“控股股东”作了界定，是指其出资额占有限责任公司资本总额50%以上或者其持有的股份占股份有限公司股本总额50%以上的股东（绝对控股）；出资额或者持有股份的比例虽然不足50%，但依其出资额或者持有的股份享有的表决权足以对股东会、股东大会的决议产生重大影响的股东（相对控股）。

4．国有参股企业，指国家或国家出资企业作为出资人之一，国有投资份额占其资本10%以上（含10%），但不具有支配地位或控制作用的各类股份有限公司和有限责任公司，以及各类合资合作经营企业。

5．其他拥有国有投资的企业、单位，主要指：经产权界定国有资产占资本份额10%以下的集体企业、单位；国家或国家出资企业开办的各类境外企业、机构。

三、国有资产年度报表分类

1．境内企业报表和境外企业报表

按国有资产的分布地域划分，经营性国有资产年度报表可以分为境内企业报表和境外企业报表两大类。

（1）境内企业报表

境内企业报表是指所有在中华人民共和国境内从事生产经营的国家出资企业必须填报的国有资产年度报表，包括以下两类企业：

企业类资产年度报表，由以下企业填报：除金融、保险类企业以外的境内国家出资企业，包括工业、农业、商业、施工、交通、邮电、饮服、文教卫生、新闻出版企业；金融、保险类企业所属的非金融、保险类企业。

金融、保险类企业资产年度报表，由以下企业填报：银行，包括中央银行、政策性银行、商业银行、合作银行等；保险机构，包括各类国有保险公司或机构；非银行金融机构，包括担保公司、证券公司、信托投资公司、财务公司、租赁公司、信用社、典当行等。金融、保险类企业与非金融、保险类企业分别报表的原因在于金融企业具有特殊性。由于金融企业的资产形成了非金融企业的负债，这样在汇总计算全部国有资产总量时，就需要对金融企业与非金融企业之间的资产额和负债额进行抵扣，以便合并计算出国家出资企业的资产总额、负债总额和所有者权益总额。

（2）境外企业报表

境外企业资产报表由国家投资控股或参股企业的各类境外企业填报，但各地区、各部门和境内企业在境外设立的非独立核算性质的分公司、经理部、办事处、项目组等只填报境外企业报表的附表。

2．主体报表和辅助报表

按报表的指标内容划分，国有资产年度报表可以分为主体报表和辅助报表（主表和附表）两类。

主体报表的指标设置围绕着国有资产管理工作的重心，重点反映国家出资企业的基本情况、国有资产总量与运营效益状况。

辅助报表作为主体报表的补充，侧重于反映国家出资企业国有资产管理中较为具体的情况，如国有资产保值增值情况及国有股权变动情况等。根据需要，有的行业年度报表不设辅助报表（如建设单位类资产年度报表）。

3．基本报表、汇总报表和分析报表

按报表在资料收集、汇总程序中的地位和作用划分，国有资产年度报表可以分为基本报表、汇总报表和分析报表三类（见表 3–3）。

表3–3 国有资产年度报表的分类

类别	主要内容
汇总报表	由各级年报汇编单位填报，用于反映汇编范围内各个国家出资企业资料经汇总后的综合情况
基本报表	由基本填报单位填报，用于收集国家出资企业的基础数据和原始资料
分析报表	用于对数据资料经分组分类检索后，计算一系列分析研究指标。其固定分析表式和软件由国家国有资产监督管理委员会统计主管机构统一制定下发

四、国有资产年度报告

1．国有资产经营情况年度报告

国有资产经营情况年度报告是由国家出资企业编写的关于年度内国有资产经营状况的总结分析报告。每年年度终了，企业应就国有资产在该经营期间的运营和效益情况向同级国有资产管理机构提交书面报告。报告的主要内容包括：

（1）企业的资产、负债、所有者权益、国有资产总额及其构成变化。

（2）企业资产经营效益情况，主要效绩指标和国有资产保值增值指标的完成情况，以及影响经营效益的原因。

（3）企业所属下级企业、单位的户数，企业对外投资情况分析及所属下级企业产权变动情况，以及在建工程情况分析。

（4）企业国有资产经营的其他情况。

（5）企业关于提高国有资产经营效益和资产质量的措施和建议。

2．国有资产使用情况年度报告

国有资产使用情况年度报告是基本建设单位、房产经管单位在每年年终，向同级国有资产监督管理机构报送的本单位占有的国有资产使用情况的书面报告。其主要内容包括：

（1）资产存量、结构及其变化情况。

（2）非经营性资产转经营性资产的情况。

（3）本单位对外投资及所属单位的户数情况。

（4）本单位应反映的资产质量等其他情况。

国有资产经营情况年度报告和国有资产使用情况年度报告应在国有资产年度报表报送后3个月内上报。

第三节 国有资本金效绩评价

一、国有资本金效绩评价的意义

在市场经济条件下，政府以国有资产所有者的身份，开展国有资本金效绩评价工作，对转变政府职能，落实出资人到位，促进建立和完善现代企业制度，具有十分重要的意义。

1．有利于新型政企关系的形成

市场经济条件下，政府作为国有资本的所有者，对其出资兴办和拥有股份的企业行使所有者的职能，但不直接干预企业的经营活动。企业作为独立的法人实体和市场竞争主体，依法自主经营，自负盈亏，照章纳税，要对出资者承担资产的保值增值责任。这是一种符合市场经济体制要求的新型政企关系。开展企业效绩评价工作，可以促进国有资本所有者与经营者形成稳定而有效的制约关系。政府以所有者的身份对企业进行客观、公正、准确的评价，有助于其职能的正确履行和有效发挥，既可以不干预企业的生产经营，又可以实施有效监管，促进政企分开原则的落实。

2．有利于正确引导和规范企业经营行为

企业的经营行为直接关系到所有者的合法权益。建立企业效绩评价制度，定期对国家出资企业的财务效益、管理水平、经营风险、发展能力和经营者业绩等方面进行综合评判，可以促使企业经营者重视国有资本的保值增值，兼顾短期效益和长期利益，既考虑获利能力，又考虑经营风险，采取稳健经营策略，注重市场开拓和持续发展。对企业经营者形成了有效的出资人约束，有助于正确引导和规范企业经营行为。

3．有利于建立科学的选人用人机制

发展市场经济必须建立一个科学的选人用人机制。政府用市场化手段选择经营者，企业家凭业绩和能力经营企业。开展企业效绩评价，运用科学的定量和定性指标，采用客观的评价标准，对企业经营者的业绩进行评价，实施奖惩和任免，可以在一定程度上避免选人用人的主观随意性。因此，开展企业效绩评价工作，是形成科学的选人用人机制的重要基础，有助于建立高素质的经营者人才队伍。

4．有利于建立激励和约束机制

风险与报酬、激励与约束，是一个问题的两个方面。在加强激励经营者的同时，要加强监督和约束经营者。其核心环节是对经营管理者的业绩进行科学的考核与评价。企业效绩的评价结果客观综合地反映了企业经营者在一个经营年度的真实业绩和主观努力程度，为确定其收入水平提供了最基本的依据，有助于形成所有者与经营者相互制衡的机制。

二、国有资本金效绩评价基本指标

国有资本金效绩评价指标体系采取以定量分析为基础，以定性分析为辅助，实行定量分析与定性分析相互校正，以此形成企业效绩评价的综合结论。该指标体系由 3 个层次 4 个方面内容 28 项指标所构成。3 个层次的指标是指企业效绩评价指标体系包括基本指标、修正指标和评议指标 3 个层次；4 个方面内容的指标是指企业效绩评价指标体系设置的指标从企业财务效益状况、资产营运状况、偿债能力状况和发展能力状况 4 个方面对企业进行评价。这里我们只介绍基本指标。

基本指标反映效绩评价内容的基本情况，可以形成企业效绩评价的初步结论。

修正指标是依据企业有关实际情况对基本指标评价结果进行逐一修正，以此形成企业效绩评价的基本定量分析结论。评议指标是对影响企业经营效绩的非定量因素进行判断，以此形成企业效绩评价的定性分析结论。

基本指标是评价企业效绩的核心指标，由 8 项计量指标构成，用以形成企业效绩评价的初步结论。

1．财务效益状况

企业财务效益状况是企业绩效评价的核心内容，获得良好的经济效益是企业经营活动的基本目标。财务效益亦即企业的盈利能力，其基本指标是净资产收益率和总资产报酬率。

（1）净资产收益率

净资产收益率是指企业一定时期内的净利润同平均净资产的比率。净资产收益率充分体现了投资者投入企业的自有资本获取净收益的能力，突出反映了投资与报酬的关系，是评价企业资本经营效益的核心指标。其计算公式为：

$$净资产收益率=\frac{净利润}{平均净资产}\times 100\%$$

式中：

净利润是指企业未作任何分配的税后利润，受各种政策等其他人为因素影响较少，能够比较客观、综合地反映企业的经济效益，准确体现投资者投入资本的获利能力。

平均净资产是企业年初所有者权益同年末所有者权益的平均数。净资产包括实收资本、资本公积、盈余公积和未分配利润。数值取自企业资产负债表。

$$平均净资产=\frac{所有者权益年初数+所有者权益年末数}{2}$$

净资产收益率是评价企业自有资本及其积累获取报酬水平的最具综合性与代表性的指标，充分反映了企业资本运营的综合效益。该指标通用性强、适用范围广，不受行业局限，是国际上企业综合评价中使用率很高的一个指标。通过对该指标的综合对比分析，可以看出企业获利能力在同行业中所处的地位，以及与同类企业的差异水平。一般认为，该指标数值越高，企业自有资本获取收益的能力越强，运营效益越好，对企业投资人、债权人的利益保证程度越高。

（2）总资产报酬率

总资产报酬率是指企业在一定时期内获得的报酬总额与平均资产总额的比率。它表示企业包括净资产和负债在内的全部资产的总体获利能力，是评价企业资产运营效益的重要指标。其计算公式为：

$$总资产报酬率=\frac{利润总额=利息支出}{平均资产总额}\times 100\%$$

式中：

利润总额是指企业实现的全部利润，包括企业当年营业利润、投资收益、补贴收入、营业外收支净额等项内容，如为亏损，则以号表示。

利息支出是指企业在生产经营过程中实际支出的借款利息、债券利息等。

利润总额与利息支出之和为息税前利润，是指企业当年实现的全部利润与利息支出的合计数。数据取自于企业利润及利润分配表和基本情况表。

平均资产总额是指企业资产总额年初数与年末数的平均值，数据取自于企业资产负债表。其计算公式为：

$$平均资产总额=\frac{资产总额年初数+资产总额年末数}{2}$$

总资产报酬率表示企业全部资产获取收益的水平，全面反映了企业的获利能力和投入产出状况。通过对该指标的深人分析，可以增强各方面对企业资产经营的关注，促进企业提高单位资产的收益水平。一般情况下，企业可据此指标与市场资本利率进行比较，如果该指标大于市场利率，则表明企业可以充分利用财务杠杆，进行负债经营，获取尽可能多的收益。该指标数值越高，表明企业投入产出的水平越好，企业的全部资产总体运营效益越高。

2．资产营运效率

资产营运效率取决于企业资产结构分布、流转速度和利用效率，反映了企业经营管理水平和效率的高低，高效率的资产营运是企业提高经营效益的保障。其基本指标是总资产周转率和流动资产周转率。

（1）总资产周转率

总资产周转率是指企业一定时期主营业务收入净额同平均资产总额的比值。总资产周转率是综合评价企业全部资产经营质量和利用效率的重要指标。其计算公式为：

$$总资产周转率（次）=\frac{主营业务收入净额}{平均资产总额}$$

式中：

主营业务收入净额：企业当期销售产品、商品、提供劳务等主要经营活动取得的收入减去折扣与折让后的数额。数值取自企业利润及利润分配表。

平均资产总额含义同上。

总资产周转率是考察企业资产营运效率的一项重要指标，体现了企业经营期间全部资产从投入到产出的流转速度，反映了企业全部资产的管理质量和利用效率。

通过该指标的对比分析，可以反映企业本年度及以前年度总资产的营运效率和变化，发现企业与同类企业在资产利用上的差距，促进企业挖掘潜力、积极创收、提高产品市场占有率、提高资产利用效率。一般情况下，该指标数值越高，周转速度越快，销售能力越强，资产利用效率越高。

（2）流动资产周转率

流动资产周转率是指企业一定时期主营业务收入净额同平均流动资产总额的比

值。流动资产周转率是评价企业资产利用率的另一主要指标。其计算公式为：

$$流动资产周转率（次）=\frac{主营业务收入净额}{平均流动资产总额}$$

式中：

主营业务收入净额含义同上。

平均流动资产总额是指企业流动资产总额的年初数与年末数的平均值。数值取自企业资产负债表。

$$平均流动资产总额=\frac{流动资产年初数+流动资产年末数}{2}$$

流动资产周转率反映了企业流动资产的周转速度，是从企业全部资产中流动性最强的流动资产角度对企业资产的利用效率进行分析，以进一步揭示影响企业资产质量的主要因素。要实现该指标的良性变动，应以主营业务收入增幅高于流动资产增幅作保证。通过该指标的对比分析，可以促进企业加强内部管理，充分有效地利用流动资产，如降低成本、调动暂时闲置的货币资金用于短期投资创造收益等，还可以促进企业采取措施扩大销售，提高流动资产的综合使用效率。一般情况下，该指标越高，表明企业流动资产周转速度越快，利用越好。在较快的周转速度下，流动资产会相对节约，相当于流动资产投入的增加，在一定程度上增强了企业的盈利能力；而周转速度慢，则需要补充流动资金参加周转，会形成资金浪费，降低企业盈利能力。

3. 偿债能力状况

企业偿债能力反映了企业的财务实力以及投资风险。其基本指标是资产负债率和已获利息倍数。

（1）资产负债率

资产负债率是指企业一定时期负债总额同资产总额的比率。资产负债率表示企业总资产中有多少是通过负债筹集的，该指标是评价企业负债水平的综合指标。其计算公式为：

$$资产负债率=\frac{负债总额}{资产总额}\times100\%$$

式中：

负债总额：企业流动负债、长期负债和递延税款等项的总和。少数股东权益不在负债总额中体现。数值取自企业资产负债表。

资产总额：企业拥有的各项资产价值的总和。数值取自企业资产负债表。

资产负债率是衡量企业负债水平及风险程度的重要判断指标。适度的资产负债率既能表明企业投资人、债权人的投资风险较小，又能表明企业经营安全、稳健、有效，具有较强的筹资能力。资产负债率是国际公认的衡量企业债务偿还能力和财务风险的重要指标。保守的经验判断一般认为资产负债率应不高于50%，国际上一般公认60%比较好。如果单纯从偿债能力角度分析，该数值越低越好。

（2）已获利息倍数

已获利息倍数是企业一定期间息税前利润总额与利息支出的比值。该指标充分反映了企业收益对偿付债务利息的保障程度和企业的债务偿还能力。其计算公式为：

$$\text{已获利息倍数}=\frac{\text{息税前利润总额}}{\text{利息支出}}$$

式中：

息税前利润总额与利息支出的数值取自企业利润及利润分配表。

因企业所处行业不同，已获利息倍数有不同的标准界限。国际上公认的一般利息倍数为3。一般情况下，该指标如大于1，则表明企业负债经营能够赚取高于资金成本的利润，企业可以维持经营；如小于1，则表明企业无力赚取高于资金成本的利润，债务风险很大。

4．发展能力状况

发展能力是企业长期盈利和资本保值增值能力的基础，历来为企业所有者和债权人重视。其基本指标是销售（营业）增长率和资本积累率。

（1）销售（营业）增长率

销售（营业）增长率是指企业本年主营业务收入增长额同上年主营业务收入总额的比率。该指标反映了企业主营业务收入的增减变动情况，是评价企业成长状况和发展能力的重要指标。其计算公式为：

$$\text{销售（营业）增长率}=\frac{\text{本年主营业务收入增长额}}{\text{上年主营业务收入总额}}\times 100\%$$

式中：

本年主营业务收入增长额：企业本年主营业务收入总额与上年主营业务收入总额的差额。如本年主营业务收入总额低于上年，则增长额用号“–”表示。数据取自企业利润及利润分配表。

该指标是衡量企业经营状况和市场占有能力、预测企业经营业务拓展趋势的重要标志。不断增加的主营业务收入，是企业生存的基础和发展的条件。若该指标大于0，表明企业本年的主营业务收入有所增长，指标值越高，表明企业市场前景越好；若该指标小于0，则说明产品或服务不适销对路、质次价高，或者售后服务存在问题，产品销售不出去，市场份额萎缩。

（2）资本积累率

资本积累率是指企业本年所有者权益增长额同年初所有者权益的比率。资本积累率表示企业当年资本的积累能力，是评价企业发展潜力的重要指标。其计算公式为：

$$资本积累率=\frac{本年所有者权益增长额}{年初所有者权益}\times 100\%$$

式中：

本年所有者权益增长额：企业本年所有者权益与上年所有者权益的差额，本年所有者权益增长额等于所有者权益年末数减去年初数。数值取自资产负债表。

资本积累率是企业当年所有者权益总的增长率，反映了企业所有者权益的变动水平；体现了企业资本的积累情况，是企业发展强盛的标志；反映了投资者投入资本的保全性和增长性。该指标数值越高，表明企业的资本积累越多，资本保全性越强，应付风险、持续发展的能力越大。该指标如为负值，表明企业资本受到侵蚀，所有者权益受到损害，应予充分重视。

第四章　国有资本投入与收益

第一节　国有资本投入与收益基础知识

一、国有资本投入基础知识

1．国有资本投入的作用

国有资本投入的作用，主要表现在以下几个方面：

（1）奠定国民经济物质技术基础的重要力量

新中国成立以来，通过投资（包括固定资产投资和流动资产投资）形成的国有资产已达十多万亿元。这些资产是我国社会主义社会赖以存在和发展的重要物质基础，是国民经济的骨干力量。它对于我国社会经济的发展起着决定性的作用。

（2）促进产业结构合理化的重要手段

投资影响和决定着国民经济结构，特别是产业结构。这种影响和决定作用主要表现在两方面：首先，投资总量的增长速度强有力地影响着产业结构的变化方向，投资总量增长速度加快时，对投资品的需求就增多，从而拉动生产投资品的产业扩张。反之，投资总量增长速度减慢，对投资品的需求就要减少，生产投资品的产业发展速度就要降低。其次，投资结构决定产业结构。现存的产业结构是过去投资分配的结果，而现在的投资结构又决定着未来的产业结构。改变不合理经济结构和产业结构的一个重要方面，就是通过国有资本投入，改善投资分配结构，进而调整经济结构和产业结构。

（3）增加财政收入的重要来源

投资是一个国家经济增长的基本推动力。投资具有乘数效应，一定量的投资可引起数倍于它的国民生产总值、国民收入和财政收入的增长。因而适度增加投资数量，优化资金投向和提高投资效率，是促进国民经济增长的首要推动力，也是保证财政收入增长的主要来源。

（4）提高人民物质文化生活水平的重要保证

国有资产在生产领域的投资，直接转化形成生产性固定资产，可以扩大生产能力，增加社会总供给，从而在生产发展的基础上，为逐步改善人民的物质文化生活创造条件。同有资产在非生产领域的投资，直接转化形成非生产性固定资产，是国家履行政治职能和社会职能的物质基础。对于提高社会成员的生活质量和国民素质，起着至关重要的作用。

（5）促进经济增长、增加就业、稳定通货的重要政策工具

随着市场取向的改革不断深入，国有资本投入不仅要直接支持基础设施等领域的建设，而且成为财政政策的重要工具，对国民经济实施宏观调控，这是社会主义市场经济体制对国有资本投入的新的定位。

2．国有资本投入主体

投资主体是指进行投资活动，具有一定投资资金来源，拥有投资决策权力，享受投资带来的收益（或其他社会成果），并承担投资风险的社会组织和个人。在市场经济条件下，投资主体必须具备以下四个属性：一是投资主体必须是投资的法律所有者。投资主体必须是资金积累主体，投资主体对投资所形成的资产享有所有权。二是投资主体必须是决策主体，在投资过程中能够相对独立地做出投资决策。三是投资主体必须是投资收益（或其他社会成果）的享有者。投资主体对投资所形成的资产及由此带来的收益具有支配权，能自主地或委托他人进行经营。四是投资主体必须是投资责任和风险的真正承担者。

在高度集中的计划经济模式下，投资资金的筹集和使用，分别由国家财政和国家计划部门管理，国家成为主要的甚至可以说是唯一的投资主体。几乎所有生产性和非生产性投资，都由国家（中央政府和地方政府）确定。随着经济体制改革的不断深入和社会主义市场经济体制的逐步确立，我国投资领域发生了重大的变化，出现了投资渠道多源化、筹集方式多样化和投资主体多元化的趋势。国有资本投入，也由单一的政府主体向政府、政府授权的机构和国家出资企业多重主体发展，从而形成初始投资主体（政府）和法人投资主体（投资机构与企业）。

（1）政府投资主体

国有资产初始投资主体又称政府投资主体，其明显特征是：各级政府根据财政资金的分配使用情况直接确定投资项目。改革以前，政府是我国国有资本投入的唯一主体。按照投资项目的性质和经济效益、社会效益，政府投资的形式分为无偿拨款和有偿贷款两种。无偿拨款分配的投资，主要用于非生产性项目；有偿贷款投资则用于生产性项目，一般采取委托银行发放贷款的方式。

政府投资分为中央政府投资和地方投资两个层次。中央政府投资，是指中央预算对中央确定的建设项目，以无偿拨款或有偿贷款形式直接供应资金；地方投资，是指地方预算对地方确定的建设项目，以无偿拨款和有偿贷款形式直接供应资金。中央政府投资的范围，主要是跨地区的公用事业、基础设施，极少数大型骨干企业和国防、航天、高新技术等战略产业和国家重点建设项目。地方政府投资的范围，主要是区域性的公用事业、基础设施、教育、卫生、社会福利等非生产性事业和地方重点建设项目。

（2）法人投资主体

法人投资主体，是指从事国有资本投入活动的具有法人资格的经济实体。国有资产的法人投资主体包括两个部分：

1）国有资本运营机构。国有资本运营机构，是指国家依法独资设立、对国家授权范围内的国有资产具体行使所有者权利、以持股运作方式从事国有资本运营的企业法人或机关法人。企业法人，是指国家授权从事国有资本投资活动的机构和大型企业集团的核心企业等。机关法人，是指国家授权从事国有资本投资活动的部门。

2）国家出资企业。国家出资企业是指依法占有使用国有资产的企业法人。国家出资企业投资，是指占有国有资产的企业用利润留成建立的生产发展基金、职工福利基金和其他生产专用基金以及银行信用资金等直接安排的投资。随着国家出资企业财务分配体制的改革，企业留利逐年增加，提取的各项生产专用基金也不断增大，企业的投资权限逐渐扩大。企业在安排投资时，既有与政府合股投资，又有单独投资；既有以原有企业为依托改建扩建，又有跨地区跨行业联合投资。企业自有资金不足时，可以通过向银行申请贷款或者发行债券、股票开展融资活动。总之，在全社会投资分配活动中，企业投资的比重将逐渐增加。企业作为投资主体的地位日益显著，在投资中发挥的作用也越来越重要。

3．国有资本投入管理的任务

（1）筹集资金

筹集资金，要求保证国有资本投入所需资金的供给。国有资本投入的筹集管理，既包括直接为国有经济投资主体提供资金，还包括开拓、建设和管理资金市场。

经济体制改革以前，国家是全社会唯一的投资主体，财政收入几乎是国有资本投入的唯一来源。随着经济体制改革的深入，形成了以国有经济为主导，多种经济成分并存的格局，国家出资企业也向相对独立的商品生产者转变。这意味着社会再生产的资金（包括简单再生产与扩大再生产的资金）已突破了原来的统收统支模式，不再完全由国家掌握，而是由包括中央政府、地方政府、国家出资企业、集体所有制企业、私营及个体企业、合资企业和外资企业等多个经济主体掌握。多渠道的资金来源和多样化的筹资方式，为国有资本投入主体顺利地筹集资金创造了条件。同时，也使对筹资的调控管理变得相对困难。在多种经济成分并存的格局下，有限的社会资金在各经济主体之间进行分配.，国有资本投入所需要的资金在很大程度上也要通过竞争来获得，资金筹集更加市场化。所以，国有资本投入的筹集管理包括筹集资金和调控资金市场双重任务。

（2）确定国有资本投入规模

合理确定国有资本投入规模的基本要求是：投资规模与经济实力相适应。国有资本投入规模与国民经济增长速度密切相关。一方面，经济增长是增加投资的基础。另一方面，投资规模的扩大又是经济增长的必要前提。在国有资本投入管理工作中，必须正确确定投资的规模。确定合理的投资规模，要坚持量力而行、“先生产，再建设”、“先生活，后建设”的原则，充分考虑经济发展状况、生活水平的提高程度、一定时期人口的增长、就业人员的增加、资产存量利用状况、单位生产能力的投资额等诸多影响因素。在国力一定的条件下，首先要保证消费的适度增长，然后再根据财力可能适当安排积累；在建设投资方面，要保证固定资产投资和流动资产投资同步增长。

（3）合理确定国有资本投入方向

合理确定国有资本投入方向的基本要求是：实现地区结构优化和产业结构优化。首先，在地区结构方面，我国生产力水平在地域分布上不平衡，从而给经济的均衡发展造成了困难。目前，东部沿海地区生产力水平较高，社会经济条件优越，资金投入的效益相对较高；西部地区生产力水平较低，社会经济条件较差，资金投入的效益则较差，但东部地区资源缺乏，西部地区资源丰富。为逐步解决地区间的经济发展差距，需要在地区间合理地分配国有资本投入。其次，在行业结构方面，我国传统产业亟需改造，新兴产业有待建立与发展，供求不一致的结构矛盾需要解决。这些都需要增加国有资本投入。所以，做好国有资产增量在产业间的分配，是关系经济发展的又一重要问题。国有资本投入方向应该与国家制定的产业政策一致，向重点产业倾斜，并注意发挥各地的优势，因地制宜，把产业发展和地区特点结合起来。

（4）控制监督国有资产投入产出过程

控制监督国有资产投入产出过程，包括两方面的内容：一方面，国有资本投入要及时足额地供应，以保证工程建设和生产经营的顺利进行。资金的供应状况，影响建设项目的建设工期。如果资金有缺口，就会拖长工期，建设项目不能按期竣工投产，则会降低投资效果。因此，应把资金及时供应作为国有资本投入管理的目标之一。另一方面，要加强国有资本的使用管理，努力使国有资本投入得到有效使用。通过加强国有资本的使用管理，提高建设工程质量和投资效益，避免损失浪费。

（5）管理投资收益

国有资本投入要以尽可能少的投入取得尽可能多的产品和投资回报。这就要求对经营性投资项目要及时验收，竣工投产，提供收益，按照规定的期限回收投资，实现投资的良性周转。按期回收投资、获得投资收益，是国有资产所有者的合法权益，也是国有资扩大再生产的客观要求。

4．国有资本投入管理的原则

国有资本投入管理的原则，见表 4–1。

表 4–1　国有资本投入管理的原则

原则	主要内容
政府调控与市场调控相结合	社会主义市场经济要求市场在资源配置中起基础性作用，同时要求加强政府对经济的宏观调控。在投资领域，一方面，要充分发挥市场在投资资金筹集方面的积极作用；另一方面，主要运用经济杠杆加强政府对国有资本投入的调控，发挥国有资本投入对社会资金的引导作用，使国有资本投入取得最大的社会效益和经济效益
促进经济、社会全面发展	政府的基本职能就是通过政府行为促进经济的稳定增长和社会的安定，并在此基础上不断提高全体人民的物质和文化生活水平，它同时也是财政分配的基本政策目标。因此，国有资本投入管理必须以此作为首要原则，它具体要求把国有资本投入的着眼点放在基础设施建设、关系全局的直接生产投资以及公益性的非经营性投资上。在投资效益的评价上，则应着重于国有资本投入的社会综合效益、宏观效益和长期效益
统一领导、分级管理	“统一领导，分级管理”，就是要调动中央和地方两个积极性，加强中央和省（直辖市、自治区、计划单列市）两级宏观管理。由于国有资本投入的资金存在于多个经济主体手中，来源渠道多样化，项目建设必须在确定的空间中进行。所以，必须加强统一的规划，同时要求给地方一定的投资决策权和管理受益权，调动地方在国有资产增量建设和管理方面的积极性，将有限的国有资产增量在中央和地方之间按合理的比例分配使用
维护国家所有权	国有经济主体包括地方政府的有关部门、中介机构和国家出资企业，其投资所形成的资产增量，所有权归国家所有。但是，由于各国有经济主体在经济运行中所处的地位不同，身份不同，要求不同，它们之间也会产生矛盾。确保资产增量的国家所有者权益，必须做好宏观投资决策、投入资金使用和投资收益等管理工作。对投资审批程序、资产评估、投资建设核算等要有严密合理的管理制度，防止国有资产增量流失。特别是在中外合资、合营企业的投资中，更要注意维护国有资产所有者的合法权益

二、国有资本收益基础知识

1. 国有资本收益的概念

（1）收益

经济学意义上的收益是指依据财产权利获得的天然的或法定的收入。收益是物质资料生产经营的最终成果，有广义和狭义之分。

广义收益是指在物质资料生产过程中，物质要素或生产要素所有者依据物质要素所有权获得的收入，劳动力与生产资料相结合所实现的必要产品价值、生产资料转移价值和新创造的剩余价值。即社会总产品的价值构成中的 C、V 和 M 部分。这里，C 的部分是补偿价值即生产资料的转移价值，形成生产资料投入的补偿性收入，表现为折旧基金，在固定资产产权转让的情况下是投入资本的一次性收回，因此形成了生产资料所有者的产权收益或产权收入；V 的部分是必要产品价值，是劳动力财产的收益，表现为劳动者的工资；M 的部分是剩余产品价值，是土地、资本等要素财产的收益，表现为地租和利润。

狭义收益是劳动者在物质资料生产过程中所创造的价值增量，即劳动者新创造的剩余价值。就社会总体而言，狭义收益是劳动者在物质生产领域所创造的全部剩余价值。即社会总产品的价值构成 C+V+M 中的 M 部分，表现为土地、资本等要素财产的收益。现实生活中，狭义的收益除包括资本收益外，还包括国家依据主权所有的土地财产权，即一般生产条件和生活条件财产权获得的税收。

（2）资本收益

资本收益是企业资本所有者凭借资本所有权和占有使用权所获得的收入。资本收益也有广义和狭义之分。

广义资本收益是指企业资本所有者凭借资本所有权和占有使用权所获得的产权收益和投资收益的总称。其中，产权收益表现为产权转让收入和清算收入等收入形式，是企业资本所有者投入资本的保值形式或资本金回流形式。投资收益表现为利润、股息、红利等形式，是企业资本所有者凭借资本所有权和占有使用权所获得的投入资本的增值形式或投资回报形式。

狭义的资本收益仅指企业资本所有者凭借资本所有权和占有使用权所获得的投资收益，表现为利润、股息、红利等收入形式。

（3）国有资本收益

国有资本收益也有广义和狭义之分。

广义国有资本收益又称国有资本经营收入，是指在国家出资企业中，国家作为国有资本所有者凭借国有资本所有权和占有使用权，依法获得的国有资本产权收益和国家投资收益的总称。其中，国有资本产权收益表现为国家依据国有资本所有权获得的产权转让收入和清算收入等收入形式。国家投资收益表现为国家出资企业依法应上缴的利润、股息、红利等收入形式。

狭义国有资本收益是指经营性国有资本参与社会生产经营活动所产生的价值增量，其本质是劳动者当年新创造的一部分剩余产品价值。狭义国有资本收益，从价值构成角度看，是企业生产的产品价值构成 C+V+M 中的 M 部分，在作了纳税扣除之后的剩余，即国有资本所有者依据在国家出资企业的出资份额，依法应获得的企业经营、使用国有资本所取得的纯收益或税后利润。

（4）国有资本收益的性质

国有资本收益是国有资本运动的结果，在形式上表现为国有资本产权收益和国家投资收益。但在实质上，国有资本收益同其他性质资本收益一样，是劳动者使用其进行生产劳动所实现和创造的生产资料补偿价值和积累价值。从价值构成角度看，广义国有资本收益就是国有资本所有者依据在国家出资企业的出资份额，依法应获得的企业产品价值构成 C+V+M 中的 C 和 M 部分。

由于国有产权收益是企业资本所有者投入资本的保值形式或资本金回流形式，因此，它属于国有资本的补偿性收入，又可以称为资产价值。国家依据国有资本所有权获得的产权转让收入和清算收入等收入形式，来源于国有资本的原始投入和分期提取的折旧基金的再投入。折旧基金包括大修理折旧基金和基本折旧基金。折旧基金构成了产权转让收入和清算收入的重要组成部分。按现行管理体制，折旧基金由国家出资企业自主安排用于企业固定资产的更新换代，本质上是为了实现简单再生产而进行的国家资本再投入的一种形式，属于国有资本占有使用权交由企业行使，并没有改变折旧基金国家所有性质。

由于国有投资收益是国有资本所有者凭借资本所有权和占有使用权所获得的投入资本的增值形式或投资回报形式，因此，属于国有资本的积累性收入，又可以称为资本利润。

国有资本收益在本质上体现的是一种生产关系，是国有资本所有者、经营者和劳动者之间的产权关系。作为国有资本的所有者，国家拥有国有资本收益的分配权，通过国有资本收益分配管理来维护国家所有者、经营者和劳动者的财产权利。

有一种观点认为：国有资本收益，实际上是国有资产使用单位，在其使用国有资产时，由劳动者所创造的剩余产品价值一部分的转化形式，主要表现为企业税后利润，对于这部分税后利润，国家拥有分配权。国家可凭借资产所有者的权利向其使用单位或组织收取国有资产投资的收益。持有这种观点的有关学者没有正确理解国有资本收益的内涵，只强调了国有资本收益的投资回报部分，忽视了国有产权收益部分，混淆了补偿性收入和积累性收入的区别，不能实现理论和实践的统一。因此，其是不科学的。

（5）国有资本收益与税收的区别

国有资本收益与国家税收收入是两种不同性质的财政收入。

税收是国家作为社会管理者凭借其主权或天然生产资料（作为一般生产条件的生产资料）所有权获得的收入。税收收入的使用方向是提供企业生产和人民生活所必需的政治、社会、宏观经济和微观经济外部条件或环境，即为社会提供公共产品及服务，体现为国家履行其行政管理、社会管理、宏观经济管理和基础设施建设等微观经济管理的职能。因此，税收收入是国家以社会管理者的身份收取的，依据的是国家主权或天然生产资料所有权，它的征收范围是面向全社会的，因而不属于国有资本收益。

国有资本收益则是国家以拥有的人工生产资料所有权和占有使用权（或国有资本所有权和占有使用权）为依据而取得的收入。国有资本收益的使用方向是关系国家安全、国民经济命脉的重要行业和关键领域，重点提供公共服务、发展重要前瞻性战略性产业、保护生态环境、支持科技进步、保障国家安全。即为国民经济和市场经济的健康发展提供物质基础条件，使国有资本得以正常循环和不断积累。体现为国家发挥国有资本的主导作用，控制国民经济命脉，提供更多的财政收入，使全体社会成员能够分享更多国有经济发展壮大的红利等国有资本所有者职能。国有资本收益的收缴范围是国家出资企业和占有使用国家出资的其他经济实体，用于国家履行资本所有者职能的需要。国有资本收益是对国家资本金投入的一种补偿和回报。按照“出资人拥有产权”的原则，国家作为国有资本的所有者，有权在法律规定的范围内，对其投入企业的资本金所形成的产权收益享有资产价值索取权，对投资收益享有剩余价值索取权。国有资本收益，是国有资本再投入的源泉，同时也是国家财政收入的重要来源。

国家的双重职能决定了国有资本收益存在的必然性。从客观上讲，国家具有双重身份，即社会经济管理者和国有资本所有者。这决定了国家对政府投资企业具有双重关系。国家作为社会经济管理者，主要通过征税的办法取得收入，用于提供社会经济发展的基本条件或外部环境，包括保证国家机器正常运转的需要，建立健全法律体系和矫正社会秩序的需要，提供文化教育、科学研究、体育、卫生等社会环境的需要，运用各种经济、政治和法律的手段对国民经济运行进行宏观调节和控制的需要，提供铁路、公路、码头、机场、供水、供电、排污等基础设施的需要等。

国家作为国有资本的所有者，主要通过对国有资本的产权和运营进行监督管理，包括国有资本的基础管理，国有资本的运营管理和国有资本的综合管理，维护国家所有者合法权益，根据国民经济和社会发展规划，将国有资本收益集中用于国家急需重点扶持的地区、产业和企业，促进国有资产在总体上的保值增值和国民经济结构的优化，从而发展和壮大国有经济，巩固和壮大社会主义经济的物质基础。因此，国有资本收益的存在有其客观必然性。

2．国有资本收益的分类

按不同的标准划分国有资本收益，可以有不同的分类。国有资本收益的分类为我们在一定的范围内，从不同的角度研究国有资本收益问题奠定了基础。

（1）按收益性质划分

国有资本收益按收益性质来划分，可分为补偿性收益和积累性收益（见表 4–2）。

表 4–2　国有资本收益按收益性质来划分

类别	具体内容
补偿性收益	是指国有资本所有者通过国有资本的原始投入和分期提取折旧基金的再投入实现的资产价值，实际上是国有资本所有者投入资本的保值形式或资本金回流形式。在国有产权转让和清算的情况下，表现为国家依据国有资本所有权获得的产权转让收入和清算收入等国有产权收益
积累性收益	是指国有资本所有者通过对投入的国有资本进行经营所获得的资本利润。实际上是国有资本所有者凭借资本所有权和占有使用权所获得的投入资本的增值形式或投资回报形式，因此，又可以称为资本利润。表现为国家依据国有资本所有权和占有使用权依法获得的利润、股息、红利等国有资本投资收益

区分补偿性收益和积累性收益，有利于客观反映在国有经济结构调整和国有企业改革过程中国有资本保值、回流的状况和国有资本经营过程中国有资本投入所带来的投资回报状况。

（2）按收益形成来源划分

国有资本收益按收益形成来源划分，可分为经营性收益和非经营性收益。

经营性收益，是指企业由于占有国有资本或政府投入的资本金，通过正确的生产经营决策，加强生产经营管理，进行技术创新，促使劳动生产率提高和产品成本降低所获得的生产经营净成果。经营性收益是社会财富增长的源泉，提高资本使用效率和获得更多经营收益是国有资本管理工作的一项基本任务。

非经营性收益，是指并非由于企业自身努力，而是因为某些客观因素使企业获得的收益。例如，因国家或国有单位追加投资、无偿划入、资产价值重估、资本溢价、税收返还和接受捐赠等客观因素增加的国有资本收益。

区分经营性收益和非经营性收益，有利于国有资本出资人代表机构客观评价企业的经营业绩，科学确定国有资本收益管理办法，有效保护国家出资企业各类出资人、代理人、劳动者等各产权主体的财产权利。

（3）按初次分配结果划分

国有资本收益按初次分配结果划分，可分为企业上缴收益和企业留存收益。

企业上缴收益，是国家作为企业出资人，依据国有资本所有权和占有使用权依法从企业获得的投资回报。

企业留存收益，是按照国家的有关规定，留归国家出资企业自行支配的那部分国有资本收益。留存收益的主要部分应当用于企业扩大再生产，少部分用于职工集体福利和职工奖励。

区分企业上缴收益和企业留存收益，有利于客观反映国家出资人投入国有资本获得收益的状况，客观反映国家为调动企业生产经营积极性将部分国有资本收益授权企业进行再投入的状况，反映作为企业出资人的国家与实际占有使用国有资本从事生产经营活动的企业之间的利益关系。

（4）按财政管理体制划分

国有资本收益按财政管理体制划分，可分为中央收益和地方收益（见表 4–3）。

表 4–3　国有资本收益按财政管理体制划分

类别	具体内容
中央收益	是指按照现行财政管理体制，直接解缴给中央金库的国有资本收益，其主体部分是归属中央直接管辖的国有企业的国家投资收益和国有产权收益
地方收益	是指解缴给各级地方政府金库的国有资本收益，主要是归属地方政府管辖的国有企业的国家投资收益和国有产权收益

合理划分中央收益和地方收益，符合党的十六大提出的在坚持国家所有的前提下，充分发挥中央和地方两个积极性，建立中央政府和地方政府分别代表国家履行出资人职责，享有所有者权益，权利、义务和责任相统一，管资产和管人、管事相结合的国有资产管理体制的要求，有利于调动地方政府在国有资产管理中的积极性。

（5）按收取主体划分

国有资本收益按收取主体划分，可分为国家授权的国有资产监督管理部门收益和国有资本投资、运营公司收益。

国有资产监督管理部门收益，是指经国务院授权的中央和地方各级政府国有资产监督管理部门取得的国有资本收益。中央和地方各级政府国有资产监督管理部门作为国务院授权的国家出资人代表机构，行使国有资本所有者的职能，拥有完整的国有资本财产权利。作为出资人代表机构，国有资产监督管理部门依法对国有资本投资、运营公司和其他直接监管的企业履行出资人职责，负责所出资的国有资本投资、运营公司和其他直接监管企业的国有资本收益的收缴，纳入各级政府统一的国有资本经营预算进行管理。

国有资本投资、运营公司收益，是指国有资本投资、运营公司以出资人身份向所出资企业收取的国有资本收益。国有资本投资、运营公司是国有资产监督管理机构授权改组组建的国有资本经营公司，对授权范围内的国有资本履行出资人职责，作为国有资本市场化运作的专业平台，依法自主开展国有资本运作，对所出资企业行使股东职责，按照权责对应原则承担国有资本保值增值的责任。国有资本投资、运营公司负责所出资企业国有资本收益的收缴，纳入本级国有资产监督管理机构的单位国有资本经营预算进行管理。

区分国有资产监督管理部门收益和国有资本投资、运营公司收益，有利于推进国有资产监督管理机构的职能转变，符合中共中央、国务院提出的“以管资本为主改革国有资本授权经营体制”的要求，有利于检验国有资本市场化运作的效果。

（6）按实现方式划分

国有资本收益按实现方式划分，可分为已分配收益和未分配收益。

已分配收益，是指国有资本所有者依据国有资本所有权和占有使用权，获得的产权收益和投资收益。产权收益表现为产权转让收入、股权转让收入和清算收入等形式；投资收益表现为税后利润、股息和红利等收入形式。

未分配收益，是指国有资本所有者依据国有资本所有权和占有使用权，在所出资企业按照出资份额应当享有但尚未收缴的国有资本收益，表现为国有资本出资人依据出资份额相应享有的资本公积金、盈余公积金、公益金和未分配利润等。

区分已分配收益和未分配收益，有利于客观反映国有产权流动重组过程中国有资本的保全状况和国家所有者权益状况，有利于客观评价国有资本保值增值的效果。

（7）按经济成分划分

国有资本收益按经济成分划分，可分为国有企业国有资本收益、集体企业国有资本收益和其他经济主体国有资本收益（见表 4–4）。

区分国有企业国有资本收益、集体企业国有资本收益和其他经济主体国有资本收益，有利于全面反映国有资本的保值增值状况、国有资本带动和引导集体企业和其他经济主体发展所取得的效果。

表4-4　国有资本收益按经济成分划分

类别	主要内容
国有企业国有资本收益	是国家出资企业国有产权收益和投资收益，是国有资本收益的主体部分
集体企业国有资本收益	是指各级人民政府、国家行政管理部门或国家其他单位用各种形式的实物投资、货币投资和所有权应属于国家的无形资产投资所创办的以集体所有制名义注册登记的企业单位中，国有资产投资部分所取得的收益以及集体所有制企业中按法律、法规规定应属于国有资产部分形成的收益。由于历史原因，集体企业或多或少地占有使用了一部分国有资产，在对这些企业的国有资产进行产权界定后，应按国家出资份额计算应上缴国家的国有资本收益。国有企业以国有资产对集体所有制企业投资的，投资分回的利润、股息、红利收入计入国有资本收益
其他经济主体国有资本收益	主要是指事业单位以国有资产出资建立经济主体，从事生产经营活动获得的国有资本收益和拥有国家资本金的其他经济组织获得的国有资本收益

（8）按收入项目划分

国有资本收益按收入项目划分，主要包括以下类别：

1）国有企业利润收入

国有企业利润收入是指国有独资企业实现的税后利润，即国有独资企业实现的利润在缴纳企业所得税以后，国家按税后利润分配顺序，以资本所有者和占有使用者身份获得的投资收益。根据新的企业财务制度，国有独资企业的税后利润在弥补亏损、提取法定公积金和任意公积金之后，应向投资者分配利润。由于国有独资企业的注册资本完全由国家出资形成，其税后利润当然成为国有资本收益。

2）国家出资有限责任公司红利收入

国家出资有限责任公司红利收入是指国家按出资比例获得的投资收益，包括以下几种：

①国有独资有限责任公司国家应分得的红利。国家授权投资的机构或国家授权的部门单独投资设立国有独资有限责任公司，国家应分得的红利是指国家授权投资的机构或国家授权的部门应从企业分得的红利。

②新设立的有限责任公司国家直接投资部分按出资比例应分得的红利。在原国有企业基础上吸收其他单位投资组建的有限责任公司，国家按出资比例应分得的红利。

③两个以上国有企业共同投资新设立的有限责任公司，国有企业投资分得的红利。

3）国家出资股份有限公司股利收入

国家出资股份有限公司股利收入是指国家按股权比例分得的股息和红利，包括国有控股、参股企业国有股权（股份）获得的股息、红利收入。国有股权出资人拥有的所有权和占有使用权是取得股息和红利的依据。在分配股息和红利时，首先是优先股股东依据出资人所有权按规定的股息率分得优先股股息，然后是普通股股东根据出资人所有权从余下的利润中分取普通股股息，其股息率则不一定是固定的。在分取了股息以后，如果上市公司还有利润可供分配，可根据情况给普通股股东发放红利。优先股股东只拥有所出资的所有权，因此，只能获得优先股股息收入，不能参加红利的分配。普通股股东除依据所出资的所有权分得普通股股息外，还依据所出资的占有使用权（表现为重大经营决策权）参与红利的分配。

4）国有产权转让收入

国有产权转让收入又称转让国有产权、股权（股份）获得的收入，是指国有产权出让收入扣除清理债务、安置职工和离退休人员，以及支付转让费用后的净收入，包括：国有企业净资产转让收入，国有独资公司、股份有限公司国有股权转让收入，有限责任公司国家出资转让收入，事业单位国有经营性净资产转让收入，以及其他企业国有净资产转让收入。

5）国家出资企业清算收入

国家出资企业清算收入是指国家出资企业破产清算形成的资产处置收入，包括：国有独资企业清算收入（扣除清算费用），国有控股、参股企业国有股权（股份）分享的公司清算收入（扣除清算费用）。

6）行政事业单位国有资本收益

行政事业单位国有资产是国家财政通过拨付财政资金形成的，主要用于为行政单位履行政务和事业单位履行社会职能提供物质基础，属于非经营性国有资产。但行政事业单位如果将部分国有资产用于经营性用途，就会使这部分国有资产具有营利性质。因此，行政事业单位也会产生国有资本收益。

行政事业单位国有资本收益是指行政单位出租、出借国有资产获得的收入和事业单位出租、出借国有资产获得的收入，以及对外投资获得收益的总称。出租国有资产的收益形式是租金，出借国有资产的收益形式是资产占用费。对外投资收益是事业单位以现金、实物、无形资产方式，或者以购买股票、债券等有价证券方式向境内外的其他单位进行投资，所取得的利润、股利和债券利息等收入减去投资损失后的净收益。由于行政事业单位国有资产出租、出借和对外投资属于以财政资金进行经营的性质，因此其所获得的收入应属于国有资本收益。

行政事业单位处置国有资产获得的收入是部分非经营性国有资产变现的形式，

本质上是非经营性财政资金的收回形式，不应纳入国有资本收益范围。

第二节 国有资本金筹集

一、财政预算资金

财政预算资金是国有资本投入的主要资金来源，有筹资数额大、收入稳定可靠的特点。我国目前的财政收入形式主要如下（见表4-5）：

表4-5 我国目前的财政收入形式

形式	主要内容
国有资产收益	国有资产收益是国家凭借生产资料所有权而取得的国家出资企业利润上缴、国家出资企业出售产权收入、国家出资企业兼并产权转让收入、股份制企业国家股息红利收入、国有股转让收入等。这些收入是国家参与国家出资企业收入分配和国有资产管理过程中取得的，是国家掌握的集中性资金的一部分，也是国家用于国有资本投入的基本来源之一
税收	税收是国家凭借政治权力，依照法律预先规定的标准，强制、无偿、固定地取得财政资金的一种手段，是我国财政收入最主要的形式，也是国有资本投入的主要来源
财政信用	财政信用是一种特殊的财政范畴，它是以政府为债务人，运用信用形式筹集财政资金的一种手段，是国家财政资金来源的重要补充。财政信用的主要形式是发行公债。财政信用是筹集国有资本投入资金的一种辅助形式
其他收入	预算资金筹资方式除以上内容外，还有各专项建设基金收入、行政事业性收费收入、罚没收入、其他收入等

二、银行信贷筹资

在我国，作为国家银行的银行信用，是为社会主义建设筹集资金的重要渠道之一，它通过银行信用活动，对社会资金进行余缺调剂，随着社会主义市场经济的发展，银行在社会融资中的作用将越来越重要。银行信用活动是银行以吸收存款的方式筹集社会闲散资金的过程，它以偿还和付息为条件取得这些资金。银行吸收的存款包括企业存款、财政存款、农村存款、储蓄存款以及外汇存款等。银行的授信活动主要是通过贷款方式进行的，银行根据偿还性原则和择优发放原则对一切需要资金并具备条件的经济组织及个人发放贷款，其贷款性质包括大部分短期周转性贷款以及一部分中长期投资性贷款。我国目前的银行体系及分工情况是：

1. 中央银行。我国的中央银行是中国人民银行。人民银行的主要职能是制定和实施国家的金融政策、掌握货币的发行、控制贷款规模、进行货币信用的调节、代理国库等。人民银行虽然不直接从事工商信贷活动，但对专业、商业银行的贷款规模的控制起重要作用。

2. 商业银行。商业银行是以工商业存款为主要业务，以获取利润为经营目标的银行。商业银行在经营上的特点是安全性、营利性和流动性。商业银行现已成为我国投资资金筹集供应的重要金融机构。

3. 政策性银行。政策性银行是政府出资组建的，从事政府性信贷活动的银行，它不以盈利为目的。国家的一些政策性投资活动的资金通过政策性银行提供，其特点是政策性强，条件较优惠。我国已成立的政策性银行包括国家开发银行、中国进出口银行和中国农业发展银行。

4. 其他非银行金融机构。其他非银行金融机构包括信托投资公司、保险公司、信用社等。这些金融机构也在投资资金的供应中起一定的作用。

三、企业自筹

作为投资主体的国家出资企业、集体企业、私营企业、外资企业以及股份制企业和各种联营企业，在按国家有关财政、税收以及财会制度的规定依法纳税和上缴利润，以及必要的补偿后，可以运用自有资金进行投资。企业目前用于投资的自有资金主要包括按规定提取固定资产折旧以及税后利润。另外，事业单位也可以按规定运用预算外资金进行投资。

四、利用外资

1. 利用外资的渠道

利用国外资金安排国有资本投入，是增加国有资产总量的一个途径。从我国目前利用外资的情况看，主要有三个渠道：

（1）借用外国资金，即通过各种具体方式，从国外借入各种形式的贷款或吸收资金。其特点是形成债务，借用外国资金要支付利息。其主要包括外国政府贷款、国际金融组织贷款、出口信贷、一般商业银行贷款、向国外发行债券和吸收国外存款等具体方式。

（2）吸收外国直接投资，是一种不发生债权债务关系，不支付利息，而由外国投资者以股息或红利形式分享投资所得利润的利用外资形式。其包括举办合资企业和开发合作企业经营项目，以及允许外商独资开办企业等方式。

（3）国外商业信贷，即将资金的借贷与商品活动结合起来，大部分成为借用外资的变化形式，比如国际补偿贸易、租赁、对外加工装配等。

2. 利用外资的管理

利用外资，旨在补充本国建设资金的不足，促进我国社会主义现代化建设。外资利用得好，有利于经济发展；利用不当，会影响本国的经济发展。必须不断改进利用外资的管理工作，从而进一步提高利用外资的效益。利用外资的主要措施是：

（1）根据国家财力可能，合理确定利用外资的总规模。利用外资要以效益为中心，正确处理好数量与效益的关系。一国利用外资的总规模，必须根据国家财力可能，在财政、信贷、物资和外汇综合平衡的基础上妥善安排。正确确定利用外资的适度规模，一般需要考虑偿债能力、配套能力（即本国资金、物资协作配套能力的大小及可能性）、消化能力（即对引进的技术、设备的掌握能力和管理能力）等诸多因素。

（2）以优化产业结构为目标，合理引导外资的投向和结构。合理引导外资的投向和结构，要求从国民经济和社会发展的长远战略出发，把吸收的外资用到经济和社会发展最需要的地方，以优化产业结构，提高经济效益。按照国家的产业政策，今后一个时期，应当引导外资主要投向基础设施、基础产业、企业的技术改造和资金技术密集型产业，适当投向金融、商业、旅游、房地产等领域。

（3）认真权衡比较，选择最有利的利用外资方式。

（4）加强投资环境建设，创造一个在国际上富有竞争力的投资环境。

五、有价证券市场筹资

有价证券市场筹资方式是指投资主体通过发行有价证券的方式从资金市场上取得投资所需资金的筹资方式。社会主义市场经济需要有完善健全的市场体系作为其运行机制，其中，资金市场是不可缺少的。资金市场按照融资期限和融资项目性质的不同可分为短期资金市场和长期资金市场。长期资金市场主要是有价证券的发行和交易市场，它同时为投资者和筹资者提供投融资的场所。随着资金市场的不断完善和扩大，有价证券市场将成为投资主体筹集投资资金的重要渠道。债券和股票是有价证券市场上最基本的两种筹资工具。

债券是发行主体为筹集资金，而向社会发行的一种到期还本付息的有价证券。股票是股份有限公司为筹集资金而发行的用以证明股东身份及借以取得股利和红利的一种有价证券。投资主体为筹集投资资金可以采用发行股票或债券的方式，但在具体运用时应权衡利弊，慎重行事。一般来说，债券要按期还本付息且收益稳定可靠，对投资者有一定的吸引力，但发行债券一定要注意规模，并努力提高投资项目的经济效益。否则，到期还本付息要承受较大的压力，甚至不得不借新债还旧债或者用自己的家底去偿债，影响正常的生产经营和资金流动。发行股票虽然不存在还本问题，但股东对股份公司的收益率和生产经营状况是十分关心的，一旦股份公司经营上出现重大问题，股票行市就会受到很大影响，股东对股份公司的信任度大大降低，当股份公司为扩大投资再次发行股票时，就很困难了。随着现代企业制度的推行，企业的股份化改造正方兴未艾，无论是新建企业投资还是老企业扩大投资，股票都是必不可少的筹资手段。

第三节　国有资本投入立项和实施管理

一、国有资本投入立项管理

国有资本投入立项管理，是指投资项目经过审查批准成立之前的一切管理工作。按照我国的管理程序和规定，国有资本投入立项管理大致包括以下几个环节：

1．提出项目建议书

项目建议书是由进行建设的企业和主管部门，根据国家经济发展的长远规划、行业规划、产业政策以及社会经济发展的方针等，在调查研究和综合比较的基础上提出来的。国有资本投入的立项应遵循以下原则：

（1）符合国家发展规划和产业政策。

（2）符合企业布局和结构调整方向。

（3）符合企业发展战略与规划。

（4）突出主业，有利于提高企业核心竞争力。

（5）非主业投资应当符合企业调整、改革方向，不影响主业的发展。

（6）符合企业投资决策程序和管理制度。

（7）投资规模应当与企业资产经营规模、资产负债水平和实际筹资能力相适应。

（8）充分进行科学论证，预期投资收益应不低于国内同行业同期平均水平。

国有资产监督管理委员会、国家发展改革委员会等政府部门按照规定的决策权限，对企业和主管部门提出的项目建议书进行汇总平衡，并按有关规定分别纳入前期工作计划。

2．进行可行性研究

凡是列入前期工作计划的项目，就可以进行可行性研究的各项工作，包括具体评价项目在技术上和经济上的可行性，并进行不同方案的分析比较。尤其是对拟建项目的一些重要问题，如项目的厂址选择、原材料供应、资金来源、协作配套条件、产品市场、经济及社会效益等，要进行深入细致的调查测算。在详细分析论证的基础上，提出项目是否可行和施工建设的方案。据此编写可行性研究报告，为进一步调查研究、编制设计任务书创造条件。

3．编制设计任务书

设计任务书又称计划任务书，是确定投资项目及建设方案的重要文件，也是进行投资项目工程设计的重要依据。

4．项目评估

项目评估，是指负责预审的单位请有关技术、经济专家和承办投资贷款的银行，共同参加项目预审，并由承办投资贷款的银行咨询机构或由计划部门委托有关的咨询机构进行项目评估。对项目可行性研究报告和编制的设计任务书，进行全面细致的检查、计算和核实，编写出项目评估报告，为投资项目最后决策进一步提供可靠的科学依据。

5．项目审批

在上述工作完结后，有关决策部门应对可行性研究报告和设计任务书及评估报告等文件进一步加以审核，如果项目是可行的，即可批准。设计任务书一经批准，就算立项。在审查批准拟建项目工作中，我国目前实行的是分级审批制度。目前，除了关系到国家经济和社会生活的大型投资项目和特大型项目，需要国家直接控制以外，一般性的中小项目的投资立项和项目审批权都下放给地方和企业等投资主体。实行谁投资谁决策，谁承担风险谁受益。国家只用税收、利率等经济手段对投资方向、投资结构、投资规模等宏观方面的问题予以间接调控。这样有利于在加强宏观控制的同时，调动各方面管理投资的积极性，便于各级地方和主管部门因地制宜地安排一些部门和地区短缺和急需的项目，解决生产建设中的具体问题，也有利于减少审批环节，使一些市场急需的小项目尽快得到批准建设。

二、国有资本投入实施管理

国有资本投入项目经审查批准后，即进人实施阶段。投资项目实施，就是进行工程设计、施工、竣工验收等项工作，将项目的设计和计划等文件付诸实践，将货币形式的资金转化为一定的物质要素，并投入建设，最终形成具有某种使用价值的固定资产的过程。国有资本投入实施管理主要包括以下内容：

1. 投资计划的编制

国有资本投入是全国固定资产投资的重要组成部分，国有资本投入计划也是全国固定资产投资计划的组成部分。国有资本投入计划所确定的主要指标：一是分地区、分部门的固定资产投资额；二是项目计划；三是基本建设新增生产能力计划；四是基本建设新增固定资产计划。

固定资产投资计划包括中长期计划（如十年计划、五年计划等）和年度计划两种。投资年度计划是根据中长期计划所规定的计划年度的任务而制订的执行计划。按照“统一计划，分级管理”的计划管理体制，年度投资计划的编制采取上下结合和条块结合的方法。

2. 投资项目实施过程中的组织管理

（1）施工准备管理。投资项目列入国家年度投资计划，即可进行施工的各项准备工作。施工准备是由建设单位或由建设单位委托的有关单位组织实施的。在施工准备阶段要做好以下几方面的工作：1）确定施工单位及组织机构。运用市场机制采用招标投标，通过竞争择优选定施工单位。2）熟悉会审图纸。3）编制施工组织设计。4）调运和储备好材料、构件。5）组织工业设备的配套供应和预验。6）施工机具的集中和维修。7）施工力量的集结及培训。8）其他现场具体准备工作。

（2）施工管理。施工准备就绪，就进入了施工阶段。施工管理的主要内容是按照施工进度计划进行施工。要求按照合同规定的工期，按质、低成本地完成施工工程，保证项目按期投产和交付使用。在组织施工过程中，要遵循“百年大计，质量第一”的原则，处理好质量、工期之间的关系。

（3）竣工验收管理。竣工验收是工程项目的最后一个程序，它是工程项目由建设阶段转入生产使用的一个标志。为了保证工程项目的竣工验收的质量，竣工验收的组织工作，要根据国家和主管部门的有关规定进行，根据国家和有关部门规定的竣工验收标准和依据，对属于竣工验收范围内的工程进行验收。

三、基本建设工程招标承包制

基本建设工程招标承包制，就是由若干施工单位参与工程投标，由招标单位（建设单位）择优确定施工单位，由承建单位与发包单位签订合同，按一包到底、按期交钥匙的方式组织建设的制度。

基本建设工程招标承包制，是20世纪80年代我国建筑业和基本建设管理体制改革过程中产生的一种经济责任制形式。基本建设工程招标承包制的实行，冲破了长期存在的按行政隶属关系层层分配任务、指派施工单位的做法，把各地区、各部门、各种经济成分的建设企业完全置于竞争中。谁的工期短、造价低、信誉好、质量高，就把工程任务包给谁。由于有选择、有比较、有竞争，招标承包制促进了承包单位加强经营管理，推动了技术进步。

基本建设工程招标承包制的组织程序和工作环节主要有以下几个方面：

1．编制招标文件

建设单位在招标申请批准后，需要编制招标文件。其主要内容包括：工程综合说明（工程范围、项目工期、质量等级和技术要求等）、施工图说明、实物工程量清单、材料供应方式、工程价款结算办法、对工程材料的特殊要求、踏勘现场曰期等。

2．确定标底

由建设单位组织专业人员按施工图纸并结合现场实际，匡算出工程造价和单项费用。标底一经确定，需严格保密，任何人不得泄露。招标单位不掌握和熟悉编制标底业务的，一般应委托设计单位帮助代编。标底不能高于项目批准的投资总额。

3．进行招标投标

具体又分为招标与报送标函、开标、评标和决标几个步骤（见表4–6）：

表4–6　进行招标投标的步骤

步骤	具体内容
招标与报送标函	通常有两种办法：一种是由建设单位发出通知，按照工程特点邀请若干施工单位前来报价投标；另一种是由建设单位发布广告，公开招标。建设单位在招标会上，要公布投资项目批准文件内容以及工程质量、工程进度等项要求，分发标书。投标单位在规定期限内填好标书，并制成标函，密封递送招标单位。招标单位报送的标函，包括的内容一般有：标函的综合说明；按核实的工程量填写单价、单项造价和工程总造价；工程质量达到的等级和保证质量、安全的主要措施；计划开工和竣工日期；施工组织和工程形象进度（完成地下管线、基础、主体、安装等项工期）以及主要工程的施工方法和选用的施工机械等
开标	在预定时间内，由建设单位召集所有参加投标的施工企业和有关单位举行开标会，：当众启封宣读标函。开标会由招标单位、投标单位、建设主管部门、公证单位和银行等单位参加。首先由主持人当众验明标函是否密封，如发现不是密封的标函，则宣告标函无效。验明之后，即行开封。投标单位宣读标函，由监督人（公证单位）按标函正本监读。投标人在宣读时不允许临时改变标函内容。同时由专人将各投标人宣读标函的造价、工期等主要指标记录公布，以便参与会议人员进行比较
评标和决标	由建设单位组织评标小组根据评标标准，审查投标单位的施工能力和技术水平；对标函进行评议，按照“标价低、工期短、质量优、信誉好”的原则综合比较，并将评议结果报决标小组决定。决标小组一般由建设单位、建设主管部门和建设银行组成。经小组评议，确定中标单位，对未中标者致函感谢。评标的衡量标准主要是工程标底，同时参照其他条件。如果在开标后各标函报价较高同标底差距很大，则宣布本次招标中止，另选投标单位。也可以同投标单位协商议定标价。这种做法称为议标

对于标函内容比较明确的一般性工程，评标、决标工作可以在开标会上结合进行。由评标小组进行评议，对一些不够清楚的问题，请投标人当场做出合乎事实的说明。评标小组根据标底同标函比较，决出中标单位，当众宣布，并由公证单位鉴证认可。

4．签订工程承包合同

投标人按中标函规定的内容，与招标人签订包干合同。合同签订后由有关方面监督执行，可以将合同经当地公证单位公证，受法律监督，也可以由建设主管部门等进行行政监督。

第四节　国有资本投入监督

一、中央企业投资活动

企业是投资活动的主体，企业必须制定并执行投资决策程序和管理制度，建立健全相应的管理机构，并报国资委备案。中央企业，是指国务院国有资产监督管理委员会履行出资人职责的企业。中央企业投资主要包括企业在境内的下列投资活动：

1．固定资产投资

固定资产投资是建造和购置固定资产的经济活动，即固定资产再生产活动。固定资产再生产过程包括固定资产更新（局部和全部更新）、改建、扩建、新建等活动。新的企业财务会计制度规定：固定资产局部更新的大修理作为日常生产活动的一部分，发生的大修理费用直接在成本中列支。

按照现行投资管理体制及有关部门的规定：凡属于大修理、养护、维护性质的工程（如设备大修、建筑物的翻修和加固、农田水利工程和堤防、水库、铁路大修等）都不纳入固定资产投资管理，也不作为固定资产投资统计。

固定资产投资是社会固定资产再生产的主要手段。通过建造和购置固定资产的活动，国民经济不断采用先进技术装备，建立新兴部门，进一步调整经济结构和生产力的地区分布，增强经济实力，为改善人民物质文化生活创造物质条件。这对我国的社会主义现代化建设具有重要意义。

固定资产投资额是以货币表现的建造和购置固定资产活动的工作量，它是反映固定资产投资规模、速度、比例关系和使用方向的综合性指标。

2．产权收购

产权收购是指具有法人资格的经济组织，通过以现金方式购买被其他企业或以承担其他企业的全部债权债务等为前提，取得其他企业全部产权，剥夺其他企业法人资格的交易行为。产权收购，是企业经营管理体制改革的重大进展，对促进企业加强经营管理，提高经济效益，有效配置社会资源具有重要意义。产权收购的主要形式如下（见表4–7）：

表4–7　产权收购的主要形式

形式	主要内容
现金收购	即产权购买方通过对产权出售方所有债权债务的清理和清产核资，协商作价，支付产权转让费，取得产权出售方的产权
横向收购	对同一环节上的相关企业产权进行收购。其主要的经济目的是消除或减少竞争，并因此增加企业的市场份额
接收收购	这种收购方式是以购买方承担产权出售方的所有债权、债务、人员安排以及退休人员的工资等为代价，全面接收产权出售方企业，取得对方资产的产权
纵向收购	对同一生产过程中的相关环节的企业产权进行收购。其主要的经济目的是保证供应和销路，同时也能保证对产品质量的控制
综合收购	指跨行业、跨产品的综合性企业产权收购，又称为一体化收购，目的是经营多样化

3．长期股权投资

长期股权投资是指通过投资取得被投资单位的股份。企业对其他单位的股权投资，通常是为长期持有，以及通过股权投资达到控制被投资单位，或对被投资单位施加重大影响，或为了与被投资单位建立密切关系，以分散经营风险。

（1）长期股权投资的方式

1）在证券市场上以货币资金购买其他企业的股票，以成为被投资单位的股东。

2）以资产（包括货币资金、无形资产和其他实物资产）投资于其他单位，从而成为被投资单位的股东。我国《公司法》规定：公司向其他有限责任公司、股份有限公司投资的，除国务院规定的投资公司和控股公司外，所累计投资额不得超过本公司净资产的50%，在投资后，接受被投资公司以利润转增的资本，其增加额不包括在内。

（2）长期股权投资的类型

长期股权投资依据对被投资单位产生的影响，分为以下四种类型：

1）控制，是指有权决定一个企业的财务和经营政策，并能据以从该企业的经营活动中获取利益。被投资单位为本企业的子公司。

2）共同控制，是指按合同约定对某项经济活动所共有的控制。被投资单位为本企业的合营企业。

3）重大影响，是指对一个企业的财务和经营政策有参与决策的权力，但并不决定这些政策。被投资单位为本企业的联营企业。

4）无控制、无共同控制且无重大影响。在活跃市场中没有报价，公允价值不能可靠计量的权益性投资。

（3）长期股权投资的特点

1）长期持有。长期股权投资目的是为长期持有被投资单位的股份，成为被投资单位的股东，并通过所持有的股份，对被投资单位实施控制或施加重大影响，或为了改善和巩固贸易关系，或持有不易变现的长期股权投资等。

2）获取经济利益，并承担相应的风险。长期股权投资的最终目标是获得较大的经济利益，这种经济利益可以通过分得利润或股利获取，也可以通过其他方式取得，如被投资单位生产的产品为投资企业生产所需的原材料，在市场上这种原材料的价格波动较大，且不能保证供应。在这种情况下，投资企业通过所持股份，达到控制或对被投资单位施加重大影响，使其生产所需的原材料能够直接从被投资单位取得，而且价格比较稳定，保证其生产经营的顺利进行。但是，如果被投资单位经营状况不佳，或者进行破产清算时，投资企业作为股东，也需要承担相应的投资损失。

3）不能随时出售。除股票投资外，长期股权投资通常不能随时出售。投资企业一旦成为被投资单位的股东，依所持股份份额享有股东的权利并承担相应的义务，一般情况下不能随意抽回投资。

4）投资风险较大。长期股权投资相对于长期债权投资而言，投资风险较大。

二、企业投资活动和投资监督的原则

国资委依法对企业投资活动进行监督管理，指导企业建立健全投资决策程序和管理制度。企业投资活动和国资委对企业投资活动的监督管理应当遵循以下原则：

1. 符合国家发展规划和产业政策。

2. 符合企业布局和结构调整方向。

3. 符合企业发展战略与规划。

4. 突出主业，有利于提高企业核心竞争能力。主业是指由企业发展战略和规划确定的并经国资委确认公布的主要经营业务。

5. 非主业投资应当符合企业调整、改革方向，不影响主业的发展。非主业是指主业以外的其他经营业务。

6. 符合企业投资决策程序和管理制度。

7. 投资规模应当与企业资产经营规模、资产负债水平和实际筹资能力相适应。

8. 充分进行科学论证，预期投资收益应不低于国内同行业同期平均水平。

三、企业投资管理制度

企业应当制定投资决策程序和管理制度，明确相应的管理机构，并报国资委备案。企业投资管理制度主要包括下列内容：

1. 企业负责投资管理机构的名称、职责、管理构架及相应的权限。

2. 投资活动所遵循的原则、决策程序和相应的定量管理指标。

3. 项目可行性研究和论证工作的管理。

4. 项目组织实施中的招投标管理、工程建设监督管理体系与实施过程的管理。

5. 产权收购和股权投资项目实施与过程的管理。

6. 项目后评价工作体系建设与实施的管理。

7. 投资风险管理，重点是法律、财务方面的风险防范与重大投资活动可能出现问题的处理预案。

8. 责任追究制度。

国资委对企业投资决策程序与管理制度中存在的问题，应当及时与企业进行沟通并给予指导完善。

四、企业投资定量管理指标

企业投资活动应结合企业实际情况研究提出相应的定量管理指标，纳入企业投资管理制度。定量管理指标应当主要包括下列内容：

1. 企业发展规划期内非主业资产规模占企业总资产合理比重和年度投资中非主业投资占总投资的合理比重的内控指标。

2. 企业发展规划期内资产负债率的控制指标。

3. 企业内部投资收益率的控制指标。

4. 发展规划期内各类投资活动中自有资金的合理比重。

5. 发展规划期内各年度新开工项目投资额占总投资的合理比重。

上述 1、2 两项指标由企业在发展规划中提出，经国资委审核确认后作为国资委对企业投资活动监督管理的基础指标。其余 3 项指标作为国资委监管企业投资活动的参考指标。企业可根据本企业实际情况，增加相应的定量管理指标。

五、企业年度投资计划和分析材料

1．企业年度投资计划

国有控股公司和其他类型的企业，应按照规定向国资委报送企业年度投资计划。企业年度投资计划应当依据其发展战略和规划编制。编制报送的年度投资计划应附有详细的文字说明材料，并于当年 1 月 31 日前报送国资委。企业在年度投资计划外追加项目，应当及时将有关情况报告国资委，国资委按规定进行管理。企业的主要投资活动应当纳入年度投资计划。企业年度投资计划中的投资项目是指按照企业投资管理制度规定由董事会或总经理办公会议研究决定的投资项目（包括子企业投资项目）。企业年度投资计划应当主要包括下列内容：

（1）总投资规模、资金来源与构成。

（2）主业与非主业投资规模。

（3）投资项目基本情况（包括项目内容、投资额、资金构成、投资预期收益、实施年限等）。

2．投资计划完成情况和分析材料

企业应当按照规定和国资委有关通知，按时报送年度投资计划完成情况和分析材料。年度投资计划完成情况和分析材料主要包括下列内容：

（1）投资完成情况。

（2）对存在的问题、经验与教训的综合分析。

（3）部分重点企业按季度报送完成情况并附简要分析材料。

国资委对企业投资完成情况进行统计分析，并根据工作需要将有关分析材料反馈给企业。

六、分类监督管理和指导

1．分类监督管理

（1）备案管理。备案管理按建立董事会的情况区分为两种：第一，国有独资公司的投资项目备案管理。对建立规范董事会的国有独资公司，国资委对投资项目实行备案管理。对实行备案管理的企业投资项目，除对存在的问题进行提示外，一般不再回复。国资委自收到备案的投资项目材料 20 个工作曰内未予回复的视为备案通过。

第二，国有独资企业、国有独资公司的主业投资项目备案管理。未建立规范董事会的国有独资企业、国有独资公司，国资委依据企业年度投资计划对主业投资项目实行备案管理。

（2）审核管理。对实行审核管理的企业非主业投资项目，国资委在20个工作曰内做出审核决定，并给予书面回复。回复一般分为下列三种方式：

1）通过。

2）提示。对存在问题的项目，要求企业予以纠正或制定相应的风险防范措施。

3）否决。对存在严重问题的项目予以否决。

2．指导企业年度投资计划的编制

国资委对企业年度投资计划的编制进行以下指导：

（1）指导企业在年度投资计划编制中贯彻国家有关方针政策，并依据宏观经济形势和市场变化提出具体要求。

（2）指导企业做好年度投资计划与发展规划的衔接工作。

（3）指导企业做好年度投资计划与企业财务预算有关指标的衔接工作。

3．对投资项目存在的问题进行提示

国资委对企业投资活动进行监督管理时，主要依据下列内容对投资项目中存在的问题进行提示：

（1）是否符合有关规定。

2. 是否符合定量指标的要求：

1）投资方向。在企业投资中，非主业投资占总投资的比重是否超出合理范围，影响主业的发展（一般控制在10%以下）。

2）投资资金构成。企业投资中，自有资金占总投资的比重是否处于合理范围内（一般为30%以上）。

3）投资规模。企业总投资规模是否超出企业财务承受能力，主要是企业资产负债率是否处于合理水平。

对各项指标连续两年超出合理范围的企业，国资委应当进行跟踪并分析原因，提出具体建议措施。

4）企业新开工项目占年度投资额的比重是否处于合理范围内。

4．对存在严重问题的投资项目予以否决

对出现下列情况的，视为存在严重问题，国资委将予以否决：

（1）不符合国家发展规划和产业政策的。

（2）违反企业投资决策程序和管理制度的。

（3）非主业投资不符合企业调整、改革方向，影响主业发展的。

（4）资产负债水平超出企业财务承受能力的。

七、重大事项报告制度

企业对以下重大投资事项应当及时向国资委报告：

1．国务院批准的项目

按国家现行投资管理规定，需由国务院批准的投资项目，或者需由国务院有关部门批（核）准的投资项目，企业应当在上报国务院或国务院有关部门的同时，将其有关文件抄送国资委。

2．重新履行决策程序的项目

企业投资项目实施过程中出现下列情形的，应当重新履行投资决策程序，并将决策意见及时书面报告国资委：

（1）对投资额、资金来源及构成进行重大调整，致使企业负债过高，超出企业承受能力或影响企业正常发展的。

（2）股权结构发生重大变化，导致企业控制权转移的。

（3）投资合作方严重违约，损害出资人权益的。

3．需报告国资委的其他重大投资事项

第五节　国有资本收益管理

一、国有资本收益管理的原则

国有资本收益管理的原则，是确保国有资本所有者合法权益，落实企业经营权，规范国家和企业分配关系的基本准则。主要有以下原则：

1．税利分流

税收收入和资本收入分流简称税利分流，是指对国有企业实现的利润分别以所得税和上缴利润的形式上缴国家财政的分配形式。税利分流原则有以下内涵：

（1）坚持税利分流，是基于社会主义国家双重身份、双重财产权利、双重职能的要求。一方面，国家作为社会经济管理者，要以国家主权所有的天然生产资料所有权为依据，履行社会经济管理职能，包括履行政治职能、社会职能、宏观经济调控职能和基础设施建设职能，表现为为社会生产和人民生活提供一般生产条件和生活条件。因此，国家应当以税收方式筹集财政资金。税收本质上是国家主权在经济上的体现。另一方面，国家作为国有资本所有者，要以国有资本所有权为依据，履行国有资本所有者职能，即代表全民行使国有资本财产权利，表现为通过加强国有资本的监督管理，维护国家所有者权益，通过国有资本运营实现国有资本的优化配置，通过国有企业建立现代企业制度改革促进市场经济的发展。因此，国家应当以国有企业利润的方式收取国有资本收益。国有企业利润本质上是国有资本财产权在经济上的体现。

（2）税收和国有企业利润有着不同的缴纳对象。税收是国家为了实现其社会经济管理职能，满足社会公共需要，凭借国家主权所有的天然生产资料所有权，为社会生产和人民生活提供不断完善的一般生产条件和生活条件，而进行的强制的、无偿的社会产品分配。其缴纳对象为各种所有制经济成分和所有社会成员。企业上缴利润是国家以生产资料所有者的身份，凭借资本所有权和占有使用权参与国有企业经营成果分配的一种形式，是国有资本所有权和占有使用权在经济上的实现形式。利润上缴的对象为国家出资企业和占有使用国有资本的经济主体。

（3）税收和国有企业利润体现了国家与企业之间不同性质的经济关系。税收体现了作为一般生产条件和生活条件提供者的国家，与各种经济成分和社会成员之间的关系。国有企业利润体现了作为国有资本所有者和占有使用者的国家，与作为授权后的国有资本占有使用者和经营者的国家出资企业之间的关系。

（4）税利分流有利于发挥税收和上缴利润两种分配形式各自的特点和作用。税收具有强制性、无偿性和固定性的特点，对于保证国家财政收入稳定增长、规范国家与所有经济成分之间的经济关系具有重要意义。国有企业上缴利润具有灵活性的特点，企业盈利水平由于主客观方面的原因是高低不一的，上缴利润的数额和比例可以根据具体情况加以确定，对于维护国家所有者权益，发挥国有经济主导作用和国有资本调节控制经济运行的政策作用，实现经济结构优化，更好地兼顾国家、企业和职工个人三者利益，调动各方面积极性，具有重要意义。

（5）将国有资本收益分配管理的对象确定为企业税后利润，是税利分流分配原则的具体体现。按照税利分流原则，国有企业实现利润不但要分类收取，还应当分类管理、分类使用。首先要缴纳企业所得税，纳入一般公共预算，统一安排用于国家履行政治和社会职能的需要。所得税后利润依据各个相关产权主体的财产权利进行分配。国家依据出资所有权和占有使用权收取国有资本收益，纳入国有资本金预算，统一安排用于经济结构调整和国有企业发展。

2. 权责利对等

权责利对等是现代产权制度的核心。在现代产权制度下，国有企业的各个产权主体都有各自的财产、职责和获得收益的权利。国有企业的出资人拥有资本所有权和占有使用权，履行出资和重大经营决策的职责，依据资本所有权和占有使用权获得收益；国有企业的董事会拥有管理要素的所有权，履行制订具体经营方案的职责，依据管理要素所有权获得收益；国有企业监事会拥有监督管理要素的所有权，履行代表出资人监督董事会和经理层经营管理行为的职责，依据监督管理要素所有权获得收益；国有企业经理层拥有经营要素的所有权，履行经营执行职责，组织管理具体的生产经营活动，依据经营要素所有权获得收益；国有企业劳动者拥有技术（技能）要素的所有权，履行降低成本、提高劳动生产率、创造效益的职责，依据技术要素所有权获得收益。

国有企业的各个产权主体同时又具有双重身份，出资人既是资本所有者，又是资本占有使用者，拥有资本所有权和占有使用权，有权以资本所有权获得出资收益即货币资本所有者收益，以占有使用权获得重大经营决策收益即企业主收益；董事会、监事会、经理层和劳动者既是普通劳动者，又是要素所有者，有权以基本工资收入形式获得劳动力财产收益，以绩效薪酬收入形式获得要素财产收益。

权责利对等原则是兼顾国家、企业和个人利益理论的进一步发展。国有资本收益分配体现着国有资本经营管理中各利益主体之间的产权关系。国家作为企业的出资人，企业作为国有资本的经营单位，职工作为社会财富——国有资本收益——的创造者，它们都有自身的财产和获得收益的权利。在国有资本收益分配中正确处理三者产权关系，是维护国家所有者权益，落实企业经营权，激励和调动企业经营者、劳动者积极性的基本要求。

3. 以国家为主体

国家作为国有资本所有者，享有所投资企业的剩余价值索取权，代表了全社会的最高利益，决定了其在国有企业利润分配中的主体地位。因此，国有资本收益分配必须确立国家的主体地位，国有资本收益分配的原则、核定方法、收取比例和管理制度应由国家制定，以切实维护国家所有者权益。

强调国家在国有企业利润分配中的主体地位，与统筹兼顾国家、企业、劳动者个人三者利益并不矛盾。兼顾国家、企业、劳动者个人三者利益，就是要在国有企业利润分配中确保国家的主体地位和国家所有者权益，反对各种形式对国家收益的侵蚀；确保企业法人财产权，使企业具有自我积累、自我发展的能力，真正成为市场主体和法人实体；维护劳动者的财产权利，坚持企业经营者和职工的劳动报酬与经营业绩和劳动成果相联系，职工收入水平的增长高于生活费用指数的上涨、低于劳动生产率增长。

4. 效率优先、兼顾公平

公平竞争、追求效率是市场经济的基本要求。国有企业建立现代产权制度是提高效率、实现公平的前提。国家出资人拥有资本要素所有权和表现为重大经营决策的要素占有使用权，经营者拥有经营要素的所有权，劳动者拥有技术要素的所有权，各个要素主体都有依据要素财产权参与企业税后利润分配的权利。只有确立各个要素主体的法律地位，明确其财产权利，在企业利润分配中体现其收益权，才能够调动出资人、经营者和劳动者努力搞好生产经营的积极性。

国有资本出资人依据所有权和占有使用权获得国有资本收益，经营者和劳动者在科学核定其基本工资的基础上，依据其经营要素和技术要素所有权获得参与红利分配的权利，通过科学核定其绩效工资的方式体现其收益权。依据要素财产权利分配利润，能够构建和谐的产权关系，实现要素投入与企业绩效挂钩，达到鼓励先进、鞭策落后，激发企业活力，提高国有资本运营效率，促进劳动生产率不断提高的目标。

为此，应完善对经营者的选聘、监督、考核和奖惩机制。企业经营者是具有专门知识和管理能力的人才，居于企业生产经营管理的中心地位。他们的工作责任大，所承担的风险也大，理应依据经营要素所有权获得基本工资以外的绩效工资。国外普遍采用的年薪制、期权制是值得借鉴的一种经营者薪酬制度。企业职工既是劳动力财产所有者，又是技术要素所有者，在企业内部分配中，应当根据职工劳动的质量、数量和贡献决定其基本工资和技术要素收益，彻底打破平均主义的“大锅饭”，切实激发和调动劳动者大胆创新和努力工作的积极性。

效率优先、兼顾公平，就是要坚持和完善以按劳分配为主体、多种分配方式并存的分配制度，走共同富裕的道路，防止两极分化。现阶段我国正处于体制转轨过程中，企业效益的高低不一定完全取决于企业自身的努力，还存在一些不平等竞争的因素。例如，产品价格尚未完全由市场机制决定、行业之间利润水平差别较大等。此外，也应当正视对职工劳动贡献计量的误差，承认对国有企业老职工应当进行经济补偿。因此，需要政府发挥对收入分配的调控职能，减少不合理收入，防止收入差距过大。应当进一步完善国有企业经营绩效的考核评价指标体系和方法，完善岗位责任制和劳动定额管理，尽可能准确计量职工的劳动成果和贡献；积极运用价格、税收、补贴等手段控制工资水平，调节过高收入，实行最低工资标准制度等。

5．正确处理积累和消费的比例关系

国有资本收益无论是集中于国家还是分配给企业，其使用方向均分为积累和消费两个部分。正确处理积累和消费的比例关系，其实质就是合理调整当前利益和长远利益的关系。

从宏观而言，国有资本收益分配管理的一项重要工作，就是根据国民经济和社会发展规划，合理确定积累与消费的比例关系，为保持国民经济持续健康发展创造条件。

从微观而言，企业则要处理好扩大再生产与当前收入水平提高的关系，以及企业长远发展壮大与企业职工眼前利益之间的关系。首先，利润分配不能侵蚀资本。利润的分配是对经营中资本增值额的分配，不是对资本金的返还。因此，在企业利润分配过程中，如果企业存在尚未弥补的亏损，应先弥补亏损，再进行其他分配，以实现资本保全。其次，在积累与消费关系的处理上，应坚持积累优先，合理确定提取盈余公积金和分配给投资者利润的比例，使利润分配真正成为促进企业发展的有效手段。

目前，积累和消费比例关系的主要问题是企业消费比例过高，经营者短期行为严重，积累能力被削弱，对企业未来发展产生不利影响。因此，在国有资本收益分配上，应该深化国有企业利润分配制度改革，加强国有资本收益分配管理，针对国有企业建立起有效的监督、激励和约束机制，引导企业重视自身积累和长远发展，使企业具有追求长期效益及国有资本长期保值增值能力的内在动力。

二、国有资本收益管理的意义

国有资本收益管理的意义，主要表现在以下方面（见表4–8）：

表4–8　国有资本收益管理的意义

项目	主要内容
有利于促进资源优化配置	资源优化配置，是优化国民经济结构的重要方面。为国民经济健康发展提供良好的经济结构条件，是国有资本所有者的重要职能。国有资本收益的合理分配和再分配，是促进资源优化配置的最直接手段。通过国有资本收益的分配和再分配，合理调整国有资本存量和科学安排使用国有资本增量，直接调整国有经济布局和结构，可以有效发挥国有资本的主导作用、带动作用和影响力，促进产业结构、区域结构和产品结构的优化，促进资源的合理配置，为社会主义市场经济的健康发展创造良好的经济结构条件
有利于增加财政收入	为了实现物质资料再生产过程正常进行和不断扩大再生产，必须进行社会积累。国有资本收益是社会积累和扩大再生产的重要资金来源，是我国财政收入的重要来源。通过建立现代企业制度、加强国有资本监管、提高国有企业的创新能力和市场竞争力，国有资本收益将不断提高，国有经济的积累功能将不断增强，国有企业将对国家经济实力的提高发挥巨大作用，国有资本收益对国家财政收入和社会积累的贡献必将越来越大。通过合理分配和再分配国有资本收益，可以提供更多的财政收入，从而为产业结构调整优化、为增加公共产品供给、为国有经济发展壮大、为全体社会成员能够分享更多国有经济发展壮大所带来的红利，提供更多财源

续表

项目	主要内容
有利于实现国有资本保值增值	国有资本保值增值是国有资本管理的基本任务。国有资本收益的高低取决于国有企业的生产经营效益，后者也最终决定了国有资本的保值增值程度。因而，深化国有企业改革，提高国有企业的盈利能力，是国有资本监管的基本任务。国有资本的保值增值离不开国有资本收益分配过程。国有资本收益分配不但是国有资本保值增值得以实现的最终环节，而且，从分配在社会再生产中的地位来看，分配也反作用于生产，因而收益分配的实现也是国有资本得以不断保值增值的途径和条件。加强国有资本收益分配管理，确保国有资本收益及时足额收缴，建立和完善国有资本金预算，保证国有资本收益切实用于国有资本再投入，可以为国有经济的持续、稳定发展增强后劲，为国有资本长远保值增值奠定基础
有利于提高国有企业经济效益	加强国有资本收益分配管理，对于提高国有企业经济效益至关重要。按现代产权制度的要求，加强国有资本收益分配管理，能够确立各个产权主体的法律地位，界定其履行的职责范围，保障各产权主体合法权益。国有企业所得税后的利润，应首先分配货币资本收益；余下部分为红利，依据国有资本占有使用权、要素所有权和各产权主体履行职责的程度和要素贡献进行分配。劳动者的基本工资在企业成本中体现，国有资本占有使用权收益和要素财产收益在企业实现的红利中体现，从而将各个产权主体的职责、财产收益与企业的效益直接联系在一起，形成利益共同体。这种做法可以最大限度地激发各个产权主体正确履行职责的主动性，实现国有企业利润最大化的目标

三、国有资本收益管理办法

1．国有及国有控股企业利润分配管理

《企业财务通则》规定，企业年度净利润，除法律、行政法规另有规定外，按照以下顺序分配：

（1）弥补以前年度亏损。

（2）提取10%法定公积金。法定公积金累计额达到注册资本50%以后，可以不再提取。

（3）提取任意公积金。任意公积金提取比例由投资者决议。

（4）向投资者分配利润。企业以前年度未分配的利润，并入本年度利润，在充分考虑现金流量状况后，向投资者分配。属于各级人民政府及其部门、机构出资的企业，应当将应付国有利润上缴财政。

（5）国有企业可以将任意公积金与法定公积金合并提取。股份有限公司依法回购后暂未转让或者注销的股份，不得参与利润分配；以回购股份对经营者及其他职工实施股权激励的，在拟订利润分配方案时，应当预留回购股份所需利润。

（6）企业弥补以前年度亏损和提取盈余公积后，当年没有可供分配的利润时，不得向投资者分配利润，但法律、行政法规另有规定的除外。

（7）企业经营者和其他职工以管理、技术等要素参与企业收益分配的，应当按照国家有关规定在企业章程或者有关合同中对分配办法作出规定，并区别以下情况处理：

1）取得企业股权的，与其他投资者一同进行企业利润分配。

2）没有取得企业股权的，在相关业务实现的利润限额和分配标准内，从当期费用中列支。

《企业财务通则》规范了职工激励制度。企业对职工激励，包括即期的奖励和远期的股权激励两大类型。即期的奖励，本质上属于工资范畴，修订的《企业财务通则》规定通过调整内部分配制度来解决，或者作为销售提成而列入管理费用。远期的股权激励，本质上是企业现有投资者将既得权益让出一部分给职工，因此，在通过回购股份实施激励的情况下，应当与《公司法》的规定相一致，以可供投资者分配的利润解决。

作为规范企业财务行为的规章制度，修订的《企业财务通则》是所有国有及国有控股企业财务活动应当遵循的准则和规范，也是国有资产管理应当遵循的准则之一。从管理职能上看，财务制度体现着国家作为国有资本所有者和社会管理者，围绕企业财务管理要素对企业财务活动进行管理，而不是仅仅以国有股东身份针对国有资本的流动过程进行管理。从管理范围上看，财务制度适用的企业并不限于纳入国有资产监管机构监管的企业，它对非国有企业和实行企业化管理的事业单位也同样具有重要的指导作用。从管理对象上看，财务制度以企业法人为对象，而不是仅仅以国有资产为对象。因此，修订的《企业财务通则》与国有资产管理制度，无论从理论上，还是从实际需要上来看，两种制度都是不可互相取代的。

2. 国有产权转让收入管理

《企业财务通则》对国有产权转让收入管理作了规定。主要包括以下方面：

（1）概念界定。国有产权转让，是指国有资产监督管理机构、持有国有资本的企业（以下统称转让方）将所持有的企业国有产权有偿转让给境内外法人、自然人或者其他组织（以下统称受让方）的活动。企业国有产权，是指国家对企业以各种形式投入形成的权益、国有及国有控股企业各种投资所形成的应享有的权益，以及依法认定为国家所有的其他权益。

（2）基本原则。企业国有产权转让应当遵守国家法律、行政法规和政策规定，有利于国有经济布局和结构的战略性调整，促进国有资本优化配置，坚持公开、公平、公正的原则，保护国家和其他各方合法权益。

（3）转让方式。企业国有产权转让应当在依法设立的产权交易机构中公开进行，不受地区、行业、出资或者隶属关系的限制。国家法律、行政法规另有规定的，从其规定。企业国有产权转让可以采取拍卖、招投标、协议转让以及国家法律、行政法规规定的其他方式进行。

（4）转让底价。在清产核资和审计的基础上，转让方应当委托具有相关资质的资产评估机构依照国家有关规定进行资产评估。评估报告经核准或者备案后，作为确定企业国有产权转让价格的参考依据。在产权交易过程中，当交易价格低于评估结果的90%时，应当暂停交易，在获得相关产权转让批准机构同意后方可继续进行。

（5）转让条件。转让企业国有产权导致转让方不再拥有控股地位的，在签订产权转让合同时，转让方应当与受让方协商提出企业重组方案，包括在同等条件下对转让标的企业职工的优先安置方案。

转让企业国有产权涉及国有划拨土地使用权转让和由国家出资形成的探矿权、采矿权转让的，应当按照国家有关规定另行办理相关手续。

转让企业国有产权导致转让方不再拥有控股地位的，应当按照有关政策规定处理好与职工的劳动关系，解决转让标的企业拖欠职工的工资、欠缴的各项社会保险费以及其他有关费用，并做好企业职工各项社会保险关系的接续工作。

（6）转让收益。转让企业国有产权取得的净收益，按照国家有关规定处理。按《企业财务通则》的规定，企业出售股权投资，应当按照规定的程序和方式进行。股权投资出售底价，参照资产评估结果确定，并按照合同约定收取所得价款。在履行交割时，对尚未收款部分的股权投资，应当按照合同的约定结算，取得受让方提供的有效担保。

3. 企业清算收入管理

企业清算资产通过变价拍卖所取得的收入，在清理债权债务、扣除国家规定开支后的净结余资金，应作为产权收益上缴国家；被兼并的国有企业的资产，事先要进行全面的资产清查，扣除相关费用及清理债权债务后，所有余下的资产、资金和从接收单位收回的资金归属于国有资产产权收入。占有、使用国有资产的非全民所有制企业清算，国有出资单位应积极参与清理，按照出资比例，参与剩余财产的分配。

企业通过改制、产权转让、合并、分立、托管等方式实施重组，对涉及资本权益的事项，应当由投资者或者授权机构进行可行性研究，履行内部财务决策程序。

企业清算应组织开展以下工作。

（1）清查财产，核实债务，委托会计师事务所审计。

（2）制订职工安置方案，听取重组企业的职工、职工代表大会的意见或者提交职工代表大会审议。

（3）与债权人协商，制订债务处置或者承继方案。

（4）委托评估机构进行资产评估，并以评估价值作为净资产作价或者折股的参考依据。

（5）拟订股权设置方案和资本重组实施方案，经过审议后履行报批手续。

（6）企业采取分立方式进行重组，应当明晰分立后的企业产权关系。企业划分各项资产、债务以及经营业务，应当按照业务相关性或者资产相关性原则制订分割方案。对不能分割的整体资产，在评估机构评估价值的基础上，经分立各方协商，由拥有整体资产的一方给予他方适当经济补偿。

（7）企业可以采取新设或者吸收方式进行合并重组。企业合并前的各项资产、债务以及经营业务，由合并后的企业承继，并应当明确合并后企业的产权关系以及各投资者的出资比例。

企业合并的资产税收处理应当符合国家有关税法的规定，合并后净资产超出注册资本的部分，作为资本公积；少于注册资本的部分，应当变更注册资本或者由投资者补足出资。

对资不抵债的企业以承担债务方式合并的，合并方应当制订企业重整措施，按照合并方案履行偿还债务责任，整合财务资源。

（8）企业实行托管经营，应当由投资者决定，并签订托管协议，明确托管经营的资产负债状况、托管经营目标、托管资产处置权限以及收益分配办法等，并落实财务监管措施。

受托企业应当根据托管协议制订相关方案，重组托管企业的资产与债务。未经托管企业投资者同意，不得改组、改制托管企业，不得转让托管企业及转移托管资产、经营业务，不得以托管企业名义或者以托管资产对外担保。

（9）企业进行重组时，对已占用的国有划拨土地应当按照有关规定进行评估，履行相关手续，并区别以下情况处理：

1）继续采取划拨方式的，可以不纳入企业资产管理，但企业应当明确划拨土地的权益，并按规定用途使用，设立备查账簿登记。国家另有规定的除外。

2）采取作价入股方式的，将应缴纳的土地出让金转作国有资本，形成的国有股权由企业重组前的国有资本持有单位或者主管财政机关确认的单位持有。

3）采取出让方式的，由企业购买土地使用权，支付出让费用。

4）采取租赁方式的，由企业租赁使用，租金水平参照银行同期贷款利率确定，并在租赁合同中约定。

企业进行重组时，对已占用的水域、探矿权、采矿权、特许经营权等国有资源，依法可以转让的，比照前款处理。

（10）企业重组过程中，对拖欠职工的工资，医疗、伤残补助，抚恤费用，以及欠缴的基本社会保险费、住房公积金，应当以企业现有资产优先清偿。

（11）企业被责令关闭、依法破产、经营期限届满而终止经营的，或者经投资者决议解散的，应当按照法律、法规和企业章程的规定实施清算。清算财产变卖底价，参照资产评估结果确定。

企业清算结束，应当编制清算报告，委托会计师事务所审计，报投资者或者人民法院确认后，向相关部门、债权人以及其他的利益相关人通告。其中，属于各级人民政府及其部门、机构出资的企业，其清算报告应当报送主管财政机关。

（12）企业解除职工劳动关系，按照国家有关规定支付的经济补偿金或者安置费，除正常经营期间发生的列入当期费用以外，应当区别以下情况处理：

1）企业重组中发生的，依次从未分配利润、盈余公积、资本公积、实收资本中支付。

2）企业清算时发生的，以企业扣除清算费用后的清算财产优先清偿。

四、国有资本收益收取比例核定

国有资本收益收取比例，是指国家财政部门通过制定国有资本收益收取管理办法，按行业类别确定国家出资企业应交利润收取比例，收取国有资本收益。国有资本收益的收取，是国家作为国有资本所有者拥有国有资本收益权的体现。

五、国有资本负收益管理

国有资本负收益管理是指对国有企业亏损的管理。收益的对立面是负收益，即亏损。国有资本在经营过程中也会出现负收益现象。产生国有资本负收益的原因很多，概括起来可分为两大类：由于企业自身经营管理不善而造成的亏损，被称为经营性亏损；由于企业执行国家有关政策、为实现国民经济宏观效益或社会效益而造成的亏损，被称为政策性亏损。

一般来讲，经营性亏损要由企业自己负责，政策性亏损则应由国家根据政策规定进行弥补。对于出现经营性亏损的国有企业，国家一般不给予任何形式的财政补贴，而是由企业自己负责补亏。

实行股份制经营的企业，则应按出资各方的出资比例分担亏损或由以后年度税后利润来弥补。国家直接经营的企业，其经营性亏损按有关政策处理。

为了提高国有资本的经营效益，国有资产监督管理部门及国有资本运营公司作为国有出资人代表，应积极对待企业的经营性亏损，及时帮助企业分析亏损原因，促进亏损企业强化经营管理，制订扭亏措施，尽早摆脱亏损局面。

对于国有企业的政策性亏损，则必须由国家进行补贴。进行补贴时，财政部门和国有资产监督管理部门要认真核定具体的补贴范围、标准、形式和实施补贴的时间。

政策性亏损补贴的方式主要有定额补贴和计划补贴两种。定额补贴是按产品核定单位亏损补贴额，再通过企业提供的产量或销量确定补贴总额。这种方式主要用于补贴国家对企业实行部分产品指令性计划所导致的政策性亏损。计划补贴则是按计划核定的亏损总额进行补贴，它主要用于企业发生全面政策性亏损的情况。

从管理而言，财政部门和各级国有资产监督管理部门应根据每年的实际情况在编制预算时认真反映和确定政策性亏损补贴。同时，还应对亏损企业实行亏损补贴包干责任制，尽量减少亏损，提高国有资本的营运效益。

第六节 国有资本经营预算

一、建立国有资本经营预算的指导思想和原则

1．指导思想

建立国有资本经营预算，要以邓小平理论和“三个代表”重要思想为指导，坚持科学发展观，通过对国有资本收益的合理分配及使用，增强政府的宏观调控能力，完善国有企业收入分配制度，促进国有资本的合理配置，推动国有企业的改革和发展。

2．基本原则

建立国有资本经营预算，应坚持以下原则（见表 4–9）：

二、国有资本经营预算收入

国有资本经营预算收入，是指各级人民政府及其部门、机构履行出资人职责的企业（即一级企业）上缴的国有资本收益。国家依法收取企业国有资本收益，具体

办法由财政部门会同国有资产监管机构等有关部门制定，报本级人民政府批准后施行。国有资本经营预算收入主要包括：

表4-9 应坚持的原则

原则	具体内容
统筹兼顾，适度集中	统筹兼顾企业自身积累、自身发展和国有经济结构调整及国民经济宏观调控的需要，适度集中国有资本收益，合理确定预算收支规模
分级编制，逐步实施	国有资本经营预算实行分级管理、分级编制，根据条件逐步实施
相对独立，相互衔接	既保持国有资本经营预算的完整性和相对独立性，又保证其与政府公共预算（指一般预算）的相互衔接

1. 利润

国有独资企业按规定上缴国家的利润。

2. 股利、股息

国有控股、参股企业国有股权（股份）获得的股利、股息。

3. 转让收入

企业国有产权（含国有股份）转让收入：^

4. 清算收入

国有独资企业清算收入（扣除清算费用），以及国有控股、参股企业国有股权（股份）分享的公司清算收入（扣除清算费用）。

5. 其他收入

三、国有资本经营预算支出

国有资本经营预算支出方向和重点，应当根据国家宏观经济政策需要以及不同时期国有企业改革发展任务适时进行调整。具体支出范围依据国家宏观经济政策以及不同时期国有企业改革和发展的任务，统筹安排确定。必要时，可部分用于社会保障等项支出。国有资本经营预算支出应当服务于国家战略目标，除调入一般公共预算和补充全国社会保障基金外，主要用于以下用途：

1. 资本性支出

这是指根据产业发展规划、国有经济布局和结构调整、国有企业发展要求，以及国家战略、安全等需要，安排的资本性支出，包括：关系国家安全、国民经济命脉的重要行业和关键领域国家资本注入，重点提供公共服务、发展重要前瞻性战略性产业、保护生态环境、支持科技进步、保障国家安全，保持国家对金融业控制力，推进国有经济布局和结构战略性调整，解决国有企业发展中的体制性、机制性问题。

2．费用性支出

这是指用于弥补国有企业改革成本等方面的费用性支出。解决国有企业历史遗留问题及相关改革成本支出。

3．其他支出

这主要是指国有企业政策性补贴。

四、国有资本经营预算编制和审批

1．预算编制

国有资本经营预算单独编制，预算支出按照当年预算收入规模安排，不列赤字。

2．预算主体

各级财政部门为国有资本经营预算的主管部门。各级国有资产监管机构以及其他有国有企业监管职能的部门和单位，为国有资本经营预算单位。

3．预算草案审批

各级财政部门商国资监管、发展改革等部门编制国有资本经营预算草案，报经本级人民政府批准后下达各预算单位。各预算单位具体下达所监管（或所属）企业的预算，抄送同级财政部门备案。

五、国有资本经营预算执行

1．预算收入收取

国有资本经营预算收入由财政部门、国有资产监管机构收取、组织上缴。企业按规定应上缴的国有资本收益，应及时、足额直接上缴财政。

2．预算资金拨付

国有资本经营预算资金支出，由企业在经批准的预算范围内提出申请，报经财政部门审核后，按照财政国库管理制度的有关规定，直接拨付使用单位。使用单位应当按照规定用途使用、管理预算资金，并依法接受监督。

3．预算调整

国有资本经营预算执行中如需调整，须按规定程序报批。年度预算确定后，企业改变财务隶属关系引起预算级次和关系变化的，应当同时办理预算划转。

4．决算报批

年度终了后，财政部门应当编制国有资本经营决算草案报本级人民政府批准。

六、国有资本经营预算的职责分工

1．财政部门的主要职责

财政部门的主要职责是：负责制（修）订国有资本经营预算的各项管理制度、预算编制办法和预算收支科目；编制国有资本经营预算草案；编制国有资本经营预算收支月报，报告国有资本经营预算执行情况；汇总编报国有资本经营决算；会同有关部门制定企业国有资本收益收取办法；收取企业国有资本收益。财政部负责审核和汇总编制全国国有资本经营预、决算草案。

2．预算单位的主要职责

各预算单位的主要职责是：负责研究制定本单位国有经济布局和结构调整的政策措施，参与制定国有资本经营预算有关管理制度；提出本单位年度国有资本经营预算建议草案；组织和监督本单位国有资本经营预算的执行；编报本单位年度国有资本经营决算草案；负责组织所监管（或所属）企业上缴国有资本收益。

第五章　资源性国有资产

第一节　资源性国有资产基础知识

一、资源性国有资产的分类

自然资源是人类社会赖以存在和发展的基础。资源性国有资产主要可以划分为以下六类：

1．国土资源

国土资源是指一个国家主权管辖下的一切陆地、河流、湖泊、内海等资源的总称，包括耕地、林地、草地、园地、内陆水域、沿海滩涂、城镇农村用地，以及名胜古迹、自然保护区和其他未开发利用的土地资源等。土地是人类社会最宝贵的自然资源，是人类存在和发展的必不可少的物质条件。它不仅是人类社会最基本的物质条件，而且是森林、矿藏、草原等自然资源的载体。

2．国有森林资源

国有森林资源是指国家依法所有的天然森林、营造森林、林地，以及林区内野生的植物和动物，具体包括：

（1）法律规定属国家所有的天然森林、林地，以及林区内野生的植物和动物；

（2）全民所有制单位在所用土地内营造的林木；

（3）由国家投资，组织有关单位和个人营造的林木；

（4）由各级政府组织在国有宜林荒山荒地全民义务植树营造的林木；

（5）国家征用集体所有的林地、林木；

（6）国家依法没收的林木。

3．国有矿产资源

国有矿产资源是指包括呈固体、液体、气体状态的各种金属、非金属、燃料、地下水等资源的总称。矿产资源是自然资源的重要组成部分。国家对矿产资源的所有权和处置权具有独占性。《中华人民共和国矿产资源法》规定：矿产资源属于国家所有，地表或者地下的矿产资源所有权，不因其所依附的土地的所有权或者使用权的不同而改变。

4．国有草原资源

国有草原资源是指陆地上生长的能够用作放牧的饲用植物，以及割草的场地，包括草山和草地，属于自然资源中可以更新的资源。《中华人民共和国草原法》规定：草原资源属于国家所有，即全民所有，由法律规定属于集体所有的草原除外。

5．国有水资源

国有水资源是指各种呈固态、液态、气态分布于海洋、陆地，以及大气中的各种水体。一般情况下，水资源主要是指陆地上的水，即地表水和地下水。地表水包括江河水、湖沼水、土壤水，以及存在于陆地的冰川等；地下水是指分布于地表以下的水。《中华人民共和国水法》规定：除法律规定属于农业集体经济组织所有的水塘、水库中的水以外，水资源属于国家所有，即全民所有，依附于土地的地表水和地下水，不因土地所有权或使用权的不同而改变。

6．国有海洋资源

国有海洋资源是指分布在属于我国管辖的海域内的各种资源，包括各种海洋生物资源、水资源、海底矿藏资源、海底石油和天然气资源等。

二、资源性国有资产的特点

由以上可知，资源性国有资产是通过立法等途径归国家所有的那部分资源。它和经营性国有资产、非经营性国有资产一起构成了当今国有资产的主体。但资源性国有资产和经营性国有资产、非经营性国有资产相比有很大差异，一般来说，资源性国有资产具有以下几个特点：

1．天然性

资源性国有资产的基本主体是由自然界多种自然因素共同作用形成的，是自然界固有的组成部分。正是这种天然性使资源性国有资产具有明显的地域性和不均衡性。从全球看，世界范围内的资源分布不均是当今世界国际贸易基本格局的重要基础；从我国范围内看，正是资源性国有资产分布的地域性和不均衡性导致了我国国有资源管理和经营中的北煤南运、西气东送、西电东输、南水北调等宏观特点。资源性国有资产的天然性也衍生出其组合性，即很多矿产资源、生物资源都是相伴而生、相互共存的。它们有多种用途、多种形态，各类资源密切相关构成了一个统一的自然界，也构成了资源性国有资产的整体景观。

2．有用性

有用性是由资源性国有资产的资产特点决定的。其主要表现在：一方面，从自然性质来看，利用这些资源性国有资产应能生产出市场主体所需要的各种物品，这是它能够作为资产存在的自然基础；另一方面，从经济性质看，各种资源性国有资产应能在可预测的未来创造出必要的收益，这是资源性国有资产在市场经济条件下能作为资产存在的必要前提。

国有资源的有用性，特别是其经济上的增值性涉及资源性国有资产的可计量性。所谓可计量性，是指资源性国有资产的有用性可借助于一定的标准来测算和度量。其自然性质常借助于效用单位或自然单位如千克、立方米等来计量，其经济性质一般通过货币单位来计量。

3．有限性

资源性国有资产的有限性是指它的稀缺性，这是市场经济中所有资源的共同特征。资源性国有资产的有限性表现在：第一，范围上的有限性。国家一般并没有把所有的自然资源都收归国有。在现代国家里，属国家所有的资源必须按照一定的程序、通过立法途径来取得。这样，只有法律规定属于国家的自然资源才是资源性国有资产，而能够被法律界定的国有资产本身就是有限的。第二，数量上的有限性。不可再生资源在总量上不会随着人类劳动的增加而增加，相反，会随着各种消耗而减少。再生性资源一定时期内在总量上也是大体稳定的，而且，有些再生性资源的再生周期很长。第三，需求或欲望的无穷性。根据需要层次论，尽管某人某时的需要是有限的，人类的总体需要和长期需要却是无穷的。在某一个时空范围内，相对于人类的无穷需要来说，社会的资源供给总是有限的。

4．国家垄断性

国家垄断性是指国家出于弥补市场的不足，维护自身的安全等多种目的，把必要的自然资源控制在自己手中。资源性国有资产的国家垄断性来源于资源的有限性。长期以来，人们对这个性质的认识经历了一个曲折的发展过程。在自然经济的社会里，国家几乎垄断了所有的自然资源，降低了资源的配置效率，也妨碍了收入的公平分配。在市场经济的早期，人们信奉“小政府，大社会”的观念，国家大大放松了对自然资源的控制和垄断，尽管在一定时期内极大地促进了经济运行效率的提高，但又极大地降低了社会的公平水平，影响了社会稳定。进入20世纪以后，西方市场经济国家大大加强了国家对经济生活的干预，通过立法等途径对一大批自然资源实现了国家垄断；计划经济国家则在成立之初就把自然资源的绝大部分收归国有。随着世界经济的市场化和一体化，各国都在提高资源配置效率、维护市场公平竞争和保护国家经济安全等方面寻找着最佳平衡，以实现公共管理的最优效果。

5．多重价值性

这是资源性国有资产区别于一般经济资源的重要特征。一般经济资源，如机器、设备等只有经济价值；而资源性国有资产不但具有经济价值，而且还具有生态价值，即它与其他自然资源一起构成整个生态系统。国有资源的经济价值与生态价值是相辅相成、互相制约的。因此在开发利用资源的过程中，不能单纯强调它的经济价值必须同时注意保护它的生态价值。

三、加强国有资源管理的意义

加强国有资源管理的意义，具体内容见表 5–1。

表 5–1　加强国有资源管理的意义

项目	主要内容
有利于维护国家主权	国家主权是国家对内高于一切和对外保持独立自主的固有权利。国家经济主权是国家主权在经济上的体现。它表明国家对其主权范围内的所有经济资源拥有权利，具体表现为国家对主权范围内的自然资源履行管理职能。因此，凡是在国家主权范围内自然界天然形成的，并且成为资产供人类利用的自然资源（包括土地资源、森林资源、矿产资源、草原资源、水资源、水产资源、海洋资源、海岸带资源、野生动物资源、风景名胜资源等）都属于资源性国有资产。可见，国家经济主权是国家拥有资源性资产的理论依据。加强资源性国有资产的管理对于维护国家主权具有重要意义。自然资源是间接的生产要素，是人类社会生存和发展的物质条件。因此，自然资源的所有权必须归国家所有。加强国有资源的所有权管理，是维护国家主权的根本利益，保证社会经济发展的需要
有利于促进市场经济发展	社会主义市场经济的发展，要求社会商品的生产纳入市场经济的轨道。自然资源是商品生产的基本要素，也应当符合市场经济的原则。因此，国有资源应当作为商品进入市场，实现资产化和商品化。加强国有资源的价值管理，对于建立完整的社会主义市场经济体系，促进我国市场经济的发展具有重要意义
有利于经济可持续发展	经济可持续发展，是指国民经济始终保持较高的增长速度。它要求依靠科学技术进步挖掘资源潜力，充分运用市场机制和经济手段配置资源，实现提高资源利用效率和向资源节约型经济发展。加强国有资源管理，有利于实现自然资源保护和可持续利用，达到经济效益、社会效益和环境效益的统一，使资源开发、资源保护与经济发展同步，促进国民经济持续发展
有利于生态与环境保护	国民经济的发展主要依赖于自然资源的开发，而自然资源的开发与社会生态环境有着密切的关系。自然资源的开发利用既要考虑经济发展的需要，又要考虑社会生态和环境的保护。只有重视社会生态和环境的保护，才能保证人类社会生存条件的不断改善。因此，加强国有资源的管理，以科学的态度进行国有资源的开发利用，使国有资源的开发符合客观规律特别是自然规律的要求，对于实现社会生态和环境的保护，具有重要意义

续表

项目	主要内容
有利于资源有效配置	对自然资源的需求是对最终消费品需求的一种派生需求。作为重要的生产要素，自然资源的供给影响和制约着社会商品的生产。自然资源的供给往往是有限的，而通过对最终消费品的需求而派生的对自然资源的需求往往是无限的。自然资源的供给往往低于社会商品的生产对自然资源的需求。因此，必须对国有资源进行有效配置与合理利用，使有限的资源供给最大限度地满足社会生产的需要，避免国有资源在开发利用中的损失与浪费

第二节　资源性国有资产产权管理

一、资源性国有资产管理的原则

1．合理开发、整体优化原则

自然资源的有限性决定了对其开发必须遵循合理开发、整体优化的原则。任何盲目开发、滥采乱掘，都会造成自然资源的损失、浪费和枯竭。因此，应当通过科学的规划，运用高科技手段，合理开采和充分利用自然资源，抑制不合理的消耗和浪费，产生最优的效益。

2．明晰产权、落实经营权原则

自然资源的开发利用，必须明晰产权。自然资源所有权是国家对各种自然资源享有的占有、使用、收益和处分的权利。任何单位和个人都不能侵蚀自然资源的国家所有权，必须依法取得自然资源的开采权，加强科学研究，提高勘查水平，优化开采方法和工艺，按照国家规定缴纳资源税和资源补偿费，实行有偿开采。

3．有序开发、加强调控原则

自然资源的开发利用，必须坚持计划管理。实行有计划的开采和利用制度，以国家开采为主，集体和个体开采为辅。开发与保护并重，防止环境污染和损失浪费。遵循经济规律，实现决策管理和运营科学化。

4．培育产权市场原则

培育和发展资源开发权市场，促进生产要素合理流动是深化自然资源管理体制改革的重要工作。要加强国有资源的使用权、开采权的管理，必须重视资源产权市场的培育和完善。只有资源的开发权进入市场，其价值才能得到实现，从而使资源性国有资产实现合理配置。因此，资源使用权和开发权的转让和交易应当纳入市场经济轨道。

二、国有土地管理

国有土地管理是指对国有土地的清理、规划、开发与保护进行计划、组织、协调与监督活动的总称。我国实行土地的社会主义公有制，即全民所有制和劳动群众集体所有制。城市市区的土地属于全民所有即国家所有；农村和城市郊区的土地，除法律规定属于国家所有的以外，属于集体所有；宅基地和自留地、自留山属于集体所有。国有土地管理的内容包括：

1. 土地所有权和使用权管理

土地所有权是土地所有者在法律规定的范围内对所拥有的土地享有占有、使用、收益和处分的权利。土地使用权是依法对土地进行利用的权利。

（1）土地使用权确认。全民所有制单位、集体所有制单位以及个人都可以依法取得除地下资源、埋藏物和市政设施之外的国有土地使用权，进行土地开发、利用和经营。单位和个人依法使用国有土地时，应由县以上地方人民政府登记造册，核发“国有土地使用证”，确认使用权。

（2）土地使用权出让。这是指国家以土地所有者的身份将土地使用权在一定年限内让于土地使用者，并由土地使用者向国家支付土地使用权出让金的行为。土地使用权的出让条件由市、县人民政府土地管理部门、城市规划和建设管理部门、房产管理部门确定，土地管理部门实施；土地使用权的出让合同由土地管理部门按照平等、自愿、有偿的原则与土地使用者签订；土地使用者交付土地使用出让金后，方可办理登记、领取土地使用证；土地使用者未按合同规定的期限和条件开发利用土地，土地管理部门可以实施纠正、警告、罚款、无偿收回土地使用权等措施；土地使用权出让可以采取协议、招标、拍卖等方式。

（3）土地使用权转让。这是指土地使用者将土地使用权再转移的行为，包括出售、交换和赠与。土地使用权转让时，应当签订转让合同，土地使用权的权利和义务随之转移；其地上建筑物、其他附着物所有权随之转让，但应办理过户手续；转让地上建筑物、其他附着物所有权时，其使用范围内的土地使用权随之转让，但地上建筑物、其他附着物作为动产转让的除外；土地转让价格明显低于市场价格的，市、县人民政府有权优先购买；土地使用权转让价格不合理上涨时，人民政府可以进行干预；改变土地用途的，应重签合同，办理登记。

（4）土地使用权出租。这是指土地使用者将土地使用权随同地上建筑物、其他附着物租赁给承租人使用，由承租人向出租人支付租金的行为。土地使用权出租应当签订租赁合同；出租人应当履行土地使用权出让合同并办理登记；未按出让合同规定投资开发和利用土地的，土地使用权不得出租。

（5）土地使用权抵押。土地使用权抵押时，其地上建筑物、其他附着物随之抵押；地上建筑物、其他附着物抵押时，其使用范围内的土地使用权随之抵押；抵押人与抵押权人应当签订抵押合同，并办理抵押登记；抵押人到期未能履行债务或在抵押合同期间宣告解散、破产的，抵押权人有权依照法律法规和抵押合同的规定处分抵押财产；因处分抵押财产而取得土地使用权和地上建筑物、其他附着物所有权的，应当按规定办理过户手续；抵押权因债务清偿或者其他原因而丧失的，应当按规定办理注销登记。

（6）土地使用权登记。县级以上人民政府土地管理部门负责对土地使用权的出让、转让、出租、抵押、终止及有关的地上建筑物、其他附着物进行登记和监督检查。

2. 外商投资开发经营成片土地管理

外商投资开发经营成片土地，是指外商在取得国有土地使用权后，依照规划对土地进行综合性的开发建设，然后进行土地使用权转让、经营公用事业，或者建设工业厂房以及配套的生产、生活服务设施等地面建筑物，并对这些建筑物从事转让或者出租的经营活动。对外商投资开发经营成片土地管理的规定包括：

（1）吸收外商投资开发经营成片土地的项目，应当由人民政府编制项目建议书或者可行性研究报告，并按批准权限审批。

（2）开发企业依法取得国有土地使用权，自主经营管理。开发企业与其他企业是商务关系。国家鼓励国有企业以国有土地使用权作为投资或合作条件，与外商组成开发企业。

（3）开发区域所在地人民政府依法向开发企业出让国有土地使用权。确定土地范围、用途、年限、出让金和其他条件，签订合同，并按审批权限报经审批。

（4）国有土地使用权出让后，其地下资源仍属国家所有，如需开发利用，应当按照国家有关法律法规进行管理。

（5）开发企业必须在实施开发规划并达到出让国有土地使用权合同规定的条件后，方可转让土地使用权。

（6）开发企业可以吸引投资者开发区域投资，受让国有土地使用权，举办企业。

3. 国家建设用地管理

国家建设用地，是指国家为进行经济、文化、国防建设以及兴办社会公共事业，需要使用国有土地或征用集体所有的土地国家建设用地必须按照法定程序进行。

（1）申请与审批。建设单位须持国务院主管部门或县级以上地方人民政府批准的设计任务书或者批文，向被征用土地所在的地方人民政府土地管理部门提出申请，经政府批准后，由土地管理部门划拨土地。

（2）一个建设项目需要使用的土地，应当根据总体规划一次申请批准；分期建设的项目，应当分期征地，不得先征待用；铁路、公路、输油、输水等管线用地，应当一次申请批准，分段办理征地手续。

（3）国家建设用地，由用地单位支付土地补偿费和安置补助费。征用耕地的补偿费，按该耕地被征用前3年平均年产值的3 ~ 6倍计算；征用耕地的安置补助费，按照需要安置的农业劳动人口计算；每一农业人口的安置补助费，按该耕地被征用前3年平均每亩年产值的2 ~ 3倍计算，最多不得超过10倍；土地补偿费和安置补助费的总和不得超过被征用土地前3年平均年产值的20倍。

三、国有森林资源管理

1．国有森林资源开发

国有森林资源开发，是指对国有森林资源进行合理采伐、科学培育、综合利用等各种利用国有森林资源的行为。其要求是：合理采伐，节约用材，营造防护林，建立用材林、经济林，建立国家森林公园。实行计划管理、限额采伐、防火防虫、因地制宜、义务造林和开发保护并重的原则。

2．国有森林资源管理

国有森林资源管理，是指对国有森林资源的清理、采伐、培育、经营保护等工作，进行计划、组织、调控和监督活动的总称。

（1）国家设立专职机构对国有森林资源进行统一管理。国务院设立林业部主管全国林业工作，各级地方政府设立林业部门管理本地区林业工作。其主要职责是：组织林业资源的调查、确认权属；制订林业发展规划和森林经营方案；监督森林采伐利用、培植种植和经营管理活动。

（2）国家设立林业执法机构维护林区治安，打击破坏森林资源的犯罪分子，保护森林资源。

（3）实行多种经营体制。对成片国有森林、林地等，主要由国营林业局、国营林场统一经营管理；对机关、团体、部队、学校，以及全民所有制的厂矿等单位营造的林木，由营造单位自主经营；对宜林荒山荒地，可以由集体或者个人承包造林。国家支付承包造林费的，所造林木归国家所有；其他情况除按承包合同规定外归承包者所有。

四、国有矿产资源管理

国有矿产资源管理，是指根据国家法律法规对国有矿产资源进行勘查、开采、经营和保护等计划、组织、调控和监督行为的总称。矿产资源所有权是指国家对各种矿产资源享有的占有、使用、收益和处分的权利。矿产资源属于国家所有，国家对矿产资源拥有专有权。未经国家授权部门的批准，任何单位和个人不得擅自勘查、开采、买卖、出租、抵押和转让矿产资源。

1. 管理机构

矿产资源的管理机构是各级政府的地质矿产主管部门。其主要职能是：

（1）组织矿产资源的勘查，建立矿产资源档案；

（2）编制矿产资源综合开发利用和保护规划；

（3）指导依法勘查、开采、经营矿产资源的单位和个人开展业务活动；

（4）监督检查矿产资源法律法规的执行；

（5）配合司法部门打击各种破坏矿产资源的犯罪行为。

2. 基本管理制度

矿产资源管理的基本制度见表 5-2。

表 5-2　矿产资源管理的基本制度

制度名称	具体内容
地质资料统一管理制度	按照国家《全国地质资料汇交管理办法》的规定凡在我国领域及管辖海域从事地质工作的单位和个人，均应按规定向国家汇交地质资料，包括区域地质调查、矿产、石油、天然气、海洋、水文、工程、环境、灾害、地震地质资料，地质矿产科学研究成果及综合分析资料等
采矿登记审批制度	凡是开采矿产资源的单位和个人，必须向矿产地质主管部门办理采矿登记手续，申请采矿许可证，取得矿产资源开采权。未取得开矿权的，不得进行采矿活动
矿产资源勘查统一登记制度	国家《矿产资源勘查区块登记管理办法》规定，凡在我国领域及管辖海域内从事区域地质调查，金属矿产、非金属矿产、能源矿产的普查和勘探，地下水、地热、矿泉水资源等勘查的，必须向地质矿产主管部门申请登记，领取矿产资源勘查许可证，取得探矿权；否则，为违法行为

3. 开发管理

国有矿产资源开发管理，是指对国有矿产资源进行合理开采、综合利用、有效经营的管理活动，主要包括以下内容：

（1）计划管理。对矿产资源开发实行统一规划、统一登记、统一管理矿产资源资料。

（2）综合勘查、开采、利用管理。对主要矿产、共生矿、伴生矿进行综合勘查，综合开采，降低采矿成本，综合利用各种矿产。

（3）实行国营开采为主，集体和个人开采为辅。巩固和发展国有矿山企业，扶持引导集体和个体采矿。

（4）有偿开采管理。任何开采矿产资源的单位和个人，必须按照国家规定缴纳资源税和资源补偿费。

4．保护管理

国有矿产资源保护管理，是指为防止国有矿产资源遭受破坏，而对国有矿产资源的开采经营进行的管理活动。管理内容主要包括（见表5-3）：

表5-3　管理的主要内容

项目	内容
采矿范围管理	采矿单位和个人必须在规定的矿区范围内采矿，以保证矿产资源的合理开采，维护采矿权不受侵犯
采矿许可证管理	严格管理采矿许可证的审批和发放。申请许可证的单位和个人必须有科学的开采方案、一定的生产技术条件、安全与环境保护的措施。按国家规定，某些矿产品由国家进行统一收购和销售；采矿权不得买卖、出租和抵押；严厉打击擅自采矿的违法行为
矿产资源监督管理	实行矿产督察员制度，加强对矿山企业的矿产资源开发利用和保护的监督管理；成立护矿组织，打击不法分子盗窃、哄抢和破坏矿产资源的犯罪行为
采矿施工管理	采矿单位和个人应当按照批准的设计进行施工，以保证有序开采、有效开采，避免矿产资源的破坏

五、国有草原资源管理

国有草原资源管理，是指对草原资源的开发利用、经营保护等方面进行计划、组织、调控和监督活动的总称。国有草原资源的管理包括以下内容：

1．管理体制

国家对草原资源实行所有权与使用权适当分离的管理体制。

（1）草原的所有权和使用权受国家法律保护。国有草原可以由全民所有制单位使用，也可以由集体和个人承包从事畜牧业生产。

（2）实行草原所有权和使用权登记制度。由各级人民政府负责登记造册，核发证书，确认所有权和使用权。

（3）人民政府的农牧业主管部门负责草原资源的管理工作。其主要任务是：草原资源普查、建立档案、制订开发利用和保护规划、处理草原权属纠纷、监督草原法规的执行和打击破坏草原资源的犯罪行为。

2．开发管理

草原资源的开发管理，是指对各种有效利用和培育草原资源活动的管理。其意义在于提高草原资源的经济效益和社会效益。管理内容主要包括：

（1）确定放牧强度，防止草原沙化或者退化；

（2）建立畜牧业基地，提高草场单位面积畜产品产量；

（3）发展人工草场，建立牧草繁育生产基地，丰富草场资源；

（4）合理开发利用草原灌木、药材、野生动植物和自然景观资源，提高草场利用综合效益，发展草原旅游事业。

3．保护管理

国有草原资源保护管理，是指为防止和避免草原资源遭受污染和破坏的管理。

管理内容主要包括：

（1）禁止开垦草原。禁止在草原上造田，防止水土流失和草原沙化。

（2）未经政府批准，不得在草原上挖采野生植物和药材等。

（3）建立草原防火制度和防治鼠虫害制度。

六、国有水资源管理

国有水资源管理，是指对水资源的勘查、开发利用、保护等进行计划、组织、调控和监督等管理活动的总称。管理内容主要包括：

1．管理体制

国家对水资源的管理实行统一政策、分级管理的体制。国务院水资源行政主管部门负责全国水资源的统一管理工作；各级人民政府的水资源管理部门负责本地区水资源的具体管理。其主要职责是：

（1）制订水资源开发利用和保护的规划，包括防洪、治涝、灌溉、供水、水力发电、水质保护、地下水勘探等的规划。

（2）建立取水许可证制度。除生活、畜禽饮用、自留地灌溉、灭火、水运、旅游和体育活动用水外，其他任何直接从地下或者江河湖泊取水的单位和个人，必须先向水资源管理部门申请取水许可证，获得国有水资源的使用权。

（3）实行有序开发、计划用水和有偿用水制度。建立健全水资源管理机构和管理经营责任制。

（4）建立水利工程管理制度。水利工程必须纳入国家统一管理。水利工程的举办要经国家有关部门审批，执行基本建设程序和有关规定；水利工程的费用核定、计收和管理应当执行国家规定。

2．开发管理

国有水资源开发管理，是指对有效利用水资源活动的管理。综合开发利用水资源，提高水资源的综合效益，对国民经济的发展和人民生活水平的提高具有重要意义。国有水资源开发管理的主要内容包括：

（1）利用水资源开发新的生产领域。例如，开发水产养殖、畜牧、旅游等多种产业。

（2）充分利用水能资源，提高发电和通航能力。

（3）勘探利用地下水、矿泉水、温泉水。

（4）科学利用工业废水，治理废水污染，提高水资源的复利用率。

（5）完善农田灌溉设施和管理制度，提高灌溉用水的效率。

（6）对开发水资源进行综合经营的单位，给予一定的减免税优惠政策。

3．保护管理

国有水资源保护管理，是指对防止和避免水资源、水利工程遭受污染和破坏等的管理活动的总称。其主要内容包括：

（1）保护森林植被，防止水土流失；禁止围湖造田、填河造田；

（2）禁止在江河、湖泊、内海、水库等水域取土、采沙、采石、采矿，或者倾倒建筑垃圾、工业垃圾、生活垃圾和有毒污染物；

（3）禁止在堤防和护堤地建房、打井、挖窖、葬坟、开采地下水、考古发掘、爆破等危害水利工程安全的活动及开展集市贸易活动；

（4）禁止损毁堤防、护岸等防洪防涝设施和水文监测、通讯照明设施。

第三节　资源性国有资产管理的问题和对策

一、国有资源管理存在的问题

国有资源是重要的生产要素，国有资源的合理开发利用对国民经济的发展起着积极的促进作用。但是，由于受传统经济体制的影响，国有资源的管理仍然存在着许多问题，主要表现为以下几个方面：

1．国有资源资产化程度低

长期以来，在国有资源的管理上，主要侧重于国有资源实物形态即其使用价值的管理，重点考虑国有资源的勘探、、开发、使用和保护，忽视了国有资源的商品属性和价值管理，这使得国有资源不能成为资产，既不能作为资本进行投资，为所有者提供投资收益，也不能进行产权的转让和交换，如土地使用权的转让。其根本原因在于国有资源产权管理滞后。资源所有者与资源开发者职能合二为一，国有资源的所有权与经营权很难区分，导致只注重资源开发所带来的经济利益，而未能考虑国家作为资源的所有者应当以资源作为资本获得投资收益，国有资源的所有者权益受到侵蚀。

2．资源性国有资产综合利用率低

资源性资产的综合利用率体现在两个方面：一是开采过程中的资源采掘效率；二是资源的使用效率。在自然资源的开发利用中，企业的短期行为造成资源的严重浪费，有些甚至是耗竭性开采，对当地生态环境带来了恶劣影响。例如，矿产资源的开采者为了短期利益，不是通过创新新技术来提高矿产资源开采率，进而增加其经济收益，而是通过过度开采资源，既浪费矿产资源，又污染环境。在我国现行管理体制下，企业获得开发自然资源的许可证，要在有限的时间里获得经济利益，最快速的办法就是通过过度使用资源，对资源进行耗竭性的开发利用。企业引进新技术的机会成本大，而国家现在对企业创新技术的行为没有相对等的物质激励，使得大多数企业采取短期行为，经济发展过度依赖资源和能源的消耗。

3．资源性产品价格过低

资源性产业作为国民经济的基础产业，其产品的价格应当既考虑勘探、开发成本和运营成本，同时，也要考虑资源所有者以资源作为资本所应当获得的投资收益。但是，国有资源的产品价格往往只包括开发成本和运营成本，而不包括资源所有者的投资收益，由此导致资产价格形成体系不完善，资源要素使用价格偏离市场定价体系，资源性产品价格过低，生产资源性产品的企业自我积累能力难以提高，不能形成有效的价格制约机制，刺激了对资源性产品的需求，造成了资源性产品的浪费。

此外，资源性国有资产和经营性国有资产及非经营性国有资产相比，具有多重价值性。它不仅有经济价值和社会价值，还具有生态价值。我国的资源有偿使用和生态补偿机制尚未建立健全，目前仅有的方式是征收资源税和资源补偿费，而且征收的对象也仅限于土地资源、矿产资源和水资源，对于其他资源的使用仍然是通过行政化手段无偿授予，没有将自然资源的生态价值计算到资源价值中。

4. 管理体制不完善

国有资源管理体制，是处理各级政府国有资源开发利用管理权限的根本制度。国有资源的垄断性，决定了对国有资源的管理应当实行统一的计划管理和统一的所有权管理。我国多年来对资源性国有资产实行分类专业管理，国有资源分部门管理，缺乏统一的计划管理和所有权管理，导致国有资源事实上的部门所有和地方所有，部门与部门之间、部门与企业之间缺乏利益协调机制，各个主体之间的权、责、利关系界定不清。例如，各地方政府、各行政管理部门都有勘探、开发和管理国有资源的权力，造成无序勘探开采，国有资源的勘探开采费用激增；在所有权约束机制不健全的情况下，地方保护主义泛滥.，非国有经济主体乱采滥伐，盗窃国有资源，造成国有资源的损失和浪费。

5. 执法体制不完善

在国有资源的管理中，存在着严重的违法现象。例如，不法分子哄抢、盗伐国有森林资源，个体采矿冲击国有矿区、盗采国有煤炭资源和其他矿产资源，甚至以武力威胁、伤害执法人员。这些行为造成水土流失、环境恶化、国有矿区投资损失，国有资源破坏严重。

二、加强资源性国有资产管理的对策

资源性国有资产是国民经济发展的基础，应当切实加强对资源性国有资产的管理，主要应当采取以下对策：

1. 加强国有资源价值管理，促进国有资源资产化

资源性国有资产是直接的生产要素，它构成资源性产品价值的主要部分，具有交换价值。国有资源作为直接生产要素，应当纳入市场经济的轨道。国有资源作为资源性产品的原材料本身具有价值，同勘探费用、开采费用和运营费用一样，应当计入资源性产品的成本，为所有者带来收益。

2. 加强资源性国有资产的产权管理，维护所有者权益

资源性国有资产的所有权属于国家，任何开采运营国有资源的单位，其经营收入中都包含着国家以资源作为资本投入所形成的资本收益。国家依据对国有资源的所有权，应当获得资源投资收益。国有资源的补偿，应当以资源税的形式加以规范和体现；国有资源作为资本的收益，应当以上缴资源利润的形式加以规范和体现；国有资源的勘探、开发和设备的投资收益，应当以上缴投资利润的形式加以规范和体现；作为一般生产条件和间接生产要素投入的收益，应当以所得税的形式加以规范和体现。

随着市场经济的建立，资源性国有资产的产权变动大量出现，必须加强管理。对土地使用权和采矿权的依法转让，应当实行产权变更登记；土地使用权和采矿权的折价出资，应当由财政部门审批，加强监督管理。

3．加强资源性资产评估管理，建立科学的资源定价体系

资源性资产发生产权变动时，其价值也需要评估。目前，除土地使用权评估办法已经比较成熟外，矿业权的评估正处于起步阶段，其他资源性资产的评估尚需要进一步探索。以矿业权的评估为例，矿产资源的价值应当包括地质勘探费、矿产资源自身价值和矿权价值（含地质资料成果价值）。因此，矿产资源评估，是以未来开发的矿床为对象，以矿业权为核心，以地质资料成果为基础的矿权价值的评估。

科学地评价资源价值是构建产权制度、实现资源综合管理的基础。科学的资源定价体系应由市场供求决定，包括资源产品开发、使用及出售。此外，还应考虑将资源的生态价值在价格中体现出来，从而使资源产品的特殊价值完全内在化，从实质上实现资源定价体系的精准化和有效性，确保资源配置的效率及社会效益最大化。

4．健全法制，依法管理

国有资源的所有权归国家所有，任何单位和个人都不拥有所有权。当前，国有资源的开发利用和保护、收益管理，应当特别注意健全相关法律法规，坚持依法管理。对违反法律、侵犯国有资源所有权的行为，必须依法严厉打击。

第六章　行政事业单位国有资产

第一节　行政事业单位国有资产基础知识

一、行政事业单位的范围

行政事业单位，泛指党政机关、社会事业单位、社会团体，以及附属营业单位。按照现行行政事业编制和财务管理的分类，行政事业单位可以有以下划分（见表6–1）：

表6–1　行政事业单位的划分

类别	主要内容
行政党团机关	行政党团机关，是指国家进行行政管理，组织经济建设和文化建设，维护社会公共秩序的单位，即管理国家事务的机关。行政党团机关包括国家权力机关，即全国人民代表大会和地方各级人民代表大会常务委员会机关；国家行政机关，即国务院和地方各级人民政府及其工作机构；政治协商会议机关，即全国和地方政治协商会议机关；审判机关和法律监督机关，即最高人民法院、检察院和地方各级人民法院、检察院；党派组织机构和列国家行政编制的社会团体
事业单位	事业单位是指受国家机关领导，一般不直接从事物质资料的生产，直接或间接为生产建设和人民生活服务的单位，即从事各项社会事业活动的单位。事业单位包括农林水利气象事业单位、工业交通事业单位、商业贸易事业单位、文教卫生事业单位、科学事业单位、抚恤和社会福利救济事业单位、其他事业单位和列事业编制的社会团体
社会团体	社会团体，按其性质不属于行政事业单位，但在预算管理上视同行政事业单位。社会团体包括除行政党团机关和事业单位中列入国家行政事业单位编制的社会团体以外的社会团体，即列社团编制的社会团体，如各种协会、学会、联合会、研究会、基金会、促进会、商会等
附属营业单位	附属营业单位，是指行政事业单位所属，经国家工商行政管理机关核准设立，领取了营业执照，从事生产经营或服务活动，但不具备企业法人资格，不能独立承担民事责任的经营单位。实行独立经济核算、企业化经营的事业单位不包括在内，这类单位应当纳入企业管理范围

二、行政事业单位国有资产的构成

行政事业单位的国有资产按表现形式来划分，可以分为流动资产、固定资产、无形资产、对外投资和其他资产。

1．流动资产

流动资产，是指可以在1年以内变现或者耗用的资产，包括现金、各种存款、应收及预付款项、库存材料等。现金是指行政事业单位按照国家现金管理规定而保留的少量备用金。各种存款是指行政事业单位在国家银行的各项存款，包括预算资金存款、应缴预算收入、预算外收入、专用基金、专项基金、事业周转金和其他资金存款等。应收及预付款项是指行政事业单位的暂付款、合同预付款、借出款等。库存材料是指行政事业单位大宗购入进库并陆续耗用的物资材料，包括专用材料、燃料、消耗性物资、低值易耗品等。

2．固定资产

固定资产是指单位价值在规定标准以上，使用期限在1年以上，并且在使用过程中基本保持原有物质形态的资产，包括房屋及建筑物、一般设备、专用设备、文物和陈列品、图书、其他固定资产。一般设备单位价值在500元以上、专用设备单位价值在800元以上，为固定资产。单位价值虽未达到规定标准，但是使用时间在1年以上的大批同类物资，按固定资产管理。

固定资产这一概念包括三层含义：一是有明确的单位价值标准，一般设备单位价值在500元以上，专用设备单位价值在800元以上；二是使用年限在1年以上；三是原有的物质形态在使用过程中基本保持不变。

3．无形资产

无形资产是指行政事业单位持有的、没有实物形态、能提供某种权利的非货币性长期资产，包括著作权、土地使用权以及其他财产权利等。著作权，亦称“版权”，是作者依法对其创作的作品享有的权利，是知识产权的一种，包括以下人身权和财产权：发表权、署名权、修改权、保护作品完整权、使用权和获得报酬权。土地使用权是指土地所有权人以外的土地使用者依法对国家或者集体所有的土地享有的占有、使用、收益和依法处分的权利。

4．对外投资

对外投资，是指行政事业单位利用货币资金、实物、无形资产等向其他单位的投资，包括向所属经营单位或创办的经济实体投资，与其他企业单位联合经营、入股、合资等。行政事业单位对外投资应按规定报经国有资产管理机构批准。以实物和无形资产对外投资的，应当进行资产评估。对外投资取得的收入应当记人相关账户。

需要注意的是，行政单位国有资产不能进行长期投资。一般意义上的长期投资是指不准备在1年内变现的投资，包括长期债券投资、长期股权投资和其他投资。单位进行长期投资的目的，不仅在于获取投资收益，还在于保障本单位持久的原材料供应或产品销路，或增加附属企业的营运资金、积累具有特定用途的大笔基金，并准备长期持有。长期投资通常都不准备在短期内转让出去，作为调剂资金余缺的手段，也不仅仅在于获取投资收益，而是借助于投资的长期持有，以影响乃至控制受资企业的重大经营决策，保障本单位长期发展的需要。

5. 其他资产

其他资产，是指上述各类资产以外的其他形式的资产。

三、行政事业单位国有资产管理的目标

行政事业单位国有资产是行政事业单位履行职能，保障政权运转以及提供公共服务的物质基础，是财政管理的重要基础和有机组成部分。因此，需加快建立与国家治理体系和治理能力现代化相适应的行政事业单位资产管理体系，更好地保障行政事业单位有效运转和高效履职。新时期行政事业单位国有资产管理的主要目标为（见表6–2）：

表6–2　新时期行政事业单位国有资产管理的目标

目标	主要内容
配置科学	行政事业单位资产配置的范围符合公共财政的要求；资产配置标准科学合理；根据行政事业单位职能、资产配置标准、资产存量情况以及资产使用绩效细化资产配置预算
保障履职	充分发挥行政事业单位资产在单位履行职能方面的物质基础作用，有效保障政权运转和提供公共服务的需要
处置规范	有效遏制随意处置资产的行为，防止处置环节国有资产的流失；建立完善的资产处置交易平台和重大资产处置公示制度，引入市场机制，实现资产处置的公开化、透明化；规范资产处置收入管理
使用有效	行政事业单位资产日常管理制度完善，单位资产得到有效维护和使用；资产共享共用机制合理，实现使用效益最大化；绩效评价体系科学；对资产出租、出借和对外投资行为及其收益实现有效监管
监督到位	建立财政部门、主管部门和行政事业单位全方位、多层次的行政事业单位资产管理监督体系，以及资产配置、使用、处置等全过程的监督制约机制，单位内部监督与财务监督和审计监督相结合，事前监督与事中监督和事后监督相结合，日常监督与专项检查相结合

第二节　行政单位国有资产管理

一、主要任务

行政单位国有资产，是行政单位完成工作任务的物质基础。行政单位国有资产管理的主要任务包括：

1．建立健全规章制度

健全的规章制度是规范行政单位国有资产管理行为，使管理工作有法可依、有章可循的前提，也是管理工作系统化、规范化、法制化的重要保障。建立健全规章制度，从宏观方面来说，是要建立全国各级行政单位国有资产管理的制度框架；从微观方面来说，各主管部门和行政单位要建立健全单位内部国有资产管理的具体办法，完善国有资产管理责任制，加强内部管理和控制，以确保国有资产的安全和完整，防止资产流失。

2．合理配置、有效使用

所谓合理配置，一是要按照国家行政工作的规律和要求，保证各项工作任务有充足的资源供给，尽量避免出现结构性失衡；二是要按照物尽其用的原则，对行政单位中长期闲置不用的资产积极进行调剂，加快资产的合理流动，实现优化配置，以充分发挥资产的最大效益。所谓有效使用，就是指国有资产在使用期内充分发挥其功能，在使用过程中力求避免无计划、轻管理、不维修、提前报废、任意处理或闲置等不良现象。

3．保障国有资产的安全和完整

行政单位的职能是进行社会管理、提供公共服务，不以营利为目的，行政单位的国有资产是行政单位开展行政工作的物质保障。保障国有资产的安全和完整，防止国有资产流失，是行政单位国有资产管理工作中的一项基本任务。行政单位必须建立完整的账卡，以全面反映国有资产的存量状况；要严格管理制度，健全各项手续，明确使用责任，落实各项措施，使国有资产管理做到制度化、程序化；要建立统计报告制度，及时掌握资产的使用及增减变动情况，对管理中发现的问题，要及时解决，以确保行政单位国有资产的安全和完整。

4．国有资产的保值增值

行政单位用非经营性资产投入生产经营活动是在特殊历史条件下产生的一种行为。随着市场经济体制的建立和完善、政府职能的转变和财政改革的深入，行政单位的经营性活动将逐渐被取消。由于目前实际工作中客观上有一些行政单位还不同程度地拥有一定数量的经营性资产，这部分资产不能置于管理制度之外。财政部门和行政单位必须加强对未脱钩经济实体的国有资产的监管工作，堵塞漏洞，防止国有资产流失。

二、管理原则

1. 资产管理与预算管理相结合

行政单位国有资产绝大部分是由财政预算资金形成的，财政预算资金安排的科学性、规范性，预算安排的资金量，直接决定了不同单位之间资产配置的公平性、合理性和资产配置的数量、质量。因此，预算管理是规范和加强资产管理，通过增量来调节、控制存量的最有效手段，只有将资产管理与预算管理紧密结合起来，才能真正抓好资产管理工作。同时，资产管理工作也是预算管理的一项基础性工作，有效开展资产管理工作，及时提供准确、完整的资产统计报告、资产清查和财务管理有关数据资料，作为财政部门编制部门预算、配置资产的依据，有利于深化部门预算管理改革，科学编制预算。因此，资产管理与预算管理相结合既是加强资产管理、从源头上控制资产形成的客观需要，也是细化预算编制、提高预算编制科学性的有效手段。

2. 资产管理与财务管理相结合

在会计要素中，“资产”占有非常重要的地位。资产管理是财务管理的有机组成部分，与财务管理是不可分割的。加强财务管理工作一项非常重要的内容，就是加强资产管理。同时，加强资产管理，有效开展资产管理工作，也有利于推动财务管理工作，提高财务管理水平。如果将二者割裂开来，将会导致资产管理与财务管理脱节，形成“两张皮”，既不能真正加强资产管理，也会影响财务管理工作。因此，资产管理与财务管理相结合既是加强资产管理，促进资产合理配置、有效使用的客观需要，也是加强财务管理、规范财务行为的有效手段。

3. 实物管理与价值管理相结合

实物管理与价值管理是资产管理工作的两个方面，实物管理主要侧重于保障实物资产的安全和完整，价值管理主要侧重于账务管理。账务管理为实物管理提供了根据，实物管理是账务管理的基础。实物管理与价值管理相结合的基本要求，是账实相符、账账相符、账卡相符。因此，实物管理与价值管理相结合既是保障国有资产安全和完整的客观需要，也是加强资产的会计核算、保证账实相符的有效手段。

三、管理机构及职责

1．财政部门

各级财政部门是政府负责行政单位国有资产管理的职能部门，对行政单位国有资产实行综合管理。其主要职责是：

（1）贯彻执行国家有关国有资产管理的法律、法规和政策；

（2）根据国家国有资产管理的有关规定，制定行政单位国有资产管理的规章制度，并对执行情况进行监督检查；

（3）负责会同有关部门研究制定本级行政单位国有资产配置标准，负责资产配置事项的审批，按规定进行资产处置和产权变动事项的审批，负责组织产权界定、产权纠纷调处、资产统计报告、资产评估、资产清查等工作；

（4）负责本级行政单位出租、出借国有资产的审批，负责尚未与行政单位脱钩的经济实体的国有资产的监督管理；

（5）负责本级行政单位国有资产收益的监督、管理；对本级行政单位和下级财政部门的国有资产管理工作进行监督、检查；向本级政府和上级财政部门报告有关国有资产管理工作。

2．行政单位

行政单位对本单位占有、使用的国有资产实施具体管理。其主要职责是：

（1）根据行政单位国有资产管理的规定，负责制定本单位国有资产管理具体办法并组织实施；

（2）负责本单位国有资产的账卡管理、清查登记、统计报告及日常监督检查等工作；负责本单位国有资产的采购、验收、维修和保养等日常管理工作，保障国有资产的安全和完整；负责办理本单位国有资产的配置、处置、出租、出借等事项的报批手续；

（3）负责尚未与行政单位脱钩的经济实体的国有资产的具体监督管理工作并承担保值增值的责任；

（4）接受财政部门的指导和监督，报告本单位国有资产管理情况。

3．代理部门

财政部门根据工作需要，可以将国有资产管理的部分工作交由有关单位完成。有关单位应当完成所交给的国有资产管理工作，向财政部门负责，并报告工作的完成情况。各级财政部门和行政单位应当明确国有资产管理的机构和人员，加强行政单位国有资产管理工作。

四、国有资产配置管理

1．国有资产配置原则

行政单位国有资产配置应当遵循以下原则：

严格执行法律、法规和有关规章制度；与行政单位履行职能需要相适应；科学合理，优化资产结构；勤俭节约，从严控制。

2．按程序报批

对有规定配备标准的资产，应当按照标准进行配备；对没有规定配备标准的资产，应当从实际需要出发，从严控制，合理配备。财政部门对要求配置的资产，能通过调剂解决的，原则上不重新购置。经批准召开重大会议、举办大型活动等需要购置资产的，由会议或者活动主办单位按照有关规定程序报批。购置有规定配备标准的资产，除国家另有规定外，应当按下列程序报批：

（1）行政单位的资产管理部门会同财务部门审核资产存量，提出拟购置资产的品目、数量，测算经费额度，经单位负责人审核同意后报同级财政部门审批，并按照同级财政部门要求提交相关材料；

（2）同级财政部门根据单位资产状况对行政单位提出的资产购置项目进行审批；

（3）经同级财政部门审批同意，行政单位可以将资产购置项目列入单位年度部门预算，并在编制年度部门预算时将批复文件和相关材料一并报同级财政部门，作为审批部门预算的依据，未经批准，不得列入部门预算，也不得列入单位经费支出。

3．依法实施政府采购

行政单位购置纳入政府采购范围的资产，依法实施政府采购。资产管理部门应当对购置的资产进行验收、登记，并及时进行账务处理。合并的单位，全部资产移交接收单位或者新组建的单位。合并后多余的资产由主管部门和财政部门核准处理。

五、国有资产使用管理

国有资产使用管理的主要内容，见表6–3。

表6–3　国有资产使用管理的主要内容

项目	具体内容
建立健全使用管理制度	行政单位应当建立健全国有资产使用管理制度，规范国有资产使用行为，认真做好国有资产的使用管理工作，做到物尽其用，充分发挥国有资产的使用效益，保障国有资产的安全和完整，防止国有资产使用中的不当损失和浪费

续表

项目	具体内容
定期清查盘点	行政单位对所占有、使用的国有资产应当定期清查盘点，做到家底清楚，账、卡、实相符，防止国有资产流失。应当建立严格的国有资产管理责任制，将国有资产管理责任落实到人。除法律另有规定外，行政单位不得用国有资产对外担保，不得以任何形式用占有、使用的国有资产举办经济实体
从严审批出租、出借	行政单位拟将占有、使用的国有资产对外出租、出借的，必须事先上报同级财政部门审核批准，未经批准，不得对外出租、出借。同级财政部门应当根据实际情况对行政单位国有资产对外出租、出借事项严格控制，从严审批。行政单位出租、出借的国有资产，其所有权性质不变，仍归国家所有；所形成的收入，按照政府非税收入管理的规定，实行“收支两条线”管理
提高资产利用率	对行政单位中超标配置、低效运转或者长期闲置的国有资产，同级财政部门有权调剂使用或者处置

六、国有资产处置管理

行政单位国有资产处置，是指行政单位国有资产产权的转移及核销，包括各类国有资产的无偿转让、出售、置换、报损、报废等。

1．需处置的国有资产范围界定

行政单位需处置的国有资产包括：闲置资产；因技术原因并经过科学论证，确需报废、淘汰的资产；因单位分立、撤销、合并、改制、隶属关系改变等原因发生的产权或者使用权转移的资产；盘亏、呆账及非正常损失的资产；已超过使用年限无法使用的资产；依照国家有关规定需要进行资产处置的其他情形等。

2．严格履行审批手续

行政单位处置国有资产应当严格履行审批手续，未经批准不得处置。资产处置应当由行政单位资产管理部门会同财务部门、技术部门审核鉴定，提出意见，按审批权限报送审批。行政单位国有资产处置应当按照公开、公正、公平的原则进行。

资产的出售与置换应当采取拍卖、招投标、协议转让及国家法律、行政法规规定的其他方式进行。行政单位国有资产处置的变价收入和残值收入，按照政府非税收入管理的规定，实行“收支两条线”管理。

行政单位分立、撤销、合并、改制及隶属关系发生改变时，应当对其占有、使用的国有资产进行清查登记，编制清册，报送财政部门审核、处置，并及时办理资产转移手续。

七、资产评估和产权纠纷调处管理

1．资产评估

行政单位有下列情形之一的，应当对相关资产进行评估：

（1）行政单位取得的没有原始价格凭证的资产；

（2）拍卖、有偿转让、置换国有资产；

（3）依照国家有关规定需要进行资产评估的其他情形。行政单位国有资产评估项目实行核准制和备案制。行政单位国有资产评估工作应当委托具有资产评估资质的资产评估机构进行。进行资产评估的行政单位，应当如实提供有关情况和资料，并对所提供的情况和资料的客观性、真实性和合法性负责，不得以任何形式干预评估机构独立执业。

2．产权纠纷调处

产权纠纷是指由于财产所有权、经营权、使用权等产权归属不清而发生的争议。行政单位之间的产权纠纷，由当事人协商解决。协商不能解决的，由财政部门或者同级政府调解、裁定。行政单位与非行政单位、组织或者个人之间发生产权纠纷，由行政单位提出处理意见，并报经财政部门同意后，与对方当事人协商解决。协商不能解决的，依照司法程序处理。

八、国有资产统计报告管理

行政单位要建立资产登记档案，并严格按照财政部门的要求做出报告。

财政部门、行政单位要建立和完善资产管理信息系统，对国有资产实行动态管理。行政单位报送资产统计报告，应当做到真实、准确、及时、完整，并对国有资产占有、使用、变动、处置等情况做出文字分析说明。

财政部门与行政单位应当对国有资产实行绩效管理，监督资产使用的有效性。

财政部门应当对行政单位资产统计报告进行审核批复，必要时可以委托有关单位进行审计。经财政部门审核批复的统计报告，应当作为预算管理和资产管理的依据和基础。

财政部门可以根据工作需要，组织开展资产清查工作。可以根据国有资产统计工作的需要，开展行政单位国有资产产权登记工作。

九、国有资产监督检查管理

财政部门、行政单位及其工作人员，应当认真履行国有资产管理职责，依法维护国有资产的安全、完整。

财政部门、行政单位应当加强国有资产管理和监督，坚持单位内部监督与财政监督、审计监督、社会监督相结合，事前监督、，事中监督、事后监督相结合，日常监督与专项检查相结合。

财政部门、行政单位及其工作人员违反相关规定，擅自占有、使用、处置国有资产的，按照国家有关法律法规处理。

第三节 事业单位国有资产管理

一、国有资产管理机构及职责

各级财政部门、主管部门和事业单位应当按照有关规定，明确管理机构和人员，做好事业单位国有资产管理工作。

1．财政部门

各级财政部门是政府负责事业单位国有资产管理的职能部门，对事业单位的国有资产实施综合管理。其主要职责是：

（1）根据国家有关国有资产管理的规定，制定事业单位国有资产管理的规章制度，并组织实施和监督检查；

（2）研究制定本级事业单位实物资产配置标准和相关的费用标准，组织本级事业单位国有资产的产权登记、产权界定、产权纠纷调处、资产评估监管、资产清查和统计报告等基础管理工作；

（3）按规定权限审批本级事业单位有关资产购置、处置和利用国有资产对外投资、出租、出借和担保等事项，组织事业单位长期闲置、低效运转和超标准配置资产的调剂工作，建立事业单位国有资产整合、共享、共用机制；

（4）推进本级有条件的事业单位实现国有资产的市场化、社会化，加强事业单位转企改制工作中国有资产的监督管理；

（5）负责本级事业单位国有资产收益的监督管理；

（6）建立和完善事业单位国有资产管理信息系统，对事业单位国有资产实行动态管理；

（7）研究建立事业单位国有资产安全性、完整性和使用有效性的评价方法、评价标准和评价机制，对事业单位国有资产实行绩效管理；

（8）监督、指导本级事业单位及其主管部门、下级财政部门的国有资产管理工作。

2．主管部门

事业单位的主管部门（以下简称主管部门）负责对本部门所属事业单位的国有资产实施监督管理。其主要职责是：

（1）根据本级和上级财政部门有关国有资产管理的规定，制定本部门事业单位国有资产管理的实施办法，并组织实施和监督检查；

（2）组织本部门事业单位国有资产的清查、登记、统计汇总及日常监督检查工作；

（3）审核本部门所属事业单位利用国有资产对外投资、出租、出借和担保等事项，按规定权限审核或者审批有关资产购置、处置事项；

（4）负责本部门所属事业单位长期闲置、低效运转和超标准配置资产的调剂工作，优化事业单位国有资产配置，推动事业单位国有资产共享、共用；

（5）督促本部门所属事业单位按规定缴纳国有资产收益；

（6）组织实施对本部门所属事业单位国有资产管理和使用情况的评价考核；接受同级财政部门的监督、指导并向其报告有关事业单位国有资产管理工作。

3．事业单位

事业单位负责对本单位占有、使用的国有资产实施具体管理。其主要职责是：

（1）根据事业单位国有资产管理的有关规定，制定本单位国有资产管理的具体办法并组织实施；

（2）负责本单位资产购置、验收入库、维护保管等日常管理，负责本单位资产的账卡管理、清查登记、统计报告及日常监督检查工作；

（3）办理本单位国有资产配置、处置和对外投资、出租、出借和担保等事项的报批手续；负责本单位用于对外投资、出租、出借和担保的资产的保值增值，按照规定及时、足额缴纳国有资产收益；

（4）负责本单位存量资产的有效利用，参与大型仪器、设备等资产的共享、共用和公共研究平台建设工作；接受主管部门和同级财政部门的监督、指导并向其报告有关国有资产管理工作。

4．代理部门

财政部门根据工作需要，可以将国有资产管理的部分工作交由有关单位完成。

二、国有资产配置和使用管理

1．国有资产配置

事业单位国有资产配置是指财政部门、主管部门、事业单位等根据事业单位履行职能的需要，按照国家有关法律、法规和规章制度规定的程序，通过购置或者调剂等方式为事业单位配备资产的行为。

（1）国有资产配置的条件

事业单位国有资产配置应当符合以下条件：

1）现有资产无法满足事业单位履行职能的需要；

2）难以与其他单位共享、共用相关资产；

3）难以通过市场购买产品或者服务的方式代替资产配置，或者采取市场购买方式的成本过高。

事业单位国有资产配置应当符合规定的配置标准；没有规定配置标准的，应当从严控制，合理配置。对于事业单位长期闲置、低效运转或者超标准配置的资产，原则上由主管部门进行调剂，并报同级财政部门备案；跨部门、跨地区的资产调剂应当报同级或者共同上一级的财政部门批准。

（2）财政性资金购置

事业单位向财政部门申请用财政性资金购置规定限额以上资产的（包括事业单位申请用财政性资金举办大型会议、活动需要进行的购置），除国家另有规定外，按照下列程序报批：

1）年度部门预算编制前，事业单位资产管理部门会同财务部门审核资产存量，提出下一年度拟购置资产的品目、数量，测算经费额度，报主管部门审核；

2）主管部门根据事业单位资产存量状况和有关资产配置标准，审核、汇总事业单位资产购置计划，报同级财政部门审批；

3）同级财政部门根据主管部门的审核意见，对资产购置计划进行审批；经同级财政部门批准的资产购置计划，事业单位应当列入年度部门预算，并在上报年度部门预算时附送批复文件等相关材料，作为财政部门批复部门预算的依据。

（3）其他资金购置

事业单位向主管部门或者其他部门申请项目经费的，有关部门在下达经费前，应当将所涉及的规定限额以上的资产购置事项报同级财政部门批准。事业单位用其他资金购置规定限额以上资产的，报主管部门审批；主管部门应当将审批结果定期报同级财政部门备案。事业单位购置纳入政府采购范围的资产，应当按照国家有关政府采购的规定执行。

2．国有资产使用

事业单位国有资产的使用包括单位自用和对外投资、出租、出借、担保等方式。

（1）建立健全内部管理制度。事业单位应当建立健全资产购置、验收、保管、使用等内部管理制度。要对实物资产进行定期清查，做到账账、账卡、账实相符，加强对本单位专利权、商标权、著作权、土地使用权、非专利技术、商誉等无形资产的管理，防止无形资产流失。

（2）执行审批程序。事业单位利用国有资产对外投资、出租、出借和担保等应当进行必要的可行性论证，并提出申请，经主管部门审核同意后，报同级财政部门审批。

（3）实行专项管理。事业单位应当对本单位用于对外投资、出租和出借的资产实行专项管理，并在单位财务会计报告中对相关信息进行充分披露。

（4）财政部门和主管部门应当加强对事业单位利用国资产对外投资、出租、出借和担保等行为的风险控制。

（5）资产收入实行预算管理。事业单位对外投资收益以及利用国有资产出租、出借和担保等取得的收入应当纳入单位预算，统一核算，统一管理。

三、国有资产处置管理

事业单位国有资产处置，是指事业单位对其占有、使用的国有资产进行产权转让或者注销产权的行为。处置方式包括出售、出让、转让、对外捐赠、报废、报损以及货币性资产损失核销等。

1. 严格履行审批手续

事业单位处置国有资产，应当严格履行审批手续，未经批准不得自行处置。

事业单位占有、使用的房屋建筑物、土地和车辆的处置，货币性资产损失的核销，以及单位价值或者批量价值在规定限额以上的资产的处置，经主管部门审核后报同级财政部门审批；规定限额以下的资产的处置报主管部门审批，主管部门将审批结果定期报同级财政部门备案。

财政部门或者主管部门对事业单位国有资产处置事项的批复是财政部门重新安排事业单位有关资产配置预算项目的参考依据，是事业单位调整相关会计账目的凭证。

2. 处置收入实施预算管理

事业单位国有资产处置应当遵循公开、公正、公平的原则。事业单位出售、出让、转让、变卖资产数量较多或者价值较高的，应当通过拍卖等市场竞价方式公开处置。

事业单位国有资产处置收入属于国家所有，应当按照政府非税收入管理的规定，实行“收支两条线”管理。

四、产权登记与产权纠纷处理管理

1．国有资产产权登记

事业单位国有资产产权登记（以下简称产权登记）是国家对事业单位占有、使用的国有资产进行登记，依法确认国家对国有资产的所有权和事业单位对国有资产的占有、使用权的行为。

事业单位应当向同级财政部门或者经同级财政部门授权的主管部门（以下简称授权部门）申报、办理产权登记，并由财政部门或者授权部门核发事业单位国有资产产权登记证（以下简称产权登记证）。产权登记证是国家对事业单位国有资产享有所有权，单位享有占有、使用权的法律凭证，由财政部统一印制。事业单位办理法人年检、改制、资产处置和利用国有资产对外投资、出租、出借、担保等事项时，应当出具产权登记证。

（1）国有资产产权登记的内容

事业单位国有资产产权登记的内容主要包括：

1）单位名称、住所、负责人及成立时间；

2）单位性质、主管部门；

3）单位资产总额、国有资产总额、主要实物资产额及其使用状况、对外投资情况；

4）其他需要登记的事项。

（2）国有资产产权登记的范围

事业单位应当按照以下规定进行国有资产产权登记：

1）新设立的事业单位，办理占有产权登记；

2）发生分立、合并、部分改制，以及隶属关系、单位名称、住所和单位负责人等产权登记内容发生变化的事业单位，办理变更产权登记；

3）因依法撤销或者整体改制等原因被清算、注销的事业单位，办理注销产权登记。

各级财政部门应当在资产动态管理信息系统和变更产权登记的基础上，对事业单位国有资产产权登记实行定期检查。

2．产权纠纷调处

事业单位与其他国有单位之间发生国有资产产权纠纷的，由当事人协商解决。

协商不能解决的，可以向同级或者共同上一级财政部门申请调解或者裁定，必要时报有管辖权的人民政府处理。

事业单位与非国有单位或者个人之间发生产权纠纷的，事业单位应当提出拟处理意见，经主管部门审核并报同级财政部门批准后，与对方当事人协商解决。协商不能解决的，依照司法程序处理。

五、资产评估与资产清查管理

1．资产评估管理

（1）资产评估的范围

事业单位有下列情形之一的，应当对相关国有资产进行评估：

1）整体或者部分改制为企业；

2）以非货币性资产对外投资；

3）合并、分立、清算；

4）资产拍卖、转让、置换；

5）整体或者部分资产租赁给非国有单位；

6）确定涉讼资产价值；

7）法律、行政法规规定的其他需要进行评估的事项。

（2）不进行资产评估的范围

事业单位有下列情形之一的，可以不进行资产评估：

1）经批准事业单位整体或者部分资产无偿划转；

2）行政、事业单位下属的事业单位之间的合并、资产划转、置换和转让；

3）发生其他不影响国有资产权益的特殊产权变动行为，报经同级财政部门确认可以不进行资产评估的。

（3）资产评估机构

事业单位国有资产评估工作应当委托具有资产评估资质的评估机构进行。事业单位应当如实向资产评估机构提供有关情况和资料，并对所提供的情况和资料的客观性、真实性和合法性负责。事业单位不得以任何形式干预资产评估机构独立执业。

事业单位国有资产评估项目实行核准制和备案制。核准和备案工作按照国家有关国有资产评估项目核准和备案管理的规定执行。

2．资产清查管理

事业单位有下列情形之一的，应当进行资产清查：

（1）根据国家专项工作要求或者本级政府实际工作需要，被纳入统一组织的资产清查范围的；

（2）进行重大改革或者整体、部分改制为企业的；遭受重大自然灾害等不可抗力造成资产严重损失的；

（3）会计信息严重失真或者国有资产出现重大流失的；会计政策发生重大更改，涉及资产核算方法发生重要变化的；

（4）同级财政部门认为应当进行资产清查的其他情形。

事业单位进行资产清查，应当向主管部门提出申请，并按照规定程序报同级财政部门批准立项后组织实施，事业单位资产清查工作的内容主要包括基本情况清理、账务清理、财产清查、损益认定、资产核实和完善制度等。

六、资产信息与报告管理

事业单位应当按照国有资产管理信息化的要求，及时将资产变动信息录人管理信息系统，对本单位资产实行动态管理，并在此基础上做好国有资产统计和信息报告工作。

事业单位国有资产信息报告是事业单位财务会计报告的重要组成部分。事业单位应当按照财政部门规定的事业单位财务会计报告的格式、内容及要求，对其占有、使用的国有资产状况定期做出报告。

事业单位国有资产占有、使用状况，是主管部门、财政部门编制和安排事业单位预算的重要参考依据。各级财政部门、主管部门应当充分利用资产管理信息系统和资产信息报告，全面、动态地掌握事业单位国有资产占有、使用状况，建立和完善资产与预算有效结合的激励和约束机制。

七、国有资产监督检查管理

财政部门、主管部门、事业单位及其工作人员，应当依法维护事业单位国有资产的安全和完整，提高国有资产使用效益。财政部门、主管部门和事业单位应当建立健全科学合理的事业单位国有资产监督管理责任制，将资产监督、管理的责任落实到具体部门、单位和个人。

事业单位国有资产监督应当坚持单位内部监督与财政监督、审计监督、社会监督相结合，事前监督与事中监督、事后监督相结合，日常监督与专项检查相结合。

财政部门、主管部门、事业单位及其工作人员违反事业单位国有资产管理相关规定的，依据《财政违法行为处罚处分条例》的规定进行处罚、处理、处分。

第七章　国有资产流失查处

第一节　国有资产流失基础知识

一、国有资产流失的途径

国有资产流失的主要途径可以概括为以下几类：

1．资产评估环节发生的国有资产流失

资产评估环节发生的国有资产流失，是指在对国有资产进行评估时，不进行资产评估，或者压低评估值，造成的国有资产流失。按照《国有资产评估管理办法》的规定，国有资产占有单位发生资产拍卖、转让，企业兼并、出售、联营、股份经营，与外国公司、企业和其他经济组织或者个人开办中外合资合作经营企业，企业清算等情形，都应当进行资产评估。在资产评估环节发生的国有资产流失主要有以下几种情况（见表 7–1）：

表 7–1　在资产评估环节发生的国有资产流失

项目	主要内容
资产评估不实	提供虚假情况和资料，或者与资产评估机构串通作弊，对企业占用的国有资产不完全进行评估，或者对土地和无形资产不进行评估
不履行评估程序	只按账面价值确定国有资产价值；主观臆定国有资产价值，或者，根本不进行资产评估
行政干预不当	违背《国有资产评估管理办法》的规定，确定资产评估值的上限，或者压低评估值，使资产评估成为国有资产流失的合法形式

以上三种造成国有资产流失的情况，其行为主体包括国有资产的占有者、企业的上级部门，甚至还包括某些地方政府；其后果不仅直接造成了国有资产数量的减少，而且还使得凭借国有资产所有权应当获得的资产收益减少。

2．资产转让环节发生的国有资产流失

资产转让环节发生的国有资产流失，是指在进行国有产权转让和国有资产处置时，无偿或者低于市场价格转让造成的国有资产流失。其主要表现是：

（1）违反管理权限，不经批准，擅自转让国有产权，擅自处置企业的关键设备、成套设备、重要建筑物或无形资产，造成国有资产流失。

（2）低价出售、出让国有房产和土地使用权，造成国有资产流失。例如，将国家无偿划拨的土地擅自低价转让、出售、出租，使土地出让金和土地增值收入流失。

（3）违法处置资源性国有资产，造成国有资源性资产流失。例如，将国有资源的使用权和开发权低价或者无偿转让给集体或个人，导致国家对资源性资产的大量投入不能得到补偿，环境恶化，资源性资产流失严重。

3．承包、租赁环节发生的国有资产流失

承包、租赁环节发生的国有资产流失，是指在对企业实行承包、租赁经营时，违反规定低价发包和租赁国有资产，造成的国有资产流失。其主要表现是：

（1）在发包或者出租时，搞指定承包和租赁，不通过竞价和招标择优选择承包人或承租人。

（2）承包或租赁价格低于合理的市场价格，使承包人或承租人直接获取非法利益。

（3）国有资产保值增值指标和保证条款在承包或租赁合同中没有体现，难以实现国家所有者权益的保全。

（4）发包人或出租人对承包人或承租人有损国有资产的行为不加以制止，甚至串通瓜分国有资产。

4．股份制改组和企业重组环节发生的国有资产流失

股份制改组环节发生的国有资产流失，是指在对国有企业进行股份制改组时，违反规定，将国有资产低价折股、低价出售或者无偿分给个人，造成的国有资产流失。其主要表现是：

（1）将企业占有的国有资产以低于政策允许的价格，或者以低于市场合理价格折股，直接造成国有资产流失。

（2）将部分国有资产不进行折股，直接转入股份制企业，造成国有资产流失。

（3）将国有资产折成“企业股”,，甚至以“内部职工股”名义无偿送给个人，造成国有资产流失。

在企业重组中，不依法办理资产转移手续，或借机逃避国家债务，造成国有资

产权益损失。

5．财务管理环节发生的国有资产流失

财务管理环节发生的国有资产流失，是指在财务管理过程中，违反财务制度，非法侵占国有资产，造成的国有资产流失。其主要表现是：

（1）不提或者少提折旧、大修理费，少计成本或者挂账不摊，造成企业利润虚增或者虚盈实亏，不能真实反映国有资产状况。

（2）私设小金库、公款私存、隐瞒收益、资产不入账，为个人或少数人侵吞、蚕食国有资产提供了条件。

（3）向其他企业或者境外投资，在财务报告中不如实反映收益状况，或者不及时足额收取应得利润，造成国家所有者权益流失。

（4）行政事业单位以国有资产进行经营性活动，收入不纳入预算管理，形成账外资产，用于个人消费，使国有资产收益流失。

6．履行经营权环节发生的国有资产流失

履行经营权环节发生的国有资产流失，是指国有资产经营者在履行经营权时，滥用经营权，侵占国家所有者权益，造成的国有资产流失。其主要表现是：

（1）将固定资产折旧费、大修理费、新产品开发基金或者处置生产性固定资产所得收入，用于发放工资、奖金，或者增加集体福利。

（2）违反规定，从事高风险投机经营，造成国有资产流失。

（3）擅自为非全民所有制单位或个人提供担保，承担连带责任；违反决策程序，不履行报批手续，决策失误，造成盲目建设、无效投资，造成国有资产流失。

（4）擅自将国有资产转移到境外或者转移给集体，甚至无偿分给个人，改变了国有资产的性质。

7．权益管理环节发生的国有资产流失

权益管理环节发生的国有资产流失，是指在股份制企业和中外合资、合作企业中，对损害国有股权益和中方权益的行为不加以制止，不能有效维护国家所有者权益，造成的国有资产流失。其主要表现是：

（1）国有股持股单位对国有股同股不同权、同股不同利，对国有股不分取股利或者少分取股利，在转配股时，对国有股实行不平等待遇，变相损害国有股权益。

（2）外方投资者利用财务控制权，擅自减少中方投资额，或者否认中方投资额。

（3）外方投资者低价甚至无偿占用中方资产和流动资金。

（4）外方投资者所投入的资金不到位，或者将所投资金抽走，但仍按原比例分取利润。

（5）以高价计算技术设备的投资金额，或者在代购设备时转手加价。

（6）控制进货和销售渠道，实行高价购进原材料、低价销售产品，转移利润。

8．决策监督环节发生的国有资产流失

决策监督环节发生的国有资产流失，是指国有资产的出资者、政府有关部门和企业的监督机构，在行使出资权、监督权时，权利行使不当，造成的国有资产流失。其主要表现是：

（1）非法干预企业经营权，向企业下达不当的决定，强令企业执行，造成的国有资产流失。

（2）行使审批权、决定权时，越权审批或者决策失误，造成的国有资产流失。例如，由于决策失误形成的盲目建设和重复建设，造成的大量固定资产闲置等。

（3）越权处置企业产权或者企业的重要机器设备，造成的国有资产流失。

（4）非法干预企业的人事任免权和劳动用工权，影响企业的自主经营，间接造成的国有资产流失。

9．执法环节发生的国有资产流失

执法环节发生的国有资产流失，是指国有资产的所有者或者占有使用者对国有资产管理不力，执法不严，造成的国有资产流失。其主要表现是：

（1）缺乏有效的法制管理措施，国有企业资产（设备、器材、材料）被盗窃、哄抢，造成国有资产大量流失。

（2）有法不依，乱采滥伐，造成资源性国有资产的流失。例如，小煤矿、小铁矿干扰和破坏了国有矿山的正常生产；乱砍滥伐森林，造成森林资源的流失和生态环境的破坏等。

（3）在一些境外经营单位和机构，少数人转移和侵吞国有资产，用公款炒股票，盲目投资、贷款或提供担保，甚至携款外逃，造成国有资产流失。

（4）乱集资、乱摊派、乱收费，造成国有资产流失。例如，以过路费、维护交通秩序费、治安联防管理费、卫生费、马路清扫费等多种名目收取的资金，有相当一部分形成单位的“小金库”，造成国有资产流失。

二、国有资产流失的原因

造成国有资产流失的原因是多方面的，其基本原因主要有以下几个方面（见表7–2）：

表7-2 国有资产流失的主要原因

原因	具体内容
法人治理结构不健全	在企业内部，没有建立起科学的法人治理结构和严格的管理制度，缺乏所有权的内在约束机制，使得企业内部管理混乱，没有代表国家保障国有资产权益的责任人，国有资产所有者权益遭受损害
国有资产产权关系不明晰	国有资产产权关系不明晰，是造成国有资产流失的基本原因之一。长期以来存在的国有产权代表多元化，使得许多政府部门都代表国家行使国有资产所有权，但实际上又无人真正对国有资产承担责任，难以对国有资产行使有效的监督管理
执法体制改革滞后	国有资产流失的现象，在许多方面是由于管理不力、执法不严造成的，特别是国有资产在企业外部的流失。需要建立强有力的执法队伍，严厉打击盗窃、抢夺、破坏国有资产的不法分子，以确保国有资产所有者的权益不受侵犯
产权交易市场不健全	规范产权交易行为的法律法规及产权运营机制尚未建立，缺乏规范的产权交易中介机构和产权交易主体，产权交易行为不透明、不公开，国有资产的流动和重组没有法律保障，使得国有资产在产权交易过程中发生流失
决策程序不科学	国有资产的投资、国有企业的建立、国有产权的转让以及企业组织形式的改变，都应当履行科学的决策程序。没有科学的决策程序和科学的可行性论证，是导致决策失误、造成国有资产流失的重要原因
监督管理不力	对占有使用国有资产的企业事业单位，在财务管理、资产转让管理、权益管理等方面缺乏及时有效的监督管理，使得违反国家财政经济法律法规的现象不能得到及时的制止和纠正

第二节 国有资产流失查处机关和查处原则

一、国有资产流失查处的性质

国有资产流失查处，是代表国有资产所有者的国家机关，对国有资产的出资者、占有者、经营者和管理者违法造成的国有资产流失行为，进行调查处理的职能性工作。建立合理的国有资产流失查处体制，是有效防止和制止国有资产流失，维护国家所有者权益的根本保证。国有资产流失查处，是一项重要的行政执法工作。

1．查处的依据

国有资产流失查处的依据，主要是国家关于国有资产管理的法律法规和其他有关的财经法律法规。例如，《企业国有资产监督管理暂行条例》《国有资产评估管理办法》《中华人民共和国公司法》《中央企业资产损失责任追究暂行办法》和财务会计方面的规定等。

2．查处的权力

查处国有资产流失案件必须拥有的权力包括：

（1）监督检查权，即对国有资产流失的个案和整体情况进行调查了解的权力。

（2）行政处罚权，即对造成国有资产流失的违法人员给予行政处罚的权力。

（3）制定法规权，即会同有关部门制定防止国有资产流失的法规和规章制度的权力。

3．查处的基础

国有资产管理机构的基础管理工作，是查处国有资产流失的基本保证，国有资产流失查处是国有资产基础管理工作的进一步延伸。例如，产权登记工作可以确认产权的性质，掌握国有资产的经营状况和产权变动情况；产权界定工作可以明确产权归属，排除流失的隐患；清产核资工作可以核定国家资本金、企业财产占有量；资产评估工作可以在企业改组、改制、兼并、拍卖、合资合作过程中，有效维护国有资产所有者的合法权益。

二、国有资产管理机构的职责

国有资产管理机构是查处国有资产流失案件的主管机关，负责国有资产流失案件的综合管理工作。其主要职责应当包括：

（1）研究制定查处国有资产流失案件的政策和规章制度。

（2）汇总国有资产流失案件的查处情况，向本级人民政府报告。

（3）直接查处本级人民政府交办的国有资产流失案件。

（4）对企业国有资产的保值增值状况进行监督检查，发现国有资产流失问题，及时依法予以纠正。

（5）依照法定权限和程序处理国有资产流失案件，决定对违法人员的行政处罚。

（6）接受政府监察部门的执法监察，对查处不力、滥用职权、处罚不当或者侵犯企业合法权益的情况，承担相应的责任。

三、企业的主要职责

这里的企业指的是国务院国有资产监督管理委员会（以下简称国资委）履行出资人职责的企业及其独资或者控股子企业（以下简称子企业），其职责包括：

（1）研究制定本企业国有资产流失责任追究工作制度。

（2）负责管理权限范围内相关责任人的国有资产流失责任追究工作。

（3）指导和监督子企业资产损失责任追究工作。

（4）配合国资委开展特别重大和连续发生的重大国有资产流失责任追究工作。

（5）受理子企业处罚的相关责任人的申诉或复查申请；国资委交办的其他有关国有资产流失责任追究工作。

四、国有资产流失查处原则

国有资产管理机构在查处国有资产流失案件过程中，应当遵循以下原则：

1．客观公正、依法查处

客观公正、依法查处原则，是国有资产流失案件查处所必须遵循的基本原则。这一原则贯穿于国有资产流失查处的整个过程。

（1）立案阶段。要求仔细审查举报材料，初步核实举报情况。依据适用的法律法规，对已经造成或者将要造成国有资产流失后果的违法主体，应当考虑受理立案；对于政策界限不清、法律没有明确规定的举报，应当采取慎重的态度。

（2）调查阶段。要求客观求实，以事实为依据。正确运用调查手段和措施，全面掌握国有资产流失情况，做到事实清楚、证据确凿、定性准确。发现其他违法违纪问题时，应当向有关机关反映报告；如果发现举报失实，应当向被调查单位和被调查人说明情况，必要时应在一定范围内予以澄清；对举报人有意诬告或者证人出具伪证、假证，触犯刑律的，应当移送司法机关处理。

（3）处理阶段。要求依法处分。对造成国有资产流失的直接责任人和主管负责人员，要给予恰当的行政处分和行政处罚；对妨碍或者逃避查处，或者组织策划他人实施违法行为的，要从重处理，给予重罚。

2．重在制止和挽回损失

制止和挽回流失的国有资产，是查处国有资产流失案件的主要目的。因此，对违法行为确实存在，而国有资产流失尚未形成的，必须予以制止；对国有资产流失已经形成，但仍有挽回可能的，必须采取挽回的措施。

（1）责令流失单位或出资单位停止和纠正造成国有资产流失的行为；制止他人不法侵权行为并要求赔偿；恢复原状，收回流失的国有资产。

（2）对违反法律和行政法规，损害国家利益，采取欺诈、胁迫或者恶意串通等非法手段签订的导致国有资产流失的合同，应当依法责令流失单位或者其出资单位向人民法院或仲裁机构请求确认合同无效，或者确认合同部分无效。

（3）对本级政府主管部门或者下一级政府做出的导致国有资产流失的命令和决

定，应肖建议本级政府或下一级政府做出改变或者撤销的决定。

（4）对违法人员能够积极并及时纠正违法行为，主动挽回、减轻国有资产损失，或者积极配合查处工作、有立功表现的，应当从轻或者免于行政处分和行政处罚。

3．依靠政府、相互配合

国有资产管理机构查处国有资产流失案件，应当在同级政府的领导下进行，并且注意与监督机构的合作配合。

（1）上一级国有资产管理机构查处发生在下一级管辖范围内的国有资产流失案件，一般应当请下一级国有资产管理机构参加；调查前后应当注意与下一级政府通报情况；需要进行行政处分时，应当向下一级政府提出建议。

（2）国有资产流失案件，大部分应当交由监督机构去调查，国有资产管理机构应当给予积极的配合。国有资产管理机构直接进行查处的案件，如果案情涉及监督机构，应当请上级监督机构派人参加调查；如果案情不涉及监督机构本身，应当邀请监督机构参加；对案件的处理应当与监督机构共同研究确定。

（3）国有资产管理机构在遇到重大、复杂的国有资产流失案件时，应当与监察、审计联合查处；对监察、审计部门查处的国有资产流失案件，国有资产管理机构应当积极配合；国有资产管理机构在制定国有资产流失查处规章制度时，应当充分听取监察、审计等部门的意见。

4．廉洁自律、依法办案

办案人员廉洁自律、依法办案是调查和处理国有资产流失案件的关键。因此，办案人员应当做到以下几点（见表 7–3）：

表7–3　办案人员应注意事项

注意事项	内容
实事求是，依法办案	要深入细致地进行调查研究，客观地认识和掌握案情，准确反映事实，不能主观臆断、机械推理；依照法律法规认定违法行为的性质、行为人应负的责任，提出处理意见和建议
严守秘密，不泄露案情	对案件的来源、内容、线索和证据要保密，以保证查处工作正常进行
独立、公正办案	坚持以事实为依据，以法律为准绳。不得邀请其他人或者举报人参加调查工作；廉洁自律，不得接受任何形式的宴请、礼品，避免来自任何方面的干预和干扰
及时请示汇报	遇到重大情况和问题，应当及时请示汇报，不得擅自决定。在未得出结论之前，不得对外发表对案件的看法

第三节　国有资产流失查处的程序

一、受理

受理是指查处机关依照法律法规规定，对反映国有资产流失的线索和材料，接受并采取适当方式予以处理的活动。

1. 受理案件的来源

查处国有资产流失案件，可以从多种渠道取得线索和材料。主要的来源如下（见表7-4）：

表7-4　受理案件的来源

来源	具体内容
上级机关交办的案件	上级机关交办的案件，是指上级机关交由本级查处机关处理的国有资产流失案件的线索和材料。上级机关包括上级领导机关和本级机关所从属的政府及其领导
公民或组织检举、控告的案件	检举案件，是指公民或组织对造成国有资产流失的事实及其行为人的情况，向查处机关或其他机关揭发的案件。控告案件，是指在国有资产流失案件中，利益受到损害的人或组织，就自己受到的损害，向查处机关进行揭发、控诉的案件
违法违规者自述的案件	违法违规者自述的案件，是指在国有资产流失的案件中负有领导责任和直接责任的人员交代的线索和材料
有关机关移送的案件	有关机关移送的案件，是指与查处机关行政层次平行的其他政部门移交本部门处理的国有资产流失案件
查处机关发现的案件	查处机关发现的案件，是指国有资产管理机构在日常工作中发现的国有资产流失案件

2. 受理案件的基本条件

受理国有资产流失案件的基本条件，主要有三条：

（1）流失的资产必须是国有资产，即国有单位的资产或财产，以及公司制企业、中外合资合作企业、联营企业和集体企业中的国家所有者权益。

（2）造成国有资产流失的行为人必须是对国有资产负有责任和义务的人员。

（3）造成国有资产流失的行为必须是违法违规的行为。

上述条件必须同时具备，才可以受理。

3．受理程序

（1）及时办理。对个人举报、上级交办、有关部门转来的案件，要及时办理，不得推倭、扣压。

（2）保守秘密。对受理的案件内容和来源应当严格保密，不得向无关人员泄露。

（3）宣传教育。对待来访的举报人，工作人员应当耐心细致，宣传国家的法律法规和有关的方针政策，使举报人正确行使自己的权利。

（4）初步核实。对案件线索和举报材料进行初步核实。

（5）及时转交办理。对不属于查处机关管辖范围的问题，应当及时转交有关部门办理，或者告知举报人到有关机关反映。

二、初步核实

初步核实，是指查处机关对受理的国有资产流失案件，在立案前的初步调查核实活动。初步核实是立案前的调查，目的在于了解国有资产流失问题的真实性，为立案提供依据。

1．核实准备

（1）分析案件的线索和材料。特别要注意案件的主要人物、时间、地点、重要的情节、关键的证据、需要查证的问题、需要了解的对象、需要配合的部门。

（2）根据案情需要，选派调查人员或者成立调查组。

（3）向有关领导请示汇报，或通报情况。

2．核实步骤

（1）全面了解情况。调查人员要通过调查全面了解情况。特别要注意国有资产流失案件发生的背景和过程。

（2）找出问题的疑点和难点。

（3）核实重点问题，取得证据材料。

（4）确认调查的事实。

3．初步核实后的处理

（1）决定立案。经初步核实，发现被调查人员违法违规行为和国有资产流失后果成立，应当追究责任的，应当立即决定立案。

（2）建议处理。经初步核实，发现被调查人员违法违规行为成立，但造成的国有资产流失轻微、正在采取措施挽回或者已经挽回，不需要追究责任的，应当建议有关部门做出适当处理。

（3）其他问题的处理。经初步核实，发现反映的问题不实，应当向被调查单位说明情况，并采取以下措施：

1）如向被调查人进行过了解，或者认为有必要，应当向本人说明情况。

2）如给被调查人造成了不良影响，应当在一定的范围内予以澄清。

3）被调查人在工作中做出显著成绩的，应向有关部门和单位反映。

4）对错告的，应帮助检举人总结经验教训。

5）对蓄意诬告、陷害的，应当对诬告和陷害者做出严肃处理。

三、立案

1. 立案的条件

（1）国有资产流失事实成立。国有资产由国家所有转为非国家所有，或者国有资产遭受损毁，国家所有者权益受到了损害。

（2）违法违规行为成立。造成国有资产流失的责任人违法违规行为已经达到了应当追究责任的程度。

2. 立案的管辖

（1）一般管辖。按照“统一政策，分级管理”的原则，各级查处机关负责本级政府管辖范围内的国有资产流失案件的立案。

（2）特殊管辖。对于下级机关管辖范围内的国有资产流失问题，上级查处机关可以直接决定立案。特殊管辖的前提是：

1）上级查处机关认为有影响的重大国有资产流失问题。

2）下级查处机关不便查处或者无力查处的重大、复杂的国有资产流失案件。

3）要求上级查处机关查处的国有资产流失案件。

（3）指令管辖。上级查处机关责成下级查处机关予以立案的国有资产流失问题。指令管辖的前提是：

1）上级查处机关发现应当由下级查处机关立案而没有立案的国有资产流失问题。

2）上级查处机关经过初步核实，认为符合立案条件的国有资产流失问题。

3. 立案的审批

立案是调查和处理的基础，因此立案的审批应当慎重。立案的审批工作包括以下环节：

（1）审查初步核实的结果，确定是否符合立案的条件。

（2）在充分讨论的基础上，做出立案的决定。

（3）由查处机关的负责人签批。

四、调查

立案后的调查是初步核实基础上的正式调查。查处机关可以使用和采取法律允许的一切调查手段和措施，查清初步核实阶段没有解决的所有问题。查处机关可以使用的调查手段和措施包括：

（1）查阅、复制与案件有关的文件、资料，包括经济往来文书、财务会计凭证和账目等。要求有关单位和人员反映情况、提供材料。

（2）责令被查处单位的有关人员在规定的时间和地点，就国有资产流失问题做出解释和说明。

（3）暂予扣留、封存与案件有关的文件、资料、物品和非法所得。

（4）按照法定程序，核查与案件有直接关系的单位在银行或其他金融机构的往来账目及存款。

（5）对处于流失危险的国有资产采取临时监管措施。

（6）为查明案情，可以聘请有关单位或技术人员进行鉴定；需要审计和评估的，可以委托具有相应资格的社会中介机构组织进行审计和评估。

五、处理

处理是指查处机关对国有资产流失的直接责任人和负有领导责任的人员，直接给予行政处罚，或者建议有关机构和部门给予行政处分的行为。处理的内容包括：

（1）行政处罚应当包括警告、通报批评和罚款三种形式。

（2）查处机关应当有权建议监督机构或有关部门，给予造成国有资产流失的责任人行政处分。

（3）查处机关应当有权责令国有资产流失单位挽回损失、建议上级政府中止和废除下级政府导致国有资产流失的不当命令和决定。

（4）对查处机关做出的处罚决定，当事人不服的，可以按照《中华人民共和国行政复议法实施条例》申请复议，或者依照《中华人民共和国行政诉讼法》提起行政诉讼。

第八章　信用风险与利率风险

第一节　信用风险

一、信用风险的度量

1．信用风险的传统度量法

（1）专家制度法

专家制度法是一种最古老的信用风险分析方法，它是商业银行在长期信贷活动中所形成的一种行之有效的信用风险分析和管理制度。这种方法的最大特征就是：银行信贷的决策权是由该机构中那些经过长期训练、具有丰富经验的信贷官所掌握，并由他们做出是否贷款的决定。因此，在信贷决策过程中，信贷官的专业知识、主观判断以及某些要考虑的关键要素权重均为最重要的决定因素。此方法根据各个机构自己设置的方法对客户进行信用风险分析，可以总结为5C方法：品格（character）、资本（capitalorcash）、偿付能力（capacity）、抵押品（collateral）、经营环境条件（condition）。

抵押品主要是在授信中所采取的担保、抵押等措施，一旦收不到顾客的相关款项，便以抵押品抵补。经营环境条件指可能影响顾客或客户付款能力的经济环境，主要受到商业周期的状态的影响。

这种分析法的最大特点就在于，经验丰富的信贷人员掌握银行信贷的决策权。这会导致判断风险时主观性强，定性的因素多，主要是靠有经验的信贷决策人员的经验判断，一般来说同样的状况可能由于人的不同给出的结论也不同，难以遵循一样的准则，因此实施的效果不稳定，也无法给出企业违约率。

（2）Logit模型（多元逻辑回归模型）

多元逻辑回归模型是一个用来测度企业是否会发生财务危机问题的二元模型。该模型是为了克服线性判别模型假设过于苛刻的缺陷而建立的，模型的估计采用最大似然估计法，先选取某些财务比率来计算公司在一定时间内的破产概率，然后根据各个投资者的风险偏好程度来设定不同的警戒线。

Logit 函数可以表示为：

$$\text{Logit}P=\ln(Pi/(1-Pi)) \quad (8-1)$$

P 为违约的可能性。Martin 和 John 最早利用 Logit 模型对银行信用进行了分析，研究结果发现准确率达到 90% 以上。

（3）人工神经网络

前面所介绍的方法大都是利用统计方法的推论原理，然而人类对事情的判断并不只是依靠逻辑数量分析，绝大多数都要参考各方面的信息，包括文字的、画面的、抽象的信息，才做出最后的判断与决策。在对信用风险进行评价时，除了数量方面的客观分析外，主观的定性方面的评价也具有极为重要的分量。也就是说，各项信息在人类大脑中已经累积的知识架构下，经过复杂的接收、处理、传送等程序，才做出最后的判断与决策。这个处理过程仍像个黑箱难以掌握，需要借助一个具有右脑导向的工具来处理，而人工神经网络就是在这样的目的下所发展出来的处理工具，因为人工神经网络就是设法辨认投入资料中的隐藏关系，再凭以预测未来趋势，很像右脑的功能。

人工神经网络存在的明显缺陷是：黑箱性问题，不具有解释性，而且也没有统计理论与基础；易形成局部最优而得不到整体最优，结构确定的困难；迭代次数多、收敛慢、训练效率低等。

2. 信用风险的通用度量法

（1）度量期望信用损失

信用风险是债务人到期不能履约的风险。这里所关注的焦点是违约事件的发生以及违约的发生给债权人带来的损失。但在债务人违约前，如果债务人的信用状况恶化，那债务人违约的可能性就增加了，即使还没有违约，债权人承受的违约风险也加大了，应该得到更高的风险升水作为补偿，而这意味着其债权的贬值。因此，可以将信用风险广义地理解为债务人违约可能性的加大给债权人带来的债权贬值的风险。与传统狭义的理解不同，这一理解不是仅仅关注违约事件的发生，而且还关心债务人违约可能性的变化，尤其是违约可能性的上升，因为这会导致债权人的资产价值发生更大的损失。这里考虑的信用风险为交易对手违约或信用品质潜在变化而导致发生损失的可能性。由这种债务所形成组合的信用风险引起的损失可以表示为：

$$L_c=\sum_{i=1}^{N}b_i\times L_i=\sum_{i=1}^{N}b_i\times CE_i\times(1-f_i)\qquad(8-2)$$

式中，L_c为整个债务组合由信用风险引发的损失；债务组合的数量为N，b_i是违约概率为p_i的随机变量，如果违约发生，该变量取值为1，否则取值为0，有E（b_i）=p_i；L_j为其中第j种事件发生时的损失；CE_i为违约发生时的信用风险暴露；f_i为回收率；1-f_i为违约发生时的损失率。

假设只有 b_i，i=1，2，…，N 是随机变量，则由式 8-1 得到的信用损失的期望值为：

$$E(L_c)=\sum_{i=1}^{N}E(b_i)\times CE_i\times(1-f_i)=\sum_{i=1}^{N}p_i\times CE_i\times(1-f_i)$$

（2）度量信用损失的分布

蒙特卡洛法亦称“随机模拟方法”，有时也称作“随机抽样技术”或“统计试验方法”。它利用随机数进行统计试验，以求得的统计特征值（如均值、概率等）作为待解问题的数值解。蒙特卡洛模拟方法已经成为金融分析中不可或缺的重要方法。

利用蒙特卡罗方法模拟组合信用损失分布的一般步骤如下：

1）数据准备。通过对资产组合的分析得到相关基础数据如下：

①根据资产组合中各个债务项目的信用评级，由相关信用评级机构（如标准普尔、穆迪等）统计结果得到各个资产的违约概率值 P_i；

②根据资产组合中各个资产不同的信用级别，根据相关经验、模型或是信用评级机构的统计，得出当发生违约时的资产回收率 f_i；

③通过计算资产组合中资产间收益的相关性，在假设信用风险的发生是因为系统风险产生的条件下，得出当资产发生信用风险时，资产组合中资产违约的相关系数 Q_{ij}，于是有：

$$R=\begin{bmatrix}1;p_{12}\cdots p_{1n}\\ p_{21};1\cdots p_{2n}\\ \cdots\cdots\cdots\\ p_{n1};p_{n2}\cdots 1\end{bmatrix}$$

2）违约事件模拟。由多元正态分布的定义可以推出以下定理：

设 X=（X_1，X_2，…Xn）^{T} 为独立标准正态变量，则随机变量 Y=A^TX 服从 n 维正态分布 N（μ，Σ），其中，Σ=AA^T。

利用矩阵分解方法，产生具有相关性的多元正态随机数，模拟组合信用风险的

损失值:

①将相关系数矩阵 R 进行分解(Cholesky 分解、特征值分解、奇异值分解等),得到矩阵 A 满足 $R=AA^T$。

②计算违约分位点 z_i:$P(y_i < z_i)=p_i$。

③产生信用相关的多变量随机数:首先生成 N 个服从标准正态分布的随数;$X=(X_1, X_2, \cdots X_n)^T$,则:$Y=A^TX$ 为具有相关系数 R 的随机向量。

④通过判断,得到 N 项债务组合的违约是否发生的数量 0 ~ 1 变量:$b=(b_1, b_2, \cdots b_n)$。

$$b_i=\begin{cases}1, Y_i \le z_i\\0, Y_i \ge z_i\end{cases}$$

3)得到信用损失分布。

①通过违约事件模拟计算信用损失:

$$L_c=\sum_{i=1}^{N} b_i \times L_i=\sum_{i=1}^{N} b_i \times CE_i \times (1-f_i)$$

②重复①若干次(比如 m=10 万次),即可得到 m 个不同情景下的组合损失,将 m 个组合损失分类汇总,得到信用损失的概率分布列表,计算均值、方差等,由于分类项目较多,一般可用图形显示组合信用损失分布。

(3)度量信用 VaR

VaR 是用一种日常应用于其他领域的标准统计技术。VaR 的准确定义是指在正常的市场环境下,给定一定的时间区间和置信度水平,测度预期最大损失的方法。信用 VaR 是指在某一置信水平下的未期望信用损失。通过构造一个信用损失的分布函数 f(CL)。对于给定的置信度 c,最大信用损失就可以定义为:

$$1-c=\int_{WCL}^{\infty} f(x)dx$$

于是信用 VaR 就可以用对 ECL 的偏离程度来度量:

$$CVaR=WCL-ECL$$

CVaR 的大小应被视作防止未与其损失造成的不利影响而应该持有的经济资本金的数额。其应用在本质上不同于期望信用损失,后者是加总不同时间上的期望损失并取其现值的结果。实际上,CVaR 是对某个目标时间范围(比如说一年)内的未预期信用损失的度量,如果开始发生信用问题的话,这一期间将足够银行采取相应的纠正措施。这些纠正措施包括减少暴露头寸、调整经济资本金数额等,而采取所有这些措施需要的时间都比应对市场风险所需要的时间范围长的多。

一旦计算出信用 VaR，就可以对其进行管理了。贷款组合的管理者可以检查出对 CVaR 影响最大的项 ^ 如果这些项目的盈利性不是特别大，就应该将其从组合中排除。

组合方法还能揭示出不同类型风险间的相关程度。例如，错路项目指的是与风险暴露大小与违约概率负相关的头寸。例如，在亚洲金融危机以前，许多美国银行向亚洲公司贷出美元贷款，或与其签订等效的互换协议。许多这样进行贷款的亚洲企业实际上并没有美元收入，反过来通过将所融得的资金再投资于本国货币来进行投机活动。当亚洲货币贬值时，美国银行的头寸处于实值状况，但实际上却无法收回，因为交易对手都发生了违约。反过来，对路项目则是指风险暴露程度随着交易对手违约概率降低而增大的交易。当一项交易是交易对手的对冲交易时就是如此，例如，在该对冲交易上的损失冲抵了其实际经营的收益。

（4）组合信用风险模型

1）CreditMetrcis 模型。模型假设：债券未来市场价值和风险完全由其远期利率分布曲线决定，在模型中，唯一的变量是信用等级；信用等级是离散的，同一级别的债券具有相同的迁移矩阵和违约概率，迁移概率遵循马尔可夫过程，同时迁移概率具有稳定性，且实际违约概率等于历史违约概率；风险期限是固定的，一般为一年；不同债务人的信用等级的联合分布是用两者资产回报率联合分布来估计的，资产回报率的联合分布又用所有者权益收益率的联合分布来代替；每个信用等级对应一条零息票收益率曲线；违约的含义不仅指债务人到期没有偿还债务，还可指债务人信用等级的下降所导致的债券市场价值下跌，并且违约事件发生在债务到期时。

模型设定与参数估计：为了阐述方便，本章仅对单一债券的违约概率进行分析。假定债券持续期限为 n(用 k 表示期限），债券等级划分为 m 等（用 j 表示信用等级），且计算第一年的信用风险值。根据不同信用等级的历史违约概率和利率预期理论，计算出信用等级为 j 的债券第 k 年零利率收益率 yjk，这样就可以将债券的票息和本金折算为债券现值 P_j。其计算公式为：

$$P_j = \sum_{k=1}^{n}\left[\frac{M_{jk}}{\left(1+y_{jk}\right)^k}\right]$$

式中，M_{jk} 为债券 j 第 k 年净现金流量。

根据历史信用等级迁移概率计算出该信用等级的迁移概率 c_j，则债券第一年末的期望价值和方差分别为：

$$E(P)=\sum_{j=1}^{m}P_jc_j$$

$$\sigma_p^2=\sum_{j=1}^{m}P_j^2c_j-\left[E(P)\right]^2$$

该模型计算债责券价值的损失有两种方法：

第一，基于债券价值服从正态分布的假设。在这种情况下，信用等级为 j 的债券的预期损失就是债券现值 P_j 与债券的期望价值 E（P）的差额，再根据债券价值变化的标准差 σ_p，计算债券在置信水平为 a 下的非预期损失（UL），从而得出经济资本。其计算公式为：

$$UL=N^{-1}(a)\cdot\sigma_p$$

第二，基于债券价值的实际分布。在这种情况下，需要采用蒙特卡罗方法和 VaR 技术，即累加该债券向最差的信用等级迁移的概率，直到等于或者近似等于给定的（1–a），此时可以得到与此对应的债券价值，该值与债券的期望价值之差就是 VaR 值，即可求出该债券所需的经济资本。

信用度量术的优势：对组合价值的分布有正态分布假定下的解析方法和蒙特卡罗模拟法，在一定程度上避免了资产收益率正态性的硬性假设，可以用资产价值分布和百分位求出资产损失；对违约的概念进行了拓展，认为违约也包括债务人信用等级恶化；它是一种盯市信用风险度量模型，能考虑到债务价值的高端和低端；该模型适用范围非常广泛，包括传统的商业贷款、信用证和承付书、固定收益证券、贸易融资和应收账款等商业合同，而其高级版的信用风险度量术还能够处理掉期合同、期货合同及其他衍生产品；该模型提出了边际风险贡献的概念，很好地刻画新增一笔债券 / 贷款的风险和收益及其取舍方法。

信用度量术的劣势：大量证据表明信用等级迁移概率并不遵循马尔可夫过程，而是跨时自相关的；信用等级迁移矩阵未必是稳定的，它受到行业因素、国家因素、周期因素等影响；贷款合约与债券在担保、合约条件上有很大不同，以此评价贷款的损失有一定的困难。

2）CreditRisk+ 模型。CrediRisk+ 模型是瑞士波士顿第一银行产品部在 1997 年源于保险精算学思想开发的。

模型假设：债务 / 贷款偿还只有两种状态：违约与不违约；在债务人较多的条件下，在相同时间段内违约概率相同；在不重叠的时间段内，违约人数相互独立。

模型设定与参数估计：由于以上假设，用泊松分布可比较好满足以上假设。设：

$$\Pr(n)=\lambda^{n}e^{-\lambda}/n!$$

式中，P_r（n）为计算期内发生n个债务人违约事件的概率；K为单位时间段内平均违约人数，它服从Gamma分布，并且有$\lambda=\sum_{k=1}^{n}\Pr(k)\cdot k$。

根据泊松分布可知，n是均值为K的一个随机变量。

瑞士波士顿银行在处理模型时，将债券/贷款分为m个频段，设基础单位金额为L（例如100万元），则可以根据债务人风险暴露划为某一频段（取大于相对比例的最小整数，如435万元的频段为5），频段j的风险暴露v_j用L作单位，则有v_j=j，则在频段j内的期望违约人数为：

$$\lambda_j=EL_j/v_j=\sum_{k\in\Omega_j}EL_k/v_k$$

则频段j的资产组合分布的概率密度函数为：

$$G_j(z)=\sum_{n=0}^{x}\Pr(EL=nL)Z^{n}=\sum_{n=0}^{x}\Pr(n)Z^{nvj}=\sum_{n=0}^{\infty}\left(\lambda_j{}^{n}e^{-\lambda j}/n!\right)Z^{nvj}$$
$$=\exp\left(-\lambda_j+\lambda jZ^{vj}\right)$$
$$G(z)=\prod_{j=1}^{m}G_j(z)=\prod_{j=1}^{m}\exp\left(-\lambda_j+\lambda jz^{vj}\right)=\exp\left(-\sum_{j=1}^{m}\lambda_j+\sum_{j=1}^{m}\lambda_j z^{vj}\right)$$
$$=\exp\left(-\lambda_j+\sum_{j=1}^{m}\lambda jZ^{vj}\right)$$

损失nL的资产的概率函数为：

$$\Pr(EL=nL)=\frac{1}{n!}\frac{d^{n}G(z)}{dz^{n}},z=0,n=0,1,2,\cdots$$

有了资产损失的概率密度函数，就可以直接利用VaR方法求出债券/贷款的经济资本要求，即在一定的置信水平下，可以计算出最大可能违约数N，这样经济资本就为NL。

信用风险附加法的优势：易于求出债券/贷款及其组合的损失概率和边际风险分布；模型集中于违约分析，所需估计变量很少，只需要违约和风险暴露的分布即可；模型处理能力很强，可以处理数万个不同地区、不同部门、不同时限等的风险暴露；根据组合价值的损失分布函数可以直接计算组合的预期损失和非预期损失的值，比较简便。

信用风险附加法的劣势：只将违约风险纳入模型，没有考虑市场风险，而且认为违约风险与资本结构无关。没有考虑信用等级迁移，因而任意债权人的债务价值是固定不变的，它不依赖于债务发放人信用品质和远期利率的变化与波动。尽管违约概率受到一些随机因素的影响，但风险暴露并不受这些因素的影响。K_j 的方差并不完全相同，否则会低估违约率。不能处理非线性金融产品，如期权、外币掉期。

3）穆迪 KMW 模型。KMV 公司于 1993 年开发了违约预测模型，也称“KMV 模型”，用来估计借款企业违约概率。KMV 模型将股权视为企业资产的看涨期权，以股票的市场数据为基础，利用默顿的期权定价理论，估计企业资产的当前市值和波动率，再根据公司的负债计算出公司的违约点（为企业一年以下短期债务的价值加上未清偿长期债务账面价值的一半），然后计算借款人的违约距离（即企业距离违约点的标准差数），最后根据企业的违约距离与预期违约率（EDF）之间的对应关系，求出企业的预期违约率。其计算公式为：

$$S=c(A,\ K,\ r,\ \sigma A,\ \tau)$$

式中，S 为股票价值；A 为企业资产的市场价值；K 为银行借款，即负债价值，由所有的短期负债（一年或一年以下）价值加上所有长期债券的账面价值的一半得到；r 为短期利率；σ_A 为企业资产市值的波动性；τ 为其他相关变量。

企业股票市值的波动性 σs 与资产市值波动性 σA 之间存在着一种理论关系式，即：

$$\sigma_s=g(\sigma A)$$

这要求根据可观测变量（尤其是股票的市场价格 S 和其波动率 σ_s）来反复进行预测。

这个模型以资产的当前价值与其边界点的差额为基础计算出了预计违约频率。例如，假设 A=\$100000000，K=\$80000000，并且 σ_A 为 1000 万美元。将此对违约的差额进行标准化后就可以得到：

$$z=A-K/\sigma_A=2$$

如果我们假设有正态分布的收益，标准正态变量 z 取值低于 −2 的概率为 2.3%，因此违约频率为：

$$EDF=0.023$$

KMV 模型中的信用模型，在本质上是由债务人资产价值变动引起的。给定企业的资本结构 e，一旦设定了资产价值的随机过程，那么任何期限内的实际违约率（不论是一年还是两年等）都可以被推导出来。

穆迪 KMW 模型的优势：信息来源主要是资本市场的信息，而不仅仅是历史资料，充分考虑了市场信息，更能反映借款企业的信用情况，缓解了我国普遍存在的会计信息失真的影响；所采用的数据主要来自股票市场，数据及分析结果更直接更快捷，具有前瞻性，是一种动态的模型；以期权理论为基础，理论依据较强，预测分析的结果更准确，更能满足要求，能够反映出不断变化的预期违约率；不要求有效市场假设，市场预测效果更好，使得预期违约率敏感度更高。

穆迪 KMW 模型的劣势：假设过于简单和比较苛刻，实际生活中的企业财务结构往往很复杂，而且资产收益的分布并不满足正态分布。该模型主要适用于上市公司的信用风险评估，对于非上市公司，由于资料缺乏，预测评估比较困难，预测的准确性差。仅仅抓住了违约预测，忽视了企业信用品质的变化。该模型所推出的预期违约率与违约距离之间的函数关系主要是以美国公司的数据为基础，应用于其他国家和地区其有效性需要进一步验证，适用范围受到限制。未考虑信息不对称情况下的道德风险，在违约数据缺乏的情况下，很难将违约距离转化成实际违约率。不能应用于所有的产品，如期权、外币掉期等。模型不能够对债务的不同类型进行区分，如偿还的优先顺序、担保等类型，使得模型的计算结果不够精确。

4）组合信用观点（cpv）。1998 年，麦肯锡公司 Saunders 和 Wilson 等人利用基本动力学的原理，从宏观经济环境的角度来分析借款人的信用等级迁移，建立了信贷组合观点，也称“麦肯锡模型”。该模型是通过对 Credit Metrics 模型转移矩阵加入宏观经济因素调整而来。该模型的最大特点是考虑了当期的宏观经济环境，认为企业信用质量的变化与失业率、长期利率水平、GDP 增长等宏观经济因素变动紧密相关。该模型不以企业信用等级转移的历史数据来估计违约概率，而是以当期的经济状态为条件来计算信用等级转移概率及违约概率。该模型适合投机级别的债务人。

模型假设：信用等级在不同时期的迁移概率不是固定不变的，而受到诸如国别、经济周期、失业率、GDP 增长速度、长期利率水平、外汇汇率、政府支出、总储蓄率、产业等因素的影响；宏观经济变量服从二阶自回归过程，即 AR 过程。

模型设定与参数估计，即：

$$\mathrm{Pr}_{i,t}=1/\left(1+e^{-Y_{i,t}}\right)$$

式中，$\mathrm{Pr}_{i,t}$ 为债务人 i 在时刻 t 的有条件违约概率；$Y_{i,t}$ 为由以上 m 个因素 $F_{i,t}$ 所表示的宏观指数，即：

$$Y_{i,t} = a_{i,0} + a_{i,1}F_{i,1,t} + a_{i,2}F_{i,2,t} + \cdots + a_{i,m}F_{i,m,t} + \varepsilon_{i,t}$$

式中，$a_{i,k}$为$F_{i,k,t}$对$Y_{i,t}$的影响系数；$F_{i,k,t}$为因素k的相对指数；$\varepsilon_{i,t}$ ~ N（0, σ_i）~ $\varepsilon_{i,t}$N（0, M_ε），M_ε是因素指数协方差矩阵。由第2个假设可知：

$$F_{i,k,t} = \beta_{i,k,0} + \beta_{i,k,1}F_{i,k,t-1} + \beta_{i,k,2}F_{i,k,t-2} + e_{i,k,t}$$

式中，$e_{i,t}$ ~ N（0, σ_i），e_t ~ N（0, M_e），M_e是误差项矩阵。

设定矩阵 $E_t=[v_t e_t]^T$ ~ N(0, M)，其中，$M=\begin{bmatrix} M_{v,v}M_{v,e} \\ M_{e,v}M_{e,e} \end{bmatrix}$，$M_{v,e}$是相关系数矩阵。将矩阵 M 分解为 $M=AA^T$ 并设 Z_t ~ N（0, I），则债务人数量足够多时有：

$$M_t=A^TZ_t$$

根据历史的投资级债券的违约概率 P_t 与穆迪或者标准普尔的历史上（无条件）投资级债券的基期违约概率 P_0 的比值可以看出，比值大于 1 则说明经济膨胀，小于 1 则说明经济衰退。利用 $P_{i,t}$ 来调整 P_0，从而得到一个转换矩阵 TW：

$$TM_t = TM\left(P_{i,t}/P_0\right), TM_t = \prod_{t=1}^{T} TM\left(P_{i,t}/P_0\right)$$

由上式可以得到任何信用等级在任何时刻的向任何信用等级迁移的瞬间迁移概率和累计迁移概率。事实上，信贷组合观点是对信用度量术的延伸和深化。因为在信用度量术中，信用等级迁移的概率和累计概率是通过历史数据统计出来的，存在一定的时滞，所以，该模型在利用信用度量术的有关处理方法和 VaR 方法的基础上，可以求出债券 / 贷款及其组合的违约概率、预期损失、非预期损失和经济资本。

信贷组合观点的优势：较为充分地考虑了宏观经济环境对信用等级迁移的影响，而不是无条件地用历史上违约概率的平均值来代替；信用等级迁移概率具有盯市性，因而它与信用度量术结合起来可以提高信用风险度量的准确性；它清晰地给出了实际的离散的损失分布模型，这个损失分布依赖于子组合中信用头寸的个数和大小；它既可以适用单个债务人，也可以适用于群体债务人，如零售组合。

信贷组合观点的劣势：模型的数据依赖于一国很多宏观经济数据，因而数据处理与计算较为繁杂；不能处理非线性产品，，如期权、外币掉期。

表 8–1 比较了现代信用风险内部模型的特征分析，表 8–2 比较了信用风险内部模型数据要求。

表8-1　现代信用风险内部模型特征分析比较表

模型名称	CreditMetrics	KMV	CPV	CreditRisks
创始人	JP.Morgan	KMV	McKinsey	CSFP
依据原理与分析方法	评级历史数据统计和股权分析	期权定价原理	宏观经济因素调整与模拟	财险思想
违约状态	MM	MM	MM或DM	DM
信用事件	信用级别变化/违约	连续违约概率	信用级别变化/违约	违约
相关性结构	来自股本回报的多元模型	来自资产回报的正交多元模式	来自ARIMA和多元Logistic经济计量模型	来自使用者定义的组合子集PD概率密度与外部风险因子之间的关系
产生组合价值分布	用联合转移矩阵模拟信用状态；MonteCarlo模拟	用MonteCarlo模拟相关的资产价值	用MonteCarl。模拟经济变量并预测指数值。组合子集的PD和转移概率是预测指数值的Logit函数	组合子集PD服从于一个混合的泊松分布。混合变量是风险因子与线性函数。
结构模型或简化模型	结构模型	结构模型	简化模型	简化模型
违约驱动因素	资产价值及其波动	资产价值及其波动	宏观经济因素	预期违约率
测度的条件性	无条件测度	条件测度	条件测度	条件测度
测度的离散性或连续性	离散测度	连续测度	离散测度	连续测度

表8-2　信用风险内部模型数据要求

模型名称	数据要求
Credit Metrics	•资产特征（回报率、到期日、回收率） •资产回报率 •评级体系和转移矩阵 •远期零息债收益率曲线 •国别和产业指数以及单项资产对经济中不同部门的敞口
KMV	•资产特征 •企业资本结构 •DD和EDF之间的映射关系 •无风险利差 •国别和产业指数以及单项资产对经济中不同部门的敞口

续表

模型名称	数据要求
CPV	•宏观经济变量（如GDP增长率、利率、失业率等） •针对国别和地区的校正系数 •资产特征
CreditRisk+	•单个债务人的违约概率 •银行对单个债务人的敞口

5）统计计量法。统计计量法主要是通过对影响企业违约率相关因素的筛选，选出关键变量并建立违约预测模型的方法。该方法将发生违约企业的某些财务指标如资产负债率、流动比率等与正常企业相比存在的明显差异作为解释变量，将违约率作为被解释变量，通过统计分析来对企业违约与否做出预测。

根据作为判别标准的财务指标的多少，常用统计计量法模型可分为一元线形判定模型、多元线性判定模型、多元逻辑模型三种。

一元线形判定模型是以一项财务指标作为判别标准，来判断企业是否处于破产违约状态的预测模型。应用该方法，应首先确定作为判别标准的某项财务指标（如资产负债率），然后找出该指标违约临界值，指标变动到临界值以下，即可判断借款企业出现概念违约。该模型应用较为简单，但精度不高，难免出现以偏概全的情况。

多元线形判定模型的典型代表是 Altman 的 z-score 模型。该模型是通过对 1968 年美国破产与非破产企业的观察，以 22 个主要财务指标作为观测变量进行数理统计，最后筛选出 5 个关键财务指标作为企业违约判别标准，赋予相应权重后，并以这 5 个指标变动到相应临界值以下作为债务违约发生的判断标准。

现代信用风险管理模型均具有不同的比较优势，从而也各具有不同的适用性。Credit Metrics 和 KMV 适用于度量公司和规模较大的私人客户的信用风险；CreditRisk+ 适用于度量零售客户的信用风险；CPV 适用于度量对宏观经济因素变化敏感的投资级债务人或债务项目，如房地产贷款的信用风险。从技术上来看，在我国目前的情况下，推广使用 Credit Metrics 是更为实际的选择。

Credit Metrics 模型几乎涵盖了所有的信用产品，具有广泛的适用性。同时，由于强调信用评级的一致性和一贯性，它也是典型的可以在不同行业之间进行比较的量化方法，这对于我国金融机构目前以定性分析为主、难以进行跨行业比较的信用风险管理方法而言，无疑是一个很好的补充。

3．新《巴塞尔资本协议》与信用风险的度量

在信用风险测量方面，新《巴塞尔资本协议》推荐使用内部评级法。它有两个

版本：一是基础内部评级法；二是高级内部评级法。内部评级法提出 4 个主要参数，分别是违约概率、违约损失率、违约暴露及期限。基础内部评级法要求比较简单，银行只需计算违约概率，其余依照监管机构的指引即可，实施比较容易。高级内部评级法相对复杂得多，银行需要自行计算上述 4 项参数。此外，信用风险也取决于违约后损失，这可以用 1 减去回收率，或违约后回收比例来衡量。

（1）违约风险的衡量

违约风险可以用违约概率和违约损失率来衡量。违约概率是指未来一段时间内借款人发生违约的可能性。通常，影响违约概率的因素主要有财务因素、经营因素、行业因素、宏观经济环境因素等，并且不同的风险类别，其违约概率的影响因素不同。国际先进银行确定违约概率，一般采用定量和定性分析相结合的分析方法。

违约损失率（LGD）是指预期违约的损失占违约敞口的百分比，违约损失率与关键的交易特征有关，如是否有抵押物。违约损失率有三大类：一是市场摜失率，以违约债券或贷款的市价为依据；二是折算的损失率，是指处置及清收后，估计现金流的数据，加以折算出来；三是隐含的市场损失率，是以资产估价模型为基础，按同类未违约债券的利差与价格计算。

国际上估计 LGD 的主要方法有历史数据平均法、资产估值法和因素模型法。

1）历史数据平均法。历史数据平均法最传统，也是被大多数银行在实践中普遍采用的方法，即依据 $LGD=1-R^R$，在 R^R 历史数据基础上估计 LGD。此方法通常根据债务类型（即贷款、债券）和资质（有担保、优先无担保、次级）将 R^R 历史数据进行加权平均，计算出某一类或组合资产的 LGD 历史平均值。

历史数据平均法的缺陷在于用它测度 LGD 较为保守，没有考虑诸如信用周期、借款者对信用环境的敏感度等重要因素；同时，研究表明，贷款和债券 R^R 的概率分布一般呈双峰分布，即 R^R 的概率分布集中在 70% ~ 80% 或者 20% ~ 30% 之间，均值水平并非发生概率最大的水平。因此，使用历史平均法预测 LGD 可能会产生误差。

2）资产估值法。资产估值法是基于对债务资产在无违约状态和违约状态下价值的变化进行估计，并进而确定 LGD 的方法，主要有三种不同的 LGD 定义和估值方法。

①基于历史数据回归分析法的市场 LGD。该方法是根据违约资产的 LGD 历史数据和理论因子模型，应用统计回归分析和模拟方法建立起预测模型，然后将特定项目相关数据输入预测模型中，得出该项目的 LGD 预测值。该方法的估测结果可称为“市场 LGD”，是指在实际违约事件发生后，利用直接观察到的可上市交易的违约债

券或贷款在违约发生前后出现的市场价格差异估计的 LGD，即：

$$市场LGD = 1 - \frac{债务工具的市场价值}{违约时点得债务面值}$$

现行评级机构对 R^R 的研究大多基于此法。该法反映了投资者折现后的预期 R^R，且本金折现、利息支付损失和重组过程中的相关费用均已包含在内。

②基于清收数据贴现法的清算 LGD。不同于其他方法利用违约的历史数据或债券交易的市场数据，清收数据贴现法是将违约后清算及追偿过程中产生的各期现金流的估计值以合适的折现率折算为违约时点的现值，再与风险暴露相比，得出清算 LGD，可表示为：

$$清算LGD = 1 - \frac{\sum_{t=1}^{\tau} CF_t \left(1 + r_t\right)^{-1}}{EAD}$$

式中，CF_t 为第 t 期现金流；r_t 为折现率；T 为违约至清算终止期。

③基于市场数据隐含分析法的市场隐含 LGD。该方法从市场上尚未出现违约的正常债券或贷款的信用升水幅度中隐含的风险信息（包括 PD 和 LGD）分析得出 LGD。该方法的理论前提是市场对债券定价是有效的，能够有效及时地反映债券发行企业信用风险的变化。这种变化反映在债券的信用升水中，即具有信用风险的公司债券的收益率与没有信用风险的同期限国债收益率的差额。由于 PD 与 LGD 的乘积反映了债券的 EL，是债券信用风险的重要内容，因此，信用升水也同样反映了 PD 与 LGD。在 PD 可以通过其特定的方法估测出来的情况下，隐含在信用升水中的 LGD 也就可以求解出来。

3）因素模型法。基于此法的著名模型就是 Moody 的 Loss Calc 多元回归模型。该模型是对传统的历史数据平均法的改进，是一个动态模型。Moody 在 Loss Calc 中的建模过程分三步：即变量变换、建模和映射。该模型在对债券、贷款和优先股的 LGD 估计中，充分考虑了贷款类型、优先等级、企业资本结构、行业差异即宏观经济状况等变量因素，即：

$$Y = a + \beta_1 X_1 + \beta_2 X_2 + \beta_3 X_3 + \cdots + \beta_k X_k$$

式中，X_i 为模型的解释变量，反映上述因素；Y 作为被解释变量，是一个正态化了的 R^R。

为了得到实际 R^R 的预测值，需对模型结果进行 β 分布的逆变换，因为在做线性回归时假定 R^R 遵从 β 分布，但为了在参数估计中方便处理，将 β 分布转换为正态分布。

Moody 认为，变量之间的相关性比较弱，但都能够较好地预测 LGD。用 LossCalc 预测 LGD，相对于历史平均法的优点是：LossCalc 的 LGD 估计值的错误率能明显降低，其生成大错误的概率极低；LossCalc 与真实值的相关性更高，能更好地预测较高或较低的 R^R；LossCalc 能在同类型的工具间更好地区分。但 LossCalc 的局限性是：它是 Moody 针对美国市场开发的，其参数及数据均获自于美国，在我国的实用性还有待检验。

在用不同模型估计 LGD 时，重要的一点是对信用特征，如信用资产资质，包括优先级、抵押品和监控程度、债务人贷款规模、行业因素（对我国而言，还有所有制因素）以及经济周期等因素对 LGD 的影响进行评估并分类统计。

（2）信用风险暴露

信用风险暴露又叫“违约风险暴露”或“风险敞口”，是指由于债务人的违约所导致的可能承受风险的信贷业务的余额。所有风险暴露按扣除特别准备金后的净值计算。违约风险暴露与违约损失率一样，也取决于特定的交易。在大多数情况下，违约风险暴露等于资产的名义金额，但对于某些交易（如尚未使用的承诺），还需对违约前的继续贷款进行测算。

（3）有效期限

有效期限是指某一风险暴露的剩余经济到期日。在其他风险因素不变的前提下，期限越短，风险就越小，金融机构必须为每项风险暴露提供一个期限测量值。

（4）违约后损失

信用风险取决于违约后损失，等于 1 减回收率。信用评级机构利用违约后债券的价值来衡量回收率，这被认为是市场对未来回收率的最好估计，它考虑到了公司的资产价值、破产程序的估计成本和各种支付形式（如用权益资本向债券持有者进行偿还），并把它们折现为现值。有证据表明，回收率取决于下列一些因素：一是债务人的状况，或其偿付优先权，较低的优先权会有较低的回收率；二是经济状况，当经济处于衰退时，回收率可能比较低。

评级也可以包括违约后损失，同一个借款人也许有不同种类的债券，这些债券由于所受到的保护不同得到的评级也不一样，具有较低优先权的债务应该有一个较低的级别。统计显示，回收率的变动范围很大，回收率与违约率呈负相关关系。在债券违约较多的年份，违约后价格比平常要低，这种相关性会导致更大的损失，扩展了信用损失分布的左尾。

二、信用风险的管理

1．名义数量

信用风险最初是通过总的名义数量来衡量。用一个乘数，例如8%，乘以这一数量，就得到针对信用风险需要持有的资本储备。这种方法的问题是忽略了违约概率中的变量。

2．风险加权数量

1988年，巴塞尔委员会通过信用分级制定了一个非常粗糙的信用风险分类，提供了衡量每一名义数量的风险权重。这是推动银行根据其风险程度持有足够资本金的首次尝试。

3．内部 / 外部信用评级

（1）内部信用评级

内部评级是指金融机构使用自己的评估系统， 对客户进行评级及对风险资产进行监测的信用管理活动。信用风险是新《巴塞尔资本协议》最重要的监管对象，新协议的一个核心就是要求银行集团采用内部评级法作为信用风险计量工具。内部评级法根据数据积累情况，可分为初级法和高级法两种，初级法对数据的要求是由监管部门规定的，高级法对数据的要求是由金融机构自行提供的。一般情况下，其对客户的评级结果直接用于信贷活动，在本机构内有效。从国际经验看，只有风险管理水平高的金融机构才能使用内部评级。该方法的优势在于贷款客户数据和违约信息的易获得性。该方法的局限，一是独立性不强；二是评级方法过于简单，风险揭示不足。

（2）外部信用评级

外部评级是指社会专业资信评估公司的信用评级活动。外部评级是相对于银行来说的。一般情况下，社会专业资信评估公司在进行信用评级时，都以新《巴塞尔资本协议》为基础，决定风险权重。因此，与各具特色、各不相同的内部评级相比，外部评级的依据与标准及其结果具有通用性。外部评级的优势主要是独立性、专业性与信息来源的广泛性更强。外部评级的局限是金融机构与外部评级机构的合作意愿不强，被评级对象的覆盖面较窄，评级机构积累的数据有限，其技术方面的优势很难发挥；另外，金融机构对评级机构的评级结果使用率太低，限制了评级机构业务的推广，同时限制了评级机构违约率的计算。

4．内部债务组合信用模型

内部债务组合信用模型开始在单独分析某一类型信用风险的基础上，综合考虑组合对应的信用风险情况。

5. 信用衍生品

信用衍生品（信用工具衍生品）是将信用风险从交易的一方转移到另一方的合约，这种合约允许把信用风险从贷款和债券中剥离出来，放在不同的市场上进行交易，是防范信用相关事件风险的一种重要的方法，也是推测信用风险发生概率和损失量的一种方法。

（1）信用衍生品的优点

1）能使投资者以较低的交易成本防范信用风险。

2）有非常灵活的结构，例如，一个投资者可能拥有5年期的企业债券，但它仅关心后两年的信用风险；信用衍生品可以让投资者将这两年的风险转移出去（转移给其他投资者）。

3）衍生产品是表外工具，例如，互换不是资产也不是负债。有时，互换中的固定支出一方是净支出，有时，固定支出一方又是净收入。

根据资产负债表定义的约束，管理者为有创新能力的投资银行提供了激励，使其发明衍生品，在不使用客户资产负债表的情况下，将风险转移给他的客户。

（2）信用衍生品的缺点

1）相对缺乏流动性。因为这种衍生品不同于利率互换，参考信用没有标准化。从定义来看，信用风险本身就是极其特殊的，并且市场上存在不同的定价方法，这是由基本参数数据的缺乏造成的，如违约概率和可收回率等，由此产生的结果是，信用衍生品的公平定价相对于其他衍生品工具而言缺少一致性。

2）信用衍生品引入了一种新的风险因素——法律风险。实际上，交易各方有时候会为了某种信用事件的定义而争论不休。这种不一致在著名的债务重组和拆分事件中都曾经发生过。这也说明了为什么银行业监管者都在用警惕的眼光关注着这个市场的发展。

第二节　利率风险

一、利率风险的度量

1. 利率敏感性缺口模型

（1）利率敏感性缺口

在商业银行的利率风险管理实践中，一般将在较短期内到期或需要重新确定利率的资产和负债分别称之为“利率敏感性资产”（Rate-sensitive Assets，RSA）和“利率敏感性负债”（Rate-sensitive Liability，RSL）。利率敏感性资产和利率敏感性负债的差额，构成了利率敏感性缺口（Rate-Sensitive Gap，RSG），用公式表示如下：

$$RSG=RSA-RSL$$

由上式可以看出，利率敏感性缺口是一个绝对数指标，反映了商业银行利率风险敞口的大小，有正缺口、负缺口和零缺口三种可能。在运用利率敏感性缺口进行利率风险管理的过程中，经常需要做横向比较，以确定其缺口的大小是否合适。由于不同的商业银行规模不同，利率敏感性缺口的大小也不同，在不同的商业银行之间进行比较，只能使用利率敏感性比率指标（Rate-Sensitive Ratio，RSR），用公式表示如下：

$$RSR=RSA/RSL$$

由上式可知，利率敏感性比率是一个相对比率指标，反映了利率敏感性资产和利率敏感性负债之间的相对比率关系，有大于1、小于1和等于1三种可能。

对比上述两个公式，可以得到利率敏感性缺口与利率敏感性比率的三种对应关系：当利率敏感性缺口是正缺口时，对应利率敏感性比率值大于1；当利率敏感性缺口是负缺口时，对应利率敏感性比率值小于1；当利率敏感性缺口是零缺口时，对应利率敏感性比率值等于1。

（2）敏感性缺口分析

为了进行敏感性缺口分析，根据商业银行的资产负债结构，将考察期间分成一些更小的细分期间，然后计算在每个细分期间上的敏感性缺口（RSG），接着加总考察期内所有细分期间的敏感性缺口，得到敏感性总缺口（GRSG），再根据市场利率的变动幅度（△R），得到商业银行面临的净利息收入变化：：GRSG•△R，并据此度量银行面临的利率风险。考察期间内细分期间的长短可以根据商业银行的自身需要来确定，可按周、旬、月来划分，也可按天来划分。细分期间的长短不同，风险测量的结果也会不一样，一般而言，细分期间越短，测量的结果越准确，细分期间越长，测量的结果越粗糙。在美国，联邦储备委员会要求银行在每个季度按照以下的期限类别报送资产和负债的敏感性缺口：1天；1天至3个月；3个月至6个月；6个月至1年；1年至5年；5年以上。由于市场利率的变化不是银行可以控制的，所以为了控制利率风险，银行只能通过调整其资产与负债的规模和结构来改变其利率敏感性缺口的大小。

（3）净利息收入的变动

商业银行的净利息收入（NI）的变动直接和利率敏感性缺口相关，用公式表示如下：

$$\Delta NI=RSG \cdot \Delta R$$

上式是以利率敏感性资产和利率敏感性负债的利率等幅度变动为假设前提的。从上式可以看出，当商业银行的利率敏感性缺口为零时，利率的上升或下降都不对其净利息收入产生影响，利率风险处于“免疫”状态；当商业银行的利率敏感性缺口为正缺口时，如果利率上升，获利，如果利率下降，贝授损；当商业银行的利率敏感性缺口为负缺口时，如果利率下降，获利，如果利率上升，则受损。这几种变动关系简单总结如表 8–3 所示。

表 8–3　利率变动对商业银行净利息收入的影响

利率敏感性缺口	利率敏感性比率	利率变动	净利息收入
正缺口	>1	上升	增加
正缺口	>1	下降	减少
负缺口	<1	上升	减少
负缺口	<1	下降	增加
零缺口	=1	上升	不变
零缺口	=1	下降	不变

（4）简要评价

利率敏感性缺口模型的原理和计算都非常简单，也便于分析，因此是商业银行进行曰常性利率风险度量的重要方法。通过缺口分析，商业银行可以判断其资产负债配置的敏感性风险敞口的性质、敞口的大小以及敞口发生的时间，从而可以采取不同的风险管理策略来控制利率风险，但是这种分析方法的缺陷也是显而易见的，主要有：

1）缺口分析是一种静态的分析方法。缺口分析将商业银行的资产与负债按一定的时段予以划分，反映了该行一定时段内利率敏感性资产与利率敏感性负债之间的差额，只是一个静态的概念，它忽视了在各时段间内资金的时间价值，因而比较粗糙，精确性不高。

2）缺口分析忽视了利率的隐含期权风险。缺口分析是假定在各细分期间内考察的资产与负债均按照既定的合同来执行的。但是由于利率隐含期权的存在否定了这一假定，因而利率敏感性缺口会发生改变。

3）缺口分析是以利率敏感性资产和利率敏感性负债作为分析对象的，不能体现部分活期存款和表外项目的利率风险。因为大多数商业银行都将活期存款视为非利率敏感性负债。事实上，利率变动对活期存款有着巨大的影响，当利率上升时，活期存款往往会急剧减少，使商业银行面临利率风险。

4）缺口分析仅仅度量了市场利率变动对银行经营收入的影响，忽略了利率变动对商业银行资产与负债市场价值的影响。缺口分析采取的是账面价值核算法，按照这种方法，商业银行所购买的债券、提供的贷款以及吸收的存款等都是按它们的历史价值入账的，因而无法显示利率变动对这些资产与负债的市场价值所产生的影响。

5）缺口分析存在细分期间选择不稳定的问题。细分期间选择的不同，可能会出现不同的利率敏感性缺口状况，导致商业银行管理策略混乱，不能准确有效地进行利率风险管理。

2．久期缺口模型

（1）久期的概念

久期（Duration）的概念是由美国经济学家 Macaulay 于 1935 年首先提出，是指收回债券投资平均需要等待的时间。和到期期限相比，久期考虑了每笔现金流的不同时间问题，因此可以更准确地测量资产和负债的利率敏感度。为了得到久期的一般公式，假定债券持有者在时刻 t 收到利息 C_t，连续复利的收益率为 y，根据债券的定价原理，可以得到债券的价格 B：

$$B=\sum_{t=1}^{n}c_t\cdot e^{-yt}$$

债券久期 D 的定义如下：

$$D=\sum_{t=1}^{n}\frac{c_t\cdot e^{-yt}}{\Sigma c_t e^{-yt}}\cdot t=\frac{\Sigma_{t=1}^{n}t\cdot c_t e^{-yt}}{B}$$

根据式 $B=\sum_{t=1}^{n}c_t\cdot e^{-yt}$ 两边对 y 求导，可得：

$$\frac{\partial B}{\partial y}=-\sum_{t=1}^{n}c_t\cdot t\cdot e^{-yt}$$

联合式上述两式，可得：

$$\frac{\partial B}{\partial y}=-B\cdot D$$

把式 $\frac{\partial B}{\partial y}=-B\cdot D$ 改写成 $\frac{\partial B}{B}=-\partial y\cdot D$，其微分形式为：

$$\frac{\Delta B}{B}=-D\cdot\Delta y$$

上式表明，债券价格变化的百分比等于债券的久期乘于收益率的变化量。久期反映了价格变动对收益率变动的敏感程度，即久期就是债券价格的利率弹性。因此，我们可以用久期度量利率风险的大小，即久期越大，单位利率变动引起的债券价格变动就越大，利率风险也就越大；反之亦然。

（2）凸度（Convexity）的概念

久期可以看作债券价格对利率小幅度波动敏感性的一阶估计，但是这种估计是有偏差的，而凸度是对债券价格的利率敏感性的二阶估计，它对久期估计的误差进行了有效的校正。因为债券的收益率曲线的形状是凸形的，其斜率是不断变化的，凸度测度的正是斜率变化率。凸度可以通过计算债券价格对利率的二阶导数再除以债券的价格得到。

由式 $\frac{\partial B}{\partial y}=-\sum_{t=1}^{n}c_t\cdot t\cdot e^{-yt}$ 两边对 y 求导，可得：

$$\frac{\partial^2 B}{\partial y^2}=\sum_{t=1}^{n}c_t\cdot t^2\cdot e^{-y,t}$$

凸度（T_d）的定义如下：

$$T_d=\frac{\partial^2 B}{\partial y^2}\cdot\frac{1}{B}=\frac{1}{B}\cdot\sum_{t=1}^{n}C_t\cdot t^2\cdot e^{-y,t}$$

联合上述两式，可得：

$$\frac{\partial^2 B}{\partial y^2}=T_d\cdot B$$

由式 $T_d=\frac{\partial^2 B}{\partial y^2}\cdot\frac{1}{B}=\frac{1}{B}\cdot\sum_{t=1}^{n}C_t\cdot t^2\cdot e^{-y,t}$ 可以看出凸度具有下面几个特点：如果其他条件相同，则通常距到期日越长，凸度越大；给定收益率和久期，票面利率越低，凸度越大；当利率下降时，凸度增加，反之亦然。

为了衡量凸度在债券价格变动中的作用，根据泰勒二级展开式可得：

$$\partial B=\frac{\partial B}{\partial y}\cdot\partial y+\frac{\partial^2 B}{2\partial y^2}\cdot(\partial y)^2$$

把上述式子整理可得：

$$\frac{\partial B}{B}\approx -D\cdot\partial y+0.5T_d\cdot(\partial y)^2$$

写成微分形式为：

$$\frac{\Delta B}{B} \approx -D \cdot \Delta y + 0.5T_d \cdot (\Delta y)^2$$

根据上式，债券价格总的百分比变化既受到久期的影响，还受到凸度的影响，利用久期和凸度共同估计债券价格波动会更准确。

（3）久期缺口管理

久期缺口管理的目的就是试图构造久期零缺口，使得利率变动对银行资产价值和负债价值的影响相互抵消，从而保持银行净值不变。其具体做法是，先计算出银行每笔资产和负债各自的久期，然后以每笔资产或负债的价值占总资产（A）或总负债（L）价值的比重为权重，计算出银行总资产和总负债的加权平均久期，分别以 D_A 和 D_L 表示，则银行的资产负债的久期缺口 D_G 可用如下公式表示：

$$D_G = D_A - \mu \cdot D_L$$

式中，$\mu = \frac{L}{A} < 1$，因为负债总是小于资产。

一家银行的净值（NV）等于其资产价值减去负债价值，即 NV=A–L，那么随着市场利率（i）的变动，银行的资产和负债价值相应变动，从而使银行净值也发生变动，即：

$$\Delta NV = \Delta A - \Delta L$$

由久期公式可得：

$$\frac{\Delta A}{A} = -D_A \cdot \Delta i$$

$$\frac{\Delta L}{L} = -D_L \cdot \Delta i$$

因此，$\Delta NV = -\Delta i \cdot A \cdot \left(D_A - \frac{L}{A} \cdot D_L \right)$，净资产的任何变动可以用久期缺口表示为：

$$\Delta NV = -D_G \cdot A \cdot \Delta i$$

根据上式，商业银行净值受到久期缺口、银行资产和利率变动幅度三个因素的影响，由于利率的变动对于银行来说是不可控的，银行资产总是大于零，因此使银行市值不受利率影响的唯一办法就是让久期缺口等于零。这正是久期缺口对银行利率风险管理的意义之所在。如果久期缺口为正值，银行的净值和利率的变动方向相反；如果久期缺口为负值，银行的净值和利率的变动方向相同；如果久期缺口为零，银行的净值和利率的变动无关。

（4）简要评价

久期缺口管理除了具有简单、直观、易操作的优点外，相对利率敏感性缺口管理更为精确，并从长期角度分析了利率变化对银行市场价值的影响；久期分析能与银行业务发展紧密联系，将许多银行业务综合计量，通过银行资产负债在数量、期限以及地区之间进行匹配来规避利率风险，从而具有管理上的优势。然而，久期缺口管理也存在缺陷，主要有：

1）久期缺口模型在强调对利率变化长期影响（银行市场价值）的同时，忽略了短期影响（利差收入）。同时，久期缺口作为一个静态指标，假定当前资产负债表在考核期间不发生任何变化，未能考虑隐含期权（如客户提前还款）和资产负债表动态变化情况。

2）久期本身是随着利率变动而变化的，由此导致久期漂移，一旦利率变化，银行就必须重新调整久期缺口。但是，资产与负债利率的变动往往无法同步进行，久期缺口无法迅速调整，具有一定滞后性。此外，久期缺口调整是有成本的，有时候调整后产生的收益还不足以弥补调整成本。

3）久期缺口模型基于许多主观的预测，而事实上准确预测利率的难度很大。对提前提款概率等假设也具有很大主观性，这直接影响到久期缺口管理的准确性和有效性。

4）久期缺口模型没有考虑凸度问题。债券价格的变换不仅受到久期的影响，也受到凸度的影响，如果利率变化较大，只用久期分析利率风险可能导致重大的误差，由此采取的主动管理策略会产生严重的后果。

3．VaR 模型

（1）VaR 的基本原理

1）VaR 的概念。VaR 即“Value at Risk”，意思是“在险价值”，是指在分析期间内某项金融资产或证券组合在一定的置信水平下预期发生的最大可能损失值。用公式表示为：$\text{prob}(\Delta p > VaR) = 1 - c$

式中，Δp 为资产在分析期内的实际损失；VaR 为在一定置信水平下预期发生的最大可能损失值；c 为置信水平。

2）VaR 的数学描述。根据比较基准的不同，VaR 可分为均值 VaR 和零值 VaR。零值 VaR 度量的是资产价值的绝对损失，它是以初始价值为基准来度量风险。而均值 VaR 度量的是资产价值的相对损失，它是以均值作为基准来度量风险。模型使用者可根据自己对资产价值的绝对损失或相对损失的关注，来最终决定选用均值 VaR

或者零值 VaR。

为了计算某一投资组合中的 VaR，定义 W_0 为初始投资额；R 为投资期间的投资收益率为期末资产组合的价值；且 $W=W_0(1+R)$，R 和 W 都是随机变量。假设 R 的均值为 μ，方差为 W，置信水平为 σ^2，资产组合在置信水平 c 的最小价值为 $W^*=W_0(1+R^*)$。此时，均值 VaR 和零值 VaR 可分别表示如下：

$$均值VaR=E(W)-W^*=-W_0(R^*-\mu)$$

$$零值VaR=W_0-W^*=-W_0R^*$$

可以看出，找到既定置信水平下投资组合的最小价值 W^* 或相应的投资收益率 R^*，即可求出 VaR 值。

如果风险因子的分布假定属于参数分布类，如正态分布，则 VaR 的计算可得到简化。假设资产组合价值 W 服从概率分布 f（W），则 c 和 W^* 之间的关系如下所示：

$$c=\int_{W^*}^{\infty} f(W)dw$$

若 f（W）为正态分布，可将 f（W）转换为标准正态分布 Φ（ε）。式中，ε 为零和单位标准差。我们有 $W^*=W_0(i+R^*)$，进一步以 R^* 表示标准正态偏差 a（a>0），则有：

$$-a=\frac{-\left|R^*\right|-\mu}{\sigma}$$

则相当于有：

$$1-c=\int_{-\infty}^{W^*} \mathrm{f}(\mathrm{W})dw=\int_{-\infty}^{-a}\Phi(\varepsilon)d\varepsilon$$

从而在给定置信水平的条件下，可以根据累积标准正态分布函数求 a，再根据 $R^*=a\sigma+\mu$，可求 VaR 值：

均值 $VaR=-W0(R^*-\mu)=W_0\cdot a\cdot \sigma\cdot \sqrt{\Delta t}$

零值 $VaR=-W0.R^*=W_0(a\cdot\sigma\cdot\sqrt{\Delta t}-a\cdot\Delta t)$

此处可假设参数 μ 和 a 都以年为基础，△t 表示分析期限。

3）置信水平和持有期的设定。从上一小节的内容可以看出，VaR 的值与持有期和置信水平两个因素有关。

持有期的长短，主要取决于其资产组合的特性，如果资产组合变动频繁，应使持有期较短，反之，应该延长持有期。在西方发达国家，商业银行因资产组合变动频繁，从而每天都会公布 VaR 值；而养老基金则由于其资产组合较为稳定，而以一个月为其 VaR 的持有期。持有期短，管理者就能及时地发现风险并采取相应的措施对其进行防范或处理。然而，持有期短，却意味着管理者要付出较高的监管成本，且由于要对投资组合进行频繁操作，也会增加交易成本。因此，风险管理者对持有期的设置应当使频繁监督的高成本与较早察觉到潜在问题而获得的好处两者之间达到平衡。

置信水平反映了投资组合在持有期限内将可能的损失控制在 VaR 值以内的概率。置信水平越高，意味着投资组合的损失超出 VaR 的可能性越小，反之，可能性越大。首先，置信水平的选择和设置首先需考虑历史数据的可得性和充分性，因为在实际应用中，我们常要以历史数据为基础来计算 VaR。其次，置信水平的高低，可以视模型的用途而定。如果 VaR 模型纯粹是作为银行内部进行风险度量或不同市场风险的比较，置信水平选取就并不关键。但如果 VaR 值是被用来评估一种资本缓冲区，如商业银行要保持充足的风险资本时，则应慎重选择置信水平。

（2）VaR 的衡量方法

在风险管理的实践中，若用 VaR 方法来衡量市场风险，要求能够在合理的成本下，准确地计算风险的 VaR 值。因此，风险管理者在运用具体的方法衡量某项投资组合的 VaR 时，就要同时考虑到成本和准确度两个因素，在成本和准确度中找到平衡点。

VaR 的估计方法主要可以分为两大类：参数法和非参数法。参数法要求已知或假设资产收益率服从某一特定分布（一般是正态分布），并依据此概率分布最终推导出 VaR 值。而非参数法则不必假设资产收益率的概率分布，一般包括历史模拟法（Historical Simulation）和蒙特卡罗模拟法（Montel Carlo Simulation）。

1）参数法。参数法假设风险因子服从某一特定分布（一般是正态分布），并基于资产收益率的历史时间序列所得出的期望、方差、相关系数等，计算出一定置信水平下的分位数，依据资产价值与风险因子之间的关系，推导出 VaR 值。资产价值与风险因子之间的关系一般是线性的，但有时也可以是非线性的。根据二者之间不同的函数关系，可以得到不同的模型，如组合正态模型、资产正态模型、德尔塔正态模型等。

①组合正态模型。组合正态模型直接从整个投资组合的资产收益率来计算风险值，根据正态性假设，组合风险值可以如下表示：

$$VaR=W_0 \cdot a \cdot \sigma$$

式中，a 为给定置信水平对应的分位数；σ 为投资组合资产收益率的标准差；W_0 为组合头寸的初始价值。

因此，用组合正态模型来求 VaR，就转化为求出投资组合收益的标准差，非常简易方便。

②资产正态模型。资产正态模型假设组合内有 n 种资产，各种资产的权重为 w，此处 w 为一个 n 维列向量，设 Σ 为各资产之间的协方差矩阵。则该组合收益的标准差为：$\sigma_p=\sqrt{w^T\cdot\Sigma w}$，并假设各种资产的收益服从联合正态分布。类似于组合正态模型，资产正态模型下组合的风险值仍可表示为：

$$VaR=W_0\cdot a\cdot\sigma p$$

③德尔塔（Delta）正态模型。Delta 正态模型通常适合用来衡量期权等非线性金融资产的风险。该模型假设投资组合的价值取决于单一的基础风险因子，如期权的价值由基础资产的价格来决定。期权资产的初始价值为：$V_O=V(S_。)$。定义△。为当前期权资产 V_O 对 S 的一阶偏导数，即有：

$$dV=\frac{\partial V}{\partial S}|_0\,dS=\Delta_O dS$$

由上式可知，期权资产的变化与基础资产的变化成线性关系。因此，若 S 服从正态分布，期权资产的 VaR 值即可用其基础资产的 VaR 值来线性表示，即：

$$VaR=|V_0|VaR_S=|V_0|a\cdot\sigma\cdot S_0$$

类似地，对于固定收益类的投资组合，假设资产组合的价值由风险因子收益率决定，并有 $dW=-D^*\cdot W\cdot dy$，D^* 为修正久期，同时假设 y 服从正态分布。贝 IJ 投资组合的 VaR 如下式所示：

$$VaR=(D^*\cdot V)\cdot a\cdot\sigma$$

传统的参数法都是假设风险因子是同方差的,，且服从正态分布。而大多数金融时间序列的收益率并不服从正态分布，并具有尖峰厚尾的特点，若通过传统的参数法来计算 VaR 有可能会低估实际的风险。因此，国外的学者 Danielesson（1997），DavidLi（1999）先后提出了厚尾模型（Heavy Tail Model）。

2）非参数法。与参数法不同，非参数法不需要对风险因子的概率分布作出假定。常用的非参数法有历史模拟法和蒙特卡罗模拟法。

①历史模拟法。历史模拟法假设投资组合未来的收益率的走势符合历史规律，即未来的收益率会服从历史的频率分布。在这个基本假设下，计算收益率的 VaR 值就变得非常简单，只需要三个步骤：第一步是将收益率的样本数据由小到大进行排序：第二步是用样本总数乘以左尾概率并且取整；第三步是根据第二步所得结果在经排序的收益率数列中找到相应位置的收益率，即为历史模拟法下的 VaR 值。

历史模拟法的优点在于不用估计协方差矩阵，运用起来简单明了，而且还不需要对投资组合的风险因子的概率分布做出任何假设，不用估计模型参数，避免了模型风险。

但是历史模拟法假设历史数据能代表短期的未来，这也造成了它的不足：第一，当未来收益率的分布与历史数据的分布有较大差距时，所计算出来的 VaR 值会不准确；第二，样本数大小的选取会影响 VaR 值的估计。样本数过少，会使 VaR 产生误差；样本数过多，可能会引进不相关的观察值。

②蒙特卡罗模拟法。与历史模拟法一样，蒙特卡罗模拟法也是一种全面估值的方法，比历史模拟法更为精确可靠。蒙特卡罗模拟法无需对分布做出假设，而是由历史数据中计算出模型参数，再利用计算机产生伪随机数，模拟风险因子的分布，从而求出风险价值。

蒙特卡罗模拟法的基本步骤如下：第一步，选择模型的风险因子；第二步，根据风险因子的历史数据估计出模型参数；第三步，利用计算机产生伪随机变量，模拟风险因子的未来分布；第四步，根据模拟分布及置信度水平求出 VaR 值。

蒙特卡罗模拟法是计算 VaR 最有效的方法，能广泛度量包括非线性价格风险、波动风险在内的各种风险，而且还考虑了波动的时间变化、厚尾问题及大幅波动等因素的影响。因此，蒙特卡罗模拟法所求的 VaR 值往往更可靠。然而，蒙特卡罗模拟法亦存在一些缺陷：首先，该方法计算复杂，特别是在投资组合中资产的类别较多时，估计数的数目将变得非常庞大。其次，蒙特卡罗模拟还容易产生模型风险，由于资产价值除了受风险因子的影响外，还可能受到一些模型以外因素的影响，这些因素的存在使得模型存在错误估计的可能性。

（3）VaR 模型的验证

一个有效的 VaR 模型必须能够准确地预测风险，即能准确地对损失做出估计。因此，在运用 VaR 模型来度量风险时，我们首先应该对模型进行验证。模型验证常用的方法有压力测试、模型回测及情景分析等。其中，模型回测是最常用的检验方法。

1）压力测试。压力测试（Stress Testing）是指将整个金融机构或资产组合置于某一特定的极端市场情况下，然后测试该金融机构或资产组合在这些关键市场变量突变压力下的表现关系，看是否经受得起这种市场的突变。显然，压力测试是对 VaR 方法的有力补充^压力测试应与其他计量方法相结合，尤其是与 VaR 方法相结合，而不是替代 VaR。

2）模型回测。模型回测是指用来检测实际失效比率与预期失效比率是否一致的有效的统计方法，例如，已知置信水平为95%的VaR值，我们需要衡量该VaR模型的实际失效比率与预期的失效比率（5%）的偏离程度。当实际损失大于VaR（即一定置信水平下预期的最大损失值）时，可称模型对风险的估计失败。估计失败天数除以实际考察总天数，即为实际失效比率。当实际失效比率过多地高于预期失效比率时，该VaR模型就不能有效地覆盖风险，金融机构面临的实际风险会大于预期，从而对金融机构经营的安全性带来威胁。然而，当实际失效比率严重地低于预期的失效比率时，虽然金融机构能够有效地防范风险，但是同时也使其过高地估计了风险，并预留了过多的风险资本，从而在一定程度上会影响了金融机构的盈利。因此，模型回测对于VaR在金融风险度量中的应用是必不可少的。

（4）简要评价

1）VaR的优点：

① VaR可度量不同市场因子、不同金融工具构成的复杂证券组合和不同业务部门的市场风险暴露。

②由于VaR提供了一个统一的方法来测量风险，因此为管理层比较不同业务部门的风险暴露大小、基于风险调整的绩效评估本配置、风险限额设置等提供了一个简单可行的方法。

③ VaR概念简理解容易，给出了一定置信水平下、特定时间内，证券组合的最大损失，较适宜与股东、外界沟通其风险状况；VaR充分考虑了不同资产价格之间的相关性，这可以体现出投资组合分散化对降低风险的贡献。

④特别适合监管部门的风险监管。

2）VaR的缺点：

①存在模型风险，使用VaR模型可以采用Delta正态分布法、历史模拟法、蒙特卡罗模拟法等不同方法而得到资产收益的不同概率分布，其结果是同样的资产组合得到不同的VaR值，导致其可靠性降低。

② VaR是在特定的假设条件下进行的，如数据分布的正态性等，有时这些假定与现实不符。由于VaR对数据的严格要求，决定了其对于交易频繁、市场价格容易获取的金融工具的风险计量效用较显著，而对于缺乏流动性的资产，如银行贷款等，其计量能力受到很大局限。

③ VaR只是市场处于正常变动下市场风险的有效测量，它不能处理金融市场处于极端价格变动的情形，如股市崩盘等。

④ VaR作为当前商业银行市场风险管理的标准模式存在的另一个问题在于，在VaR管理体系下，受到重视的只是概率因素，然而在完整的风险管理概念下，必然

涉及风险管理者的风险偏好和风险价格因素，这样才能达到风险管理上客观量的计量与主体偏好的均衡最优。理论上讲，这些缺陷的根源不在 VaR 自身，而在于其所依据的统计方法。

二、利率风险的管理

1．利率免疫

免疫是重要的利率风险管理工具，它可以定义为保护债券组合或资产负债的净现值不受利率变化的影响。上一节我们介绍了风险度量的久期缺口模型，免疫就是通过久期和凸性等风险测度来控制利率风险的。一般地说，这些计量工具能够捕捉资产收益对一个或多个利率因素变化的反应，而这些因素的具体形式取决于收益率变化的方式或者期限结构的形式。

对于债券投资者而言，购买债券后若利率发生变化，将面临两类风险：一是价格风险，即债券因利率变化而产生的价格波动风险；二是再投资风险，即未来获得债券息票将面临不同于当前收益率的投资环境。利率变动对这两种风险的作用效果是相反的。当利率上升时，债券价格下跌，而息票再投资收益率提高；反之，则情形刚好相反。要实现债券对利率变动的免疫，就要使价格风险和再投资风险相互抵消，可以通过构造一个久期等于持有期的债券组合实现这个目的。

案例分析：

利率免疫的基本原理

假设某投资者计划在 5 年期末偿还债务 1469.36 元，为此她购买了一个面值为 1000 元，票面利率为 8% 的 5 年期债券。如果市场利率保持为 8%，那么，利息再投资所得为 80（$1.08^4+1.08^3+1.08^2+1.08$）=389.36 元，第 5 年的本息和 1080 元，所以总的投资所得是：1080+469.36 资收益率为 $\left(\frac{1469.36}{1000}\right)^{1/5}-1=8\%$；当市场利 389.6=1469.36 元，投资收益率为 8% 率为 6% 时，利息再投资所得为 80（1.064+1.063+1.062+1.06）=370.96 元，第 5 年的本息和 1080 元，所以总的投资所得是 1080+389.6=1450.96 元，投资收益率为 $\left(\frac{1469.96}{1000}\right)^{1/5}-1=7.73\%$，可见，如果没有采取措施，投资者将会因为承受利率风险而带来损失。

现在假设该投资者购买的是一个 6 年期的面值为 1000 元，息票利率为 8%，久期在市场利率为 8% 时等于 4.99 年的债券。如果在投资初期市场利率下跌为 6%，那么，第 5 年末投资者的利息再投资所得为 80（$1.06^4+1.06^3+1.06^2+1.06$）=370.96

元，第 6 年的本息和 1080 元，债券还有一年到期，所以现价即第 5 年末的价格是 $\frac{1080}{1+0.06}$=1019 元，所以到第 5 年末的总投资所得为 1019+80+370.96=1469.96 元，投资收益率为 $\left(\frac{1469.96}{1000}\right)^{1/5}-1=8\%$。

可见，免疫策略利用价格风险与再投资风险相互抵消的特点，保护投资者不受损失。

2．利用金融衍生品进行利率风险管理

（1）远期利率协议

远期利率协议（Forward Rate Agreements，FRA）是买卖双方同意从未来某一商定的时期开始在某一特定时期内按协议利率借贷一笔数额确定、以具体货币表示的名义本金的协议。远期利率协议的买方是名义借款人，签订远期利率协议的目的是为了规避利率上升的风险。远期利率协议的卖方则是名义贷款人，签订远期利率协议的目的则是为了规避利率下降的风险。

用远期利率协议对利率风险进行套期保值的基本原理是：利率敏感性资产多于利率敏感性负债（即持有正缺口）的商业银行，为规避利率下跌给商业银行可能带来的损失，可卖出远期利率协议，以保证即使将来利率下跌，商业银行利率敏感性资产扣除负债后的净额仍能以协议利率取得收益；相反，利率敏感性资产少于利率敏感性负债（即持有负缺口）的商业银行，为规避利率上升给商业银行可能带来的损失，可买入远期利率协议，以保证即使将来利率上升，商业银行利率敏感性负债扣除资产后的净额按协议利率锁定负债成本。

假定一家美国银行准备在 3 个月以后给一个客户贷款 500 万美元，期限 6 个月。客户要求银行立即确认贷款利率，当时 6 个月期的 LIBOR 利率为 8.25%。银行于是向某个 FRA 交易商询问“3x9”的 FRA 报价，交易商报价 8.32%。银行认为该价格可以接受，并向其客户报价 8.82%。这样，无论未来利率上升还是下降，只要客户与 FRA 交易商都不违约，银行发放贷款与购买 FRA 两笔交易保证银行能够获得 50 个基本点的利润，在贷款结束时的价值为（8.82%−8.32%）×5000000×182/360=12639 美元。

（2）利率期货

利率期货是买卖双方在期货市场上约定时间，以约定的价格和数量买卖利率产品的合约，品种包括国债期货、商业票据期货合约、定期存单期货和房屋抵押债券期货等。

商业银行用利率期货对利率风险进行套期保值的基本原理是：商业银行通过持有与利率敏感性缺口相反的期货头寸来达到消除利率风险的目的。例如，如果商业银行利率敏感性缺口为正值，为规避市场利率下跌可能带来的损失，商业银行可以在期货市场上做多头交易进行套期保值。如果未来利率下跌，由于利率期货的价格走向和利率变动方向相反，利率期货价格将上升，期货市场的收益将弥补现货市场的损失，商业银行的利率风险也因此消除。相反，如果商业银行利率敏感性缺口为负值，为规避市场利率上升可能带来的损失，商业银行可以在期货市场上做空头交易进行套期保值。

（3）利率互换

利率互换（Interest Rate Swaps）是指双方同意在未来的一定期限内根据同种货币的同样的名义本金交换现金流，其中一方的现金流根据浮动利率计算出来，而另一方的现金流根据固定利率计算。互换的期限通常在 2 年以上，有时甚至在 15 年以上。双方进行利率互换的主要原因是双方在固定利率和浮动利率市场上具有比较优势。商业银行用利率互换对利率风险进行套期保值有两种模式：一种是利用利率互换来消除商业银行资产负债的利率特征差异；另一种模式是通过利率互换对利率敏感性缺口头寸进行套期保值。

1）利用利率互换来消除资产负债的利率特征差异。具体来讲，用固定利率负债支撑浮动利率资产的商业银行，可通过利率互换将浮动利率资产转变为固定利率资产，也可以通过利率互换将固定利率负债转变为与资产利率相对应的浮动利率负债。

假设 B 银行借入了一笔 3 年期的本金为 10 亿美元（与互换的名义本金相同），利率为 LIBOR+0.8% 的浮动利率借款。B 银行可以运用图 8-1 这笔利率互换，将该笔浮动利率借款转换成固逄利率借款，分析如下：在签订了这笔互换合约以后，B 公司面临三个利息现金流：①支付 LIBOR+0.8% 给贷款人；②根据互换收入 LIBOR；③根据互换支付 5%。这样 B 公司的利息净现金流变成了支付 5.8% 的固定利率。因此运用互换 B 公司可以将一笔利率为 LIBOR+0.8% 的浮动利率负债转换成利率为 5.8% 的固定利率负债。

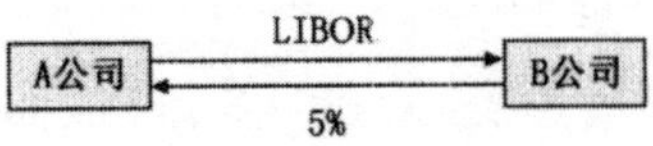

图 8–1　利率互换协议

对 A 公司而言，它可以运用该笔利率互换，将一笔固定利率借款转换成浮动利率借款。假设 A 公司借入了一笔 3 年期的本金为 10 亿美元（与互换的名义本金相同），利率为5.2%的固定利率借款。在签订了这笔互换合约以后，A公司面临三个利息现金流：①支付5.2%给贷款人；②根据互换支付LIBOR；③根据互换收入5%。这样A公司的利息净现金流变成了支付LIBOR+0.2%的浮动利率。运用互换，A公司可以将一笔利率为5.2%的固定利率负债转换成利率为LIBOR+0.2%的浮动利率负债。整个转换过程如图8-2所示。

图8-2 利率互换流程图

也可以运用利率互换转换资产的利率属性。

假设B公司拥有10亿美元债券，在以后3年中收益率为4.7%。B公司可以利用图8-1的互换合约，把固定收益资产改变为浮动利率资产。分析如下：B公司签订了该协议后，面临如下三个利息现金流：①得到债券投资收益4.7%；②根据互换得到LIBOR；③艮据互换支付5%。这样B公司的利息净现金流变成了收入LIBOR−0.3%的浮动利率。因此运用互换，B公司可以将利率为4.7%的固定利率资产转换成利率为LIBOR−0.3%的浮动利率资产。

对A公司而言，它可以运用该笔利率互换将一笔浮动利率资产转换成固定利率资产。假设A公司有一笔3年期的本金为10亿美元（与互换的名义本金相同），利率为LIBOR−0.25%的浮动利率投资。在签订了这笔互换合约以后，A公司面临三个利息现金流：①从投资中获得LIBOR−0.25%的收益；①根据互换支付LIBOR；①根据互换收入5%。这样A公司的利息净现金流变成了收入4.75%的固定利率。因此运用互换，A公司可以将一笔利率为LIBOR−0.25%的浮动利率投资转换成利率为4.75%的固定利率投资。整个转换过程如图8-3所示。

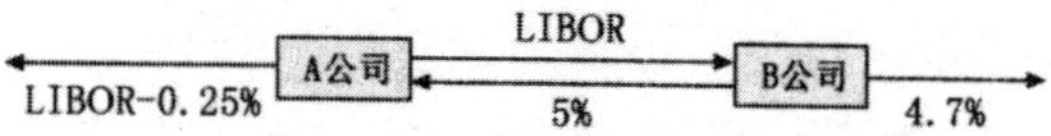

图8-3 利率互换流程图

2）通过利率互换对利率敏感性缺口头寸进行套期保值。具体来说，持有正缺口的商业银行，为规避利率下跌给商业银行可能带来的损失，可进行支付浮动利率收取固定利率的利率互换，从而锁定商业银行利率敏感性资产扣除负债后净额的利息收入；而持有负缺口的商业银行，为规避利率上升给商业银行可能带来的损失，可进行支付固定利率收取浮动利率的利率互换，从而锁定商业银行利率敏感性负债扣除资产后净额的利息成本。

（4）利率期权

商业银行用来控制利率风险的期权有很多种，主要有普通的利率期权、利率上限/下限期权和利率双限期权。普通的利率期权是指各种与利率相关的金融产品（如国债、存贷款等）以及它们的期货合约作为标的物的期权，买入者享有在未来一定时间内按照约定价格买进或卖出某种证券的权利。利率上限/下限期权是指买卖双方签订一个固定的利率作为未来一段时间内的利率的上限/下限，如果结算日市场利率高于（低于）利率上限（下限），则期权的买方可以行权，按协议签订的固定利率执行。利率双限期权是指买卖双方在一个协议中同时签订未来一段时间内的利率上限和下限，如果结算日市场利率高于利率上限或低于利率下限，则期权的买方可以行权，按协议签订的固定利率执行。

商业银行用普通利率期权对利率风险进行套期保值的原理是：持有利率敏感性正缺口的商业银行，为规避利率下跌给商业银行可能带来的损失，可买入看涨期权，一旦未来市场利率下跌，作为期权基础资产的利率相关证券价格将提高，银行买入的看涨期权上的获利将弥补商业银行因持有利率敏感性正缺口而遭受的收益损失，从而控制利率风险；持有利率敏感性负缺口的商业银行，为规避利率上升给商业银行可能带来的损失，可买入看跌期权，一旦未来市场利率上升，作为期权基础资产的利率相关证券价格将下跌，银行买入的看跌期权上的获利将弥补商业银行因持有利率敏感性负缺口而遭受的收益损失，从而控制利率风险。

商业银行用利率上限/下限期权对利率风险进行套期保值的原理是：有浮动利率债务的商业银行或拥有利率敏感性负缺口的商业银行，可买入利率上限期权，为利率债务成本设置上限，从而把利率风险控制在一定范围内；有浮动利率资产的商业银行或拥有利率敏感性正缺口的商业银行，可买入利率下限期权，为利率相关资产收益设置下限，达到把利率风险控制在一定范围内的目标。鉴于商业银行利率敏感性缺口正负方向经常发生变化，商业银行也可以通过买入双限期权，既锁住利率上涨带来的风险，也防止利率下跌带来的收益损失。

第九章　操作风险与流动性风险

第一节　操作风险

一、操作风险的度量

1．基本指标法（BIA）

基本指标法用银行前三年总收入（净利息收入加上非利息收入）的平均值乘上一个固定的比例（用 a 表示），即：

$$K=GI\times a$$

式中，K为基本指标法需要的资本；GI为前3年总收入的平均值；$a=\frac{0.12\times MRC}{GI}$，MRC为银行最低监管资本要求，a为15%。

基本指标法是计量操作风险所需监管资本最基本、最简单的一种方法。其特点在于不区分银行的经营范围和业务类型，统一使用一个风险指标（总收入），优点是简便易行，但同时也过于粗略。由于操作风险暴露与总收入指标间的相关性是不确定的，因而基本指标法不能作为商业银行操作风险度量的有效方法。仅适用于业务范围单一的的小银行。

2．标准法（SA）

在标准法中，巴塞尔委员会将银行业务分为八个类别。每种类别被分配给一个与该业务类别使用的系数（用 β 表示），β 值代表银行在特定业务的操作风险损失经验值与按监管标准修正的银行在该类业务下对应财务指标之间的相互关系。在各类别中，总收入是个广义的指标，代表业务经营规模，也大致代表各类别的操作风险暴露。在计算各业务类别对应监管资本要求时，用银行的总收入乘上一个该业务类别适用的系数。将这八类监管资本简单加总后，得到操作风险总体的监管资本要求，如下所示：

$$K=(E\iota 1\text{–}8)\times(\beta 1\text{–}8)$$

式中，K为用标准法计算的资本要求；Eι1–8为按基本指标法的定义，八个业务类别中各产品线过去3年的年平均总收入；β1–8为设定的固定百分数，建立八个业务类别中各业务品种的总收入与资本要求之间的联系，具体内容如表9–1所示。

表9–1　操作风险标准法计算表

业务范围	业务种类	指标	分配系数（%）
公司金融	兼并、收购、承销、银团	总收入	18
交易与销售业务	固定收入、信贷、贷款和回购等	总收入	18
零售银行业务	零售银行和存款、信托不动产、银行卡等	总收入	12
商业银行业务	项目融资、租赁、贷款、担保等	总收入	15
支付与清算业务	支付和托收、资金转账、清算和结算	总收入	18
代理业务	托管、公司信托	总收入	15
资产管理业务	封闭式、开放式基金等	总收入	12
零售经纪业务	执行指令等全套服务	总收入	12

标准法把银行的行为细分为不同的业务类别，每个业务类别使用不同的风险指标，因而与基本指标法相比更为复杂，在一定程度上提高了风险敏感度，可成为商业银行的短期选择；从长期角度看，标准法会导致“监管套利”，由于在标准法中，巴塞尔委员会设定的各业务部门风险权重不一，银行倾向于发展低权重的业务从而减少操作风险资本的计提。同时，标准法并不是对任何银行都适用，只有满足一定的条件时，银行才被允许使用。

3．高级计量法（AMA）

高级计量法是巴塞尔委员会规定的最为复杂的计量法。高级计量法是指银行用下述定量和定性标准，通过内部操作风险计量系统计算监管资本要求。使用高级计量法应获得监管当局的批准。

高级计量法在标准法的基础上，又进一步对每一业务类别划分了七个损失事故类型。新《巴塞尔资本协议》规定，操作风险的资本额应该相应于一年时间内在99.9%的置信水平下的非预期损失额。该方法假定预期损失和意外损失之间具有固定和稳定的关系。它的含义是：有99.9%的可能操作风险所带来的损失都可以用一般准备金弥补，而在此之外的损失却可能导致银行破产。

高级计量法使用商业银行内部操作风险损失数据计算操作风险资本，比基本指标法和标准法更具风险敏感性，因而从长期来看，标准法必然向高级计量法过渡。

4．操作风险度量方法的比较与分析

（1）三种度量方法的比较

基本指标法 / 标准法与高级计量法的优势与局限对比见表 9–2。

表 9–2　基本指标法 / 标准法与高级计量法的优势与局限对比

方法	优点	缺点
基本指标法 / 标准法	•简单易懂，可操作性强 •数据容易获得及校验，且具有连贯性与可比性 •容易识别风险暴露并估计其潜在影响，还可以进行持续的跟踪	•把总收入作为计算操作风险资本的基本指标不尽合理 •a 系数的取值标准缺乏检验，这必将影响应用两种方法的可靠性和可信性
高级计量法	•采用了许多前沿的数学模型、计算机技术等手段来度量操作风险 •充分搜集和应用了多维度数据，使操作风险的度量过程和度量结果更加科学、可信	•应用过程过于复杂，难以理解 •数据不易获得，即使获得，也无法保证数据的真实性和完整性 •不能用来判断操作风险的损失来源 •不能反映操作风险与市场风险、信用风险之间的联系

（2）操作风险度量新技术

进入 21 世纪后，操作风险度量技术取得重大进展，一系列新的方法和技术，例如 VaR、极值法和贝叶斯网络法被引入度量操作风险，银行业开始采用更先进的统计分析技术为操作风险管理建模，发展出了多种新操作风险的度量方法。这些方法大致可以分为自上而下模型和自下而上模型。

1）自上而下模型。自上而下模型（见表 9–3）是主要使用财务指标和收益波动性等作为衡量风险的变量，由各部门将操作风险合计起来计算的方法。它从宏观基础上对操作风险进行度量，并不区分损失事件和损失原因，是个可以灵活使用且简便的方法。其优点是在搜集相关数据和估计操作风险方面相对比较容易，其缺点则是银行不能按照业务线或部门来分析产生操作风险的原因，因而不能将操作风险的度量结果运用于各业务线或部门的风险管理和经济资本配置，因此对各类业务的业绩评价、收益管理和风险管理的激励效果不易达到。

表 9–3 自上而下模型

方法	度量方式
基本指标法	以总收入等指标的一定百分比来度量操作风险。
标准法	将银行业务划分为八条不同的业务线，每条业务线乘以一定百分比，然后将各产品线加总。
收入模型法（CAPM 法）	以收入模型等 CAPM 为基础度量银行面临的总体风险，再从其中分离出信用风险和市场风险，剩余的部分即操作风险。
波动性法	将某些指标的波动看作风险，并将波动的原因归为操作风险，利用观察到的收入波动的幅度来度量操作风险。

（2）自下而上模型。自下而上模型（见表 9–4）是根据各个损失的事件类型与业务来区别风险，并逐步进行统计的度量方法。实际度量时，首先计量不同业务线或部门的操作风险，再进行加总，从而得到银行整体面临的操作风险。其优点是区分了过去已经发生或可能发生的事件，并对这些事件的操作风险产生的原因和作用机制进行了解释，从而可以帮助银行有针对性地采取相应管理措施，避免类似事件再次发生，其缺点则是银行需要投入更多的资源用于搜集相关损失事件的数据。

表 9–4 自下而上模型

方法	度量方式
损失分布法	首先描绘出各项业务类型/事故类型的损失频率和损失幅度的概率分布，得出累计操作损失的概率分布函数，再通过计算得出一定置信水平下的 VaR 值来度量最大可能的损失。
情景分析法	针对低频高危事件，通过引入外部数据来模拟相关的情景，估计出可能造成的损失。
因素分析法	鉴别造成损失的各种因素，并且对各因素之间的相关性进行分析。
贝叶斯网络法	根据操作风险的各种原因和效应分别建模，综合起来对操作风险进行度量。

在具体的度量方法选取过程中，各大国际银行一般采用了两种方式：第一种方式是，首先采用自上而下模型为总体的操作风险分配经济资本，然后再运用自下而上模型来分析损失事件；第二种方式是，直接运用自下而上模型来度量操作风险。

二、操作风险的管理

1. 资本金分配

操作风险资本金分配的出发点是鼓励业务部门积极地增强自身的操作风险管理

能力，如果一个业务部门能证明通过自身采取的措施减小了操作风险出现的频率以及损失程度，那么这一业务类别的资本金也就应该有所降低，这样一来会提高业务类别的资本金回报率（因此也会提高业务类别管理人员的分红）。

一家银行操作风险管理的好坏，从监管部门的视角看，最终要体现在该银行是否为其操作风险提足了必要的资本储备，是否达到了最低的监管资本要求。我国银监会要求各商业银行计算操作风险加权资产，其计算公式为：

$$操作风险加权资产=操作风险资本要求\times 12.5$$

在具体操作风险计量方法上，银监会没有硬性要求，商业银行可以采用标准法、基本指标法和高级计量法计算操作风险资本要求。商业银行采用标准法、基本指标法和高级计量法计算操作风险资本要求，应分别达到《商业银行操作风险监管资本计量指引》的相关要求。我国监管部门在《商业银行风险监管核心指标》文件中，用“操作风险损失率”作为监管操作风险大小的核心指标，该指标用操作风险造成的损失除以商业银行前三期净利息收入与非利息收入之和来表示。按照银监部门公布的数据，在国内商业银行操作风险中，案件风险是其中最主要的风险，往往能达到银行操作风险总数 70% 以上。为此，各行要保证操作风险损失率达标，就必须将案件防控作为控制年度操作风险的重中之重。与之相对应，监管部门也非常重视案件防控，要求银行实事求是地报告当年案件发案率和损失情况，监管部门定期通报相关情况，并将各行年度新案发案率和案件损失率作为操作风险损失部分，重点监控。

无限制地降低操作风险对于管理过程来讲并不一定是最优，有时降低风险而带来的费用可能大大超过减少资本金数量所带来的好处，费用过分地提高也会减少资本金回报率银行应该鼓励业务部门进行计算，以决定自己需要的操作风险资本金，并设法优化自身的资本金回报率。

2. 保险

（1）用于金融机构操作风险管理的保险产品

保险公司传统上就是银行和证券公司转嫁操作风险的主要对象。近些年，西方保险公司正在努力开发可用于金融机构综合性操作风险保险的产品，如“金融机构操作风险保险”（Financial Institutions Operational Risk Insurance，FTORI），该保险覆盖了责任险、诚信保险、未授权活动险、技术险、资产保护和外部欺诈等多方面的操作风险。

（2）保险对于金融机构操作风险管理的重要意义

购买保险单来转嫁操作风险近年来越来越受到金融机构的重视，而且也获得了监管机构的支持和鼓励。2004 年出台的新《巴塞尔资本协议》中明确规定购买保险成为金融机构缓释操作风险的一种重要手段。购买保险转嫁操作风险对于金融机构风险管理具有重要意义，具体主要表现在以下几个方面：

1）管理金融机构现金流的波动性。通过购买保险，金融机构以定期支付保险费的方式为代价，将由于保险合同中约定的风险因素所遭受的非预期大额损失转嫁给保险公司，这与不购买保险、以金融机构自身的现金流来吸收非预期损失相比，前者显然可以平滑金融机构的现金流，降低其波动性，如图 9–1 所示。

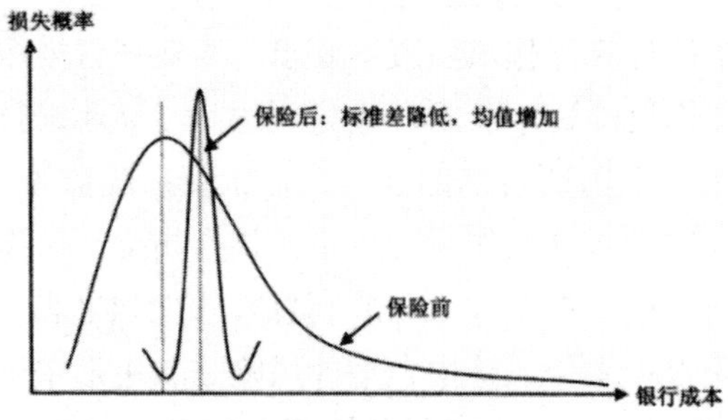

图 9–1　保险对操作风险分布的作用

2）集合风险，准确预测未来损失。在单个的金融机构内部，操作风险事件发生的频率较低，数据稀少，不利于准确预测未来的损失；而通过购买保险，各个金融机构的同类风险事件在保险公司汇集，根据大数法则，足够数量的相互独立的风险事件的集合将使得未来的损失可以得到比较准确的预测。

3）为灾难性损失提供融资。保险对于灾难性损失具有更加重要的意义。在金融机构遭遇规模巨大的灾难性损失时，保险可以为金融机构弥补损失、提供融资，帮助金融机构度过难关，避免破产清算。

4）为金融机构管理和监测风险提供外部资源和推动力。由于可以在整个金融行业内通过集合风险及其相关数据，保险公司由此可以获得相比于单个金融机构而言更加优势的针对金融机构各项操作风险的信息，进而形成管理该操作风险的优势。同时，保险公司为了防范投保金融机构因购买保险而疏于风险管理的道德风险，会利用自身在操作风险管理信息和技术方面的优势主动监测和促进金融机构改善操作风险管理水平。

（3）有效风险转嫁的要求

保险和其他形式的风险转嫁手段在被金融机构用于转嫁操作风险时一个重要的问题就是转嫁风险的有效性。巴塞尔银行监管委员会 2003 年出台的《操作风险跨金融部门转移》专题分析报告指出，从转嫁风险的保护购买者的角度看，决定有效操作风险转移的要素主要有以下几个方面（见表9–5）：

表9–5　决定有效操作风险转移的要素

名称	具体内容
流动性风险	由于诸多原因，从损失事件发生到保险出售者按合同偿付的这段时间内，损失转嫁机制有不同的形式。当然，对于相对较少的损失，这不是什么重要问题，但一旦发生重大损失，保险出售者延迟支付会加剧保险购买者的流动性风险
法律风险	有效的风险转移要求保险出售者和保险购买者对属于和不属于保险范围的事项都有准确的理解。在保险合同中，可扣除项和例外条款等规定都是为了明确界定保险范围，消除双重保险和不需要的保险内容，并消除或降低道德风险。如果保险条款不明确，或者保险出售者和保险购买者对于保险范围有不同理解，那么保险支付很可能被拒绝或者陷入法律诉讼当中。在这种情况下，保险购买者想要转嫁的操作风险变成了另外一种操作风险，即法律风险
基差风险	对于衍生产品或者非传统的风险转嫁机制，引发保险出售者进行偿付的事件可能和促使保险购买者需要保险出售者进行偿付的事件并不相同。如果不小心，偿付基础上的足够大的差别可能会对风险转嫁产生重大的影响。即使是在传统的保险产品中，由于不充分的限制条款导致基差风险上升，从而使得保险购买者的对冲不太有效。因此，保险购买者必须对这类风险有清楚的了解，以便确定保险水平是否合适
保护的有效期限	保护的有效期限是影响风险转嫁有效性的重要因素。一般来说，保险的有效期限越长，保险购买者受到的保护就越充分。多数保单都有一年的首次有效期，因此保单实际的有效期限比保单上写明的期限短，从而导致保单的实际有效期和保险购买者重视的偿付能力的期限不匹配。保险购买者在计算资本金需求时要格外注意这个问题
可撤消性	可撤消性是与保险的确定性和有效期限相关的一个概念。如果保险出售者可以临时取消或者实质上改变风险转嫁机制，那么这种转嫁机制的有效性便会大大降低。真正有效的风险转嫁机制，应该使保险购买者得到充分的保证，即保护机制在保险所覆盖的所有范围内持续有效
交易对手的信用风险	对于任何形式的风险转嫁，当操作风险由一方转嫁到另外一方时，转嫁风险的保护购买者的操作风险就转换为了信用风险，即保险合同所包含的损失事件发生后保险出售者不能够按合同支付的风险。一般来说，保险出售者（交易对手）的信用质量越高，分散化程度越高，交易对手的信用风险就越低。因此，大的信用评级机构对交易对手的信用评级是衡量交易对手信用风险大小的重要方面。在评估操作风险转嫁有效性的时候，保护购买者不仅应该考虑整个市场，而且要考虑特定交易对手吸收损失的能力。此外，交易对手是否受到有效监管也是保护购买者应该考虑的重要因素之一。既然操作风险转嫁的主要动机是降低整个机构的风险，那么如果操作风险只被转嫁到几个少数的交易对手，由此产生的集中程度则会导致信用风险的提高。在这种情况下，一旦某种损失发生，面对交易对手偿付能力或意愿的急剧恶化，保护购买者将无能为力，这更加突出了评估交易对手信用质量的重要性。一般说来，相当于将风险转嫁给分散化的一般信用质量的交易对手而言，将风险转嫁给为数不多的几个信用质量较高的交易对手可能是更合理、更安全的选择

续表

名称	具体内容
转嫁到附属机构	由于一系列的原因，特别是为了降低风险转嫁的成本，金融机构可能并不将风险转嫁给第三方，而是将其转嫁给自己的附属机构，如自我保险公司。然而，这种风险转嫁并不降低集团内的总体风险，因此，要提高风险转嫁的有效性，还需要通过再保险或其他机制将风险进一步转嫁到集团外部

3．降低经营风险

（1）内部控制方法

操作风险可以来自于金融机构的任何一项业务、产品和流程，因此，业务部门自身对其产品和流程的管理和控制成为操作风险管理框架中的重要一环。业务部门对操作风险的管理和控制可以被纳入金融机构内部控制体系。内部控制活动主要表现为与业务管理密切融合的各项规章制度的制定和执行监督活动，因此，内部控制与业务管理活动实际上是融为一体的，业务管理部门承担着内部控制的首要和直接责任，而审计部门则负责对内部控制的有效性进行评估和监督。内部控制覆盖金融机构所有的人员、部门、分支机构、业务线路和流程，甚至负责内部控制本身的管理人员和审计部门也应该受到相应的监督和控制。以我国的商业银行为例，具体的措施包括：

1）提高内部审计部门的独立性。商业银行的总行、分行、支行一级的机构中大多设有内部审计部门，负责对本行及下级的各类业务风险进行检查。但审计部门只是银行下辖的一个部门，直接接受本机构管理者的领导和管理，审计的独立性作用难以发挥。审计部门如果对检查中发现的问题在系统内进行曝光，会直接影响到本级机构在银行系统内的形象，本级银行机构的管理者也可能因此遭到上级主管机构的责任追究；如果检查人员违背了本行管理者的意愿，本行管理者在其职权范围内可能对稽核人员的工作岗位、个人发展等方面进行限制，这又严重挫伤了检查人员的原则性。因此，应该借鉴国外许多银行的内部审计部门在设立上隶属于监事会的经验，提高审计部门的独立性和权威性。

2）健全内部控制制度。健全的内控制度是实现全面风险管理的前提，风险内控制度落后会使整个风险管理体系出现漏洞。根据巴塞尔委员会的定义，操作风险由人员、系统、流程和外部事件等四类因素引起，几乎涉及银行的各个职能部室。因此，国外银行在操作风险管理框架上一般会设置一个委员会，由各相关部门参加，而操作风险管理政策的执行和协调由风险管理部来负责，而我国对操作风险没有统一的部门协调，管理较为分散。

内控制度还包括详尽的业务规章制度和操作手册。. 例如，一些制度规定十分过时，而新的规定又未出台，在这种情况下，员工往往采用灵活变通的方式处理业务，失去了规章制度的严肃性和对业务行为的约束力。制度体系的不完善导致风险控制措施缺位，发生操作风险就成为一种客观必然。

3）全方位的人员管理。国内商业银行在操作风险管理上存在着一个根深蒂固的错误理念，即重视对基层操作人员的管理，忽视对高层管理人员的管理。在当今金融创新的背景下，服务领域不断拓展，从业人员的素质很大程度决定了新系统的稳定性，尤其是高层管理人员的职业操守更为重要。因此，要加强全方位的人员管理。

4）提升技术水平。国内银行的系统建设起步较晚，存在很多漏洞，数据在全行系统内部无法集中和共享；制度建设滞后于业务的快速发展；系统功能局限于服务经营，尚未实现服务经营与服务管理并重，系统不能为银行风险管理提供充分、完整的数据和信息。因此，应该提升通讯软硬件和信息技术安全水平，降低操作风险发生的可能性。

（2）外部控制方法

外部控制方法是指通过现场或非现场的方法对商业银行的业务经营情况和财务状况进行监督管理，保证商业银行的正常运转。在操作风险的管理上，几乎全部依赖商业银行的内部审计部门，而内部审计部门的独立性往往不如外部审计，从而很难发现风险隐患。

法律对商业银行操作风险的涉入面较窄，商业银行对本行发生的案件一般按照内部管理规定处理，多数情况未向监管部门报案。只有当银行损失无法收回的时候，才将案件报告监管部门。此外，银行对监管部门的介入存有疑虑，监管介入会产生较高的成本费用，有时甚至高于案件本身的损失，且监管介入导致的案件曝光会对银行的社会形象有不利的影响。因此，法律在操作风险的控制中没有发挥应有的作用。

对于商业银行已经发生的操作风险案件，应该通过监管部门在商业银行之间进行信息共享，防止同类事件的传染和蔓延。

第二节　流动性风险

一、流动性风险的度量

1. 商业银行流动性风险的度量

（1）财务比率指标

财务比率指标是静态指标，反映的是银行在某个时点上的流动性水平。这些指标都是侧重反映流动性风险的某个方面，只有将其综合起来成为一个指标体系，才能全面衡量银行的流动性风险。而且，由于不同银行的资产规模、经营环境、经营理念并不相同，所以这些指标并不存在一个特定的最优值，不宜进行简单的个体比较。

1）存贷款比率。其计算公式为：

存贷款比率 = 贷款 / 存款

该指标是衡量银行流动性风险的一个传统指标，综合反映了银行的资产和负债的流动性特征。一般该比率越高，银行的流动性越差。因为存贷款比率越高，意味着银行将大部分资金用于发放流动性低的贷款，并且银行要发放新的贷款必须运用存款以外的负债购买。而较低的存贷款比率意味着银行可以用稳定的存款来为新贷款融资，流动性风险较小。

存贷款比率虽然简单直观，但是也存在较大缺陷，最根本的是只考虑总量关系，忽略了存款和贷款的性质、期限、质量等结构因素。比如，同样是贷款，抵押贷款与信用贷款、长期贷款与短期贷款的流动性显然不同；存款也是如此，定期存款与活期存款、对公存款与对私存款的流动性风险也不一样。

2）核心存款比率。其计算公式为：

核心存款比率 = 核心存款 / 总存款

该指标集中反映了银行负债方的流动性。银行的存款按其稳定性不同可分为核心存款与易变性存款。核心存款是指对利率变化不敏感、较为稳定的存款，受季节变化和经济环境的影响小，是银行稳定和低成本的资金来源。易变性存款则受利率等外部因素的影响较大，容易流失。对同类型的银行而言，该比率越高，表明流动性越好。一般来说，大银行核心存款比率低于小银行，但这并不表示大银行的流动性风险更高，因为大银行的负债来源更加多元化，对存款的依赖度较低。

在实际操作中使用该指标衡量流动性风险的一个关键问题是核心存款的计算。

在美国，核心存款定义为存款总额减去 10 万美元以下的存款余额。除该指标以外，与核心存款相关的指标还有核心存款与总资产比率、核心存款与贷款的比率等。

3）流动资产比率。其计算公式为：

流动资产比率=流动性资产/总资产

该指标重点反映银行资产方的流动性。流动性资产是指期限短（不超过 1 年）、变现能力强的资产，主要包括现金、同业存款和国债等。该比率越高，银行资产中储存的流动性越多，银行应付潜在的流动性需求的能力就越强。总的来说，银行的规模越大，该比率越小，因为大银行的资金筹集能力强，不需要储存太多的流动性。

使用该指标的一个困难是如何准确界定流动性资产。与此类似的指标有现金与总资产比率、超额准备金比率、流动性资产与流动性性负债比率等。

4）贷款占总资产的比率。其计算公式为：

贷款占总资产的比率=贷款/总资产

该指标也是反映银行资产方流动性的重要指标。贷款是商业银行资金运用的主要方式，一般而言，由于信息不对称和交易成本的因素，贷款难以转让，是银行流动性最低的资产。银行总资产中贷款的比例越高，说明银行资产的流动性越低；而贷款的比例越低，说明银行的资产越多元化，流动性越高。

5）流动性指数。流动性指数由美联储的 Jim Pierce 提出的一个指标，用来衡量金融机构因突然或紧急出售资产时，相对于正常市场情况下以市场公允价值出售所遭受的潜在损失，用公式表示如下：

$$I=\sum_{i=1}^{N} w_i \frac{P_i}{p_i^*}$$

式中，w_i 为资产 i 在总资产中的权重；P_i 为资产 i 紧急出售的价格；p_i^* 为资产 i 正常变现的价格。

显然，P_i 和 p_i^* 的差异越大，流动性指数的值越小，资产的流动性就越差。P_i 和 p_i^* 的差异越小，流动性指数的值越大，资产的流动性就越高。一般情况下，$P_i \leqslant p_i^*$，所以流动性指数 I 值介于 0 和 1 之间。

为了说明流动性指数的计算，假定银行有占比各 50% 的两种资产：1 个月期国债和房地产贷款。如果银行必须今天出售国债，只能以 90 元的价格成交，而如果留到到期，可以得到面值 100 元；如果银行必须今天出售房地产贷款，每 100 元资产只能收回 85 元，如果一个月后出售，可以收回 95 元。这样，该银行资产组合 1 个月的流动性指数为　I=0.5×（90/100）+0.5×（85/95）=0.90。

6）存款集中度。存款集中度可用于衡量存款提前支取风险。鉴于银行对大额存款的依赖性，存款集中度越高，意味着潜在的存款提前支取风险越大，银行的流动性风险也就越大。其计算公式为：

$$存款集中度=\Sigma E_i \cdot W_i$$

式中，E_i尽为存款规模等级i的存款份额；W_i为存款规模等级i的权重。

（2）市场信息指标

在用定量指标考察流动性风险时，还应对市场信息指标进行观察和分析。

1）公众的信心。如果公众对某一银行的信心不足，则该银行在筹集资金方面将会产生困难，在不容易获得存款的同时，还可能失去现有储户，并面临银行挤兑等流动性危机。

2）银行发行存款证或其他借款的风险加价的幅度。在我国，基于中国人民银行统一制定存款利率，因此不存在风险加价幅度。但是可以从银行间存款额增减变动反映出存款人在选－银行时，对某银行的态度的变化以及银行流动性风险状况。

3）资产出售损益。商业银行为偿付到期的还款及取款请求，不惜在重大亏损条件下出售资产的情况是该行面临流动性风险增大的标志之一，并且如果该类事件发生的频率较高，则该商业银行存在较大的流动性风险。

4）满足资信好的客户的资金需求的能力。对于能给商业银行带来优厚利润的客户，银行总是不吝惜提供更好的金融服务，当多个贷款条件相同的客户提出贷款请求时，银行会优先考虑优质客户。因满足优质客户的贷款要求的能力成为表达银行流动性风险的信息指标之一。

5）向中央银行借款情况。虽然商业银行都期望在危急时刻能够从央行获取资金，然而使用央行的应急贷款标志着银行的流动性出现了问题，会对银行的声誉造成非常不利的影响，其他银行会收回信用额度并减少对该行的风险敞口，进一步加剧该银行的融资压力。

6）票据的贴现或转贴现。当一家商业银行发行票据时，其他金融机构是否愿意对该银行的票据进行贴现或转贴现的态度，反映了该行的资金实力及行业形象。若该行的贴现或转贴现的要求被拒绝，则可能给市场参与者的信息是该银行的市场形象和资金实力受到怀疑，有可能发生流动性风险。

7）资信评级。市场评级机构对市场参与者提供商业银行资信信息，银行的资信评级水平提高，则意味着银行的市场地位提高，经营稳定性增强；若评级降低，则意味着该银行可能在经营管理、投资等方面出现问题，其市场地位降低。商业银行评级的降低会直接导致筹资成本增大，流动性风险也必然增大。

8）中间业务的情况。中间业务是现价段商业银行普遍开展的业务，也是利润收益率较高的业务。中间业务开展的情况能够反映银行的资金实力及其市场形象。例如，在信用证等中间业务中，作为开证行，如果经常遇到出口商或出口方银行提出增加保兑行要求时，说明该开户行不能得到银行同业的认可，市场形象和资金实力受到质疑。

（3）动态指标

纯粹的静态流动性管理并不存在，因为流动性本身就是一个动态概念，流动性风险就是一种动态资产运动带来的风险。上述的静态指标可以认为是一种基于当前情况的事后统计。要全面反映银行的流动性风险，必须动态预测将来一段时间内潜在的资金供求状况，其中非常重要的就是“缺口”概念。

1）流动性缺口。缺口是银行管理特别是流动性管理中很常见的指标。流动性缺口是指在未来一定时期内，银行潜在的资金需求（运用>与资金供给（来源）的差额。其计算公式为：

$$LG=F_1-F_2$$

式中，LG为流动性缺口；F_1为流动性供给；F_2为流动性需求。

流动性缺口指标综合地反映了银行的流动性状况及抗风险能力。如果 LG ≤ 0，表示流动性供给不能满足流动性需求，银行面临流动性短缺风险；如果 LG ≥ 0，表示银行流动性充足。流动性缺口的计量较为简单，能够方便地评估银行面临的流动性风险大小。在银行的日常经营中，流动性缺口都是按照一定的期间来进行的，根据各个商业银行的流动性需求水平以及管理水平，流动性缺口的时期可以以周、月或季度的期间划分标准进行计算。不同时间段内的流动性缺口，反映了不同时期内银行的流动性状况。

2）融资缺口。融资缺口的思想与流动性缺口类似，但它侧重从融资角度进行资金分析。融资缺口表示银行必须筹集的用于新资产融资及对负债进行再融资的那部分新资金。其计算公式为：

融资缺口 = 预测的资金总需要量 – 预测的稳定资金来源

融资缺口体现为总的融资需要量与稳定的资金来源之间的差额，被视为一种不稳定的融资，而不稳定的融资意味着银行必须通过不稳定负债来筹措新资金。

3）久期缺口。商业银行的资产和负债之间存在一个期限结构的匹配问题。一般来讲，银行资金来源的期限结构制约着资金运用的期限结构，即短期负债主要用于短期资产，长期负债主要用于长期资产，流动性风险管理应该尽量使资产的收入现金流的时间和数额与负债的支出现金流的时间和数额相匹配。

为了计算商业银行的久期缺口，假设商业银行不同期限的资产数量分别为 x_1，x_2，…，xn，期限与之对应的负债数量分别为 y_1，y_2，…，y_n，分别计算出资产组合的久期 D_X 和负债组合的久期 Dy，令 $\Delta = D_X - D_y$，得到久期缺口。如果 $\Delta > 0$，说明在这段时期内，资产的久期大于负债的久期，银行容易产生支付困难和流动性问题。反之，如果 $\Delta < 0$，说明在这段时期内，资产的久期小于负债的久期，银行的流动性状况比较好。

4）现金流量分析。现金流量分析是一种国际上比较流行的流动性管理方法，具有较强的实用性。现金流量分析采取的是考察现金流入流出的基本渠道，并根据流动性的实质特征，将现金流量分成的实际现金流量和潜在现金流量。实际现金流量是合同中约定将会在未来特定时点上发生的现金流量，如即将到期的资产和负债产生的现金流入与流出、尚未到期的资产产生的利息流入、尚未到期负债产生的利息支出等。而潜在现金流量属于不可预计、不确定的现金流量，包括无固定期限零售存款、不固定的贷款承诺，以及可能被展期的即将到期的资产和负债等。通过分析实际和潜在的现金流量，可以评估银行流动性大小，从而找到流动性风险的来源，以进行有效管理。表 9–6 大致反映了一家银行实际和潜在现金流量的内容。

表9–6　现金流量表

现金流入量	现金流出量
实际现金流量	
即将到期的资产	即将到期的批发性负债及 固定的贷款承诺
尚未到期资产产生的利息	尚未到期负债支付的利息 零售存款的季节性变动
潜在现金流量	
可变现的未到期资产	无固定期限的零售存款
已经建立的信贷额度	不固定的贷款承诺和 其他表外活动

无论是资产负债的规模不匹配还是期限不匹配，往往都集中体现为现金流量的不匹配。因此，从某种角度来说，现金流量分析法是比上述三种方法更一般的方法。但是由于大多数的银行现金流量为潜在的现金流量，并且这种现金流很难准确预测，受到未来不可控因素的影响，预测值可能出现偏差，因此该方法对银行预测的数据要求较高。

2．市场流动性风险的度量

（1）市场流动性的衡量指标

一般认为，市场（资产）流动性可以用市场宽度、市场深度、市场弹性、交易的及时性等四个维度来刻画。基于这四个维度对流动性进行多维度刻画的指标可概括如下：

1）基于交易量的市场流动性衡量指标。基于交易量的指标主要从深度来衡量流动性，可用一定时间内的交易量（成交金额）或特定价位上可交易的量（成交金额）进行测度。特定价位上可交易的量（金额）越大，深度越大，表示可成交的机会越多，流动性越好。

换手率是基于交易量的另一个流动性指标，是一个衡量证券持有时间的指标，其计算公式有两种：一种是以交易量除以总流通股数；另一种是交易金额除以市值。换手率越大，表明证券持有时间越短，流动性越大。换手率指标的缺点是没有考虑价格变化的影响，因为在同等换手率的情况下，价格变化越小，流动性越好。

2）基于价格的市场流动性衡量指标。基于价格的指标主要从宽度来衡量流动性，最主要的指标为价差类指标，包括买卖价差和有效价差等指标。买卖价差又可以分为绝对买卖价差（S_a）和相对买卖价差（S_R）两种。其计算公式为：

$$S_a = P_a - P_b$$

$$S_R = \frac{P_a - P_b}{(P_a + P_b)/2}$$

式中，P_a为卖出报价；P_b为买入报价。

有效价差是订单成交的平均价格和订单到达时买卖价差的中点之间的差额。该指标反映了订单的实际执行成本，又可分为有效价差（ES_a）和相对有效价差（ES_R）两种。其计算公式为：

$$ES_a = |P - M|$$

$$ES_R = |P - M| / M$$

式中，P为实际交易价格；$M=(P_a+P_b)/2$。

3）基于量价结合的市场流动性衡量指标。资产流动性是一个与价格、交易量、时间等因素都有关的复杂概念。为了克服单纯以价格和交易量衡量流动性的不足，可以采用价格和交易量相结合的衡量指标，主要包括两类：第一类是价格冲击系数，包括Glostem-Harris价格变动系数、Hasbrouck冲击反应系数、Hasbrouck-Foster-Viswanathan价格变动系数；第二类是流动性比率，包括Amivest流动性比率、Martin

流动性比率、Hui-Heubel 流动性比率、Marsh-Rock 流动性比率以及 Amihud 非流动性指标。

4）基于时间的市场流动性衡量指标。基于时间的市场流动性衡量指标主要包括执行时间、交易频率和弹性。执行时间是指订单到达至订单得到执行的时间间隔。流动性的一个重要表现是交易的即时性，在其他条件相同情况下，进行交易所需要的时间越短，流动性就越好。交易频率为在一个特定的时间内交易的次数，在其他条件相同的情况下，交易和交易之间间隔时间越短，或特定时间内的交易发生的次数越多，表示交易越活跃，则从即时性维度考虑的市场流动性也越高。弹性是指从价格发生变化至恢复到均衡价格所需要的时间，它是考虑了价格变化的时间指标。在假定资产的基本价值不变的情况下，价格会随机地围绕基本价值波动，市场弹性越好，则价格偏离价值以后返回的速度越快。

（2）市场流动性风险的度量

1）基于方差法的流动性风险度量。Garfmde 和 Silber（1979）最早提出了流动性风险的方差度量方法。这个方差是投资者决定要交易时的证券真实价值与真实的交易价格之差的方差。他们把每个证券成交的时刻都称为“一次清算时刻”，每次清算价格和真实价值之间的不一致来自市场流动性的不足。为使'流动性风险的方差最小化，可以通过选择最优清算时间间隔，得出了投资者最优交易决策下的流动性风险的大小，它是投资者因为市场流动性不足而不得不承受的价格波动方差的最小值。

2）基于系数法的流动性风险度量。

相关系数法。即计算投资组合或个股的流动性水平的扰动项与市场总体流动性水平的扰动项相关系数的大小，其中，流动性扰动项是流动性指标的时间序列数据进行自回归估计的残差项估计值。

协方差法。即通过建立流动性风险调整的资本资产定价模型，考虑市场流动性与单个证券流动性之间的协方差。比较典型的是 Acharya 和 Pedersen（2005）的 3-β 模型，根据他们的模型，证券的流动性风险可以通过流动性水平和三个流动性 β 来衡量。

因为 β 系数、相关系数和协方差其实都是相互间一种不同的形式，都是衡量个体流动性的共性程度，所以本质上它们是同一类度量方法。

3）基于 VaR 方法的流动性风险度量。尽管 VaR 是风险管理领域广泛使用的风险测度方法，但是传统的 VaR 没有考虑市场的流动性问题。假设无论规模大小，交易都可以一次性无成本地完成，这显然与机构投资者的实际不符，因此很多研究开始把流动性因素考虑进 VaR 的计算中，从而形成了所谓的“流动性调整的风险价值法”（Liquidity Adjusted Value-at-Risk），简写为 La-VaR 法。

La-VaR 度量的实际上是由流动性风险因子和市场风险因子构成的集成风险。假设 L 为流动性风险因子，M 为市场风险因子，则由流动性风险因子和市场风险因子构成的集成风险 I 可以表示为：

$$I=M+L$$

根据本书上述内容对 VaR 的定义不难看出，一定置信水平下的最大可能损失即 VaR，事实上既包括因中间价格波动所导致的可能损失，也应该包括流动性风险所导致的可能损失，所以可以运用传统方法对集成风险因子进行直接度量，得到的值就是 La-VaR。其计算公式为：

$$La\text{-}VaR=VaR(I)=VaR$$

对于上式，有以下四种解决办法：

①假设市场风险和流动性风险无关，市场风险的度量不需要考虑流动性风险，也就是传统 VaR 的做法。其计算公式为：

$$VaR(I)=VaR(M)$$

②假设市场风险和流动性风险完全正相关，对风险的度量采用市场风险和流动性风险简单加总的方法。其计算公式为：

$$La\text{-}VaR=VaR(I)=VaR(M)+VaR(L)$$

式中，VaR（L）为流动性风险的度量值。对于外生流动性风险的度量，目前普遍使用该公式进行计算。对于内生流动性风险的度量虽然也采用该公式，但是计算内生流动性风险时更复杂一些。

③使用线性相关系数衡量风险因子的相关性，进而得到 La-VaR。其计算公式为：

$$La\text{-}VaR=VaR(I)=\sqrt{VaR(M)^2+VaR(L)^2+2pVaR(M)VaR(L)}$$

式中，p 为流动性风险因子和市场风险因子的线性相关系数。这里的 VaR 用正值表示。由于该公式只有在正态分布和 t 分布的假设条件下才能成立，而流动性风险和市场风险一般不服从正态分布和 t 分布，因此使用该公式度量 La-VaR 存在模型风险。

④基于 Copula 函数的度量方法。Copula 函数能够处理流动性风险因子和市场风险因子的非正态特性以及两者之间复杂的相互关系，进而构造两个风险因子的联合分布函数，通过联合分布函数可以模拟出集成风险因子的概率分布，在此基础上估计出一定置信水平下的 La-VaR。

二、流动性风险的管理

1．筹资流动性风险的管理

（1）筹资流动性风险管理理论

1）资产管理理论资产管理理论盛行于20世纪60年代以前。该理论认为金融机构的负债是既定且被动的，资产则是金融机构可以主动控制和管理的，因此，资产流动性管理是金融机构流动性管理的重点，金融机构流动性风险管理的基本目目标是在资产方面将其流动性以储存起来的形式进行管理。该理论具体有可以分为商业贷款理论、资产转换理论和预期收入理论。

2）负债管理理论。负债管理理论盛行于20世纪60年代，该理论主张通过主动负债的方式来获得流动性，而非以单一的资产储备流动性，因此与资产管理理论的侧重点截然不同。该理论认为，商业银行不仅可以通过持有现金资产或其他易变现的资产来提供流动性需求，还可以通过主动负债的方式在货币市场上获得所需流动性。这样，银行既可以实现盈利性的目的，又可以较低的成本从货币市场上借入资金以保证流动性。同样，该理论也具有一定的局限性，那就是如果资金市场出现较大波动，商业银行有可能由于市场流动性的紧缩或者借入资金成本较高而不能筹集到所需资金，从而面临流动性风险。该理论主要包括银行券理论、存款理论、购买理论和销售理论四种。

3）资产负债综合管理理论。20世纪70年代中后期，由于市场利率大幅上升，银行负债成本也急剧增加，银行竞争能力不断下降，经营风险不断加大.，此时仅凭资产管理或负债管理都已经不能保证银行的流动性需求，资产负债综合管理理论应运而生。该理论认为，流动性、安全性、盈利性综合权衡问题不是单纯依赖资产管理理论和负债管理理论就能解决的，主张流动性需求的满足应从资产和负债两个方面进行，同时动态调整资产与负债的结构，并且将未来对流动性的需求划分为预期与未预期两部分流动性需求。对于预期的流动性需求，一部分可以以持有可转换证券或在其他商业银行存款的方式储存流动性资产，另一部分从往来银行及其他融资渠道预先以信贷额度的方式给予满足。对于未预期的流动性需求，可以临时通过以短期借款的方式满足，同时对于长期滚动性需求应采取手段对其做出预测，通过将中、短期贷款和证券逐步变现的方式来满足。该理论强调以利润最大化为目标，对银行资产及负债根据产品数量和期限的对称联系进行交叉配置，将资产与负债结构调整至可持续提供流动性的合理状态，实现信贷资金的优化配置。这样既增加了资产管理的盈利性，又降低了负债管理的风险性。

（2）筹资流动性风险管理的主要方法

1）资金汇集法。资金集中法是指把各种资金来源统一汇集起来，按照银行的需要进行分配。具体做法如图 9–2 所示。银行的资金来源包括活期存款、定期存款、储蓄存款、资本金。银行的资金分配包括第一级准备金、第二级准备金、放款、其他证券投资、固定资产投资。第一级准备资产是指能够立即用来满足存款提取贷款发放要求的资产，一般情况下，第一级准备资产由资产负债表上的“库存现金”、“在中央银行存款”和“在其他银行存款”等资产项目组成。第二级准备资产由具有高度流动性的盈利资产所组成。第二级准备资产的规模由影响存贷款变化的各种因素间接来决定，兼具盈利性和流动性。

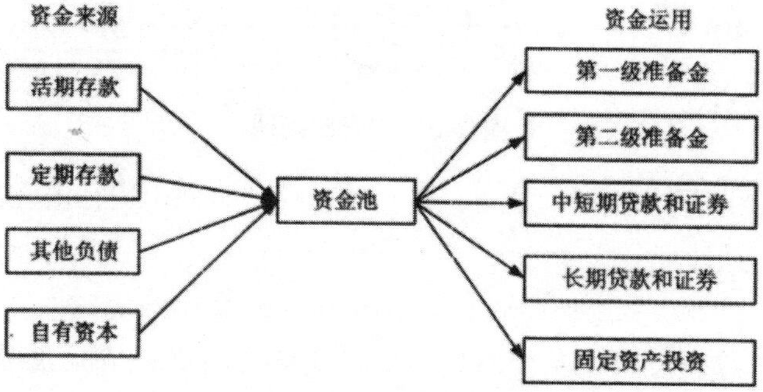

图9–2　资金汇集法

具体分配的比重如何，多少用于准备金，多少用于放款，多少用于证券和定资产投资，并无固定比例，但一般来说，第一，考虑将一部分资金作为一级准备金，应付顾客的提存和借款要求；第二，考虑分配一部分资金作为二级准备金，即购买短期质量证券，以补充资产流动性；第三，分配一部分资金作为贷款；第四，用满足贷款正常需求后的资金剩余来购买较长期的有价证券；第五，最后的资金作为银行营业的固定资产投资，它最多不能超过银行的资本额。每个银行确定资金中用于准备资产的比例大概是银行在 5 年以内到期的政府有价证券与总资产的比例。

2）资金匹配法。资金汇集法强调了资产流动的重要性，但没考虑到各种不同资金来源的不同流动性要求，对流动性的管理尚不够准确，会影响银行的盈利性。针对这种不足，资金匹配法应运而生。

资金匹配法要求银行按资金来源的不同性质确定资金在各项资产之间的分配，实际上是按照资金来源的稳定性进行分配。具体做法如图 9–3 所示。按照不同的资金来源，建立数个流动性—盈利性中心，每个中心根据自己资金的稳定性，对各个资产项目确定相应的资金分配量。各项资金来源及运用同各个资金中心交叉对应，与之对应的资金分配量应根据盈利目标、流动性标准和资金的稳定性进行相应配置。资金匹配法的主要优点是从资产和负债两个方面统筹安排，减少了多余的流动性资产，增加了对贷款和证券投资资金的分配，提高了银行的赢利能力。

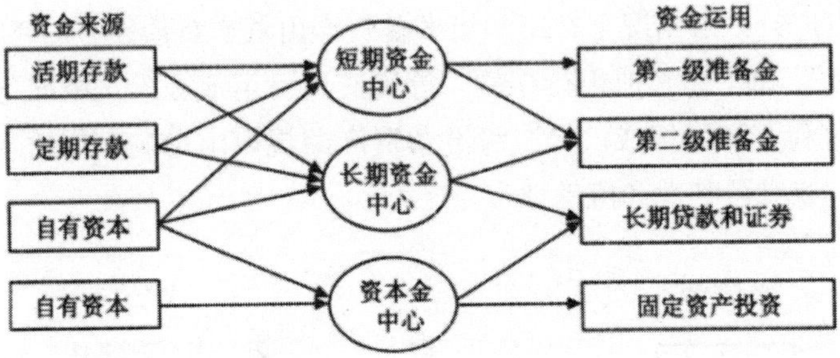

图9–3　资金匹配法

3）流动性缺口法。流动性缺口是指在未来一定时期内银行潜在的资金需求与资金供给的差额。其计算公式为：

流动性缺口＝资金需求－资金供给

流动性缺口综合反映了某个时期内银行应偿还的债务与能获得的资金的差额，即银行的流动性能力。如果使用当前的资产负债状况来计算，那么得到的是静态缺口，该指标反映银行当前的流动性状况。如果银行的资产负债随着时间推移而变动，计算未来的预测值，那么得到的是动态缺口，反映未来一段时间内的流动性状况。此外，流动性缺口还可分为期间性缺口和累计性缺口，前者为某一时期内银行的净资金流，后者是当期的流动性缺口加上前期流动性缺口之和。

在银行实际操作中，流动性缺口的计算是按照一定的时间段进行的。根据各银行的流动性需要及其管理水平，计算流动性缺口的时间段可按周、旬、月为划分标准。表 9–7 反映了某个银行的流动性缺口状况。为了方便说明问题，假设该银行估算流动性的时间段分别是：~ 30 天，31 ~ 90 天，以及 91 ~ 365 天。

表 9–7　某银行的流动性缺口估算　　单位：百万美元

项目	0 ~ 30天	31 ~ 90天	91 ~ 365天
潜在资金运用			
加：到期定期存款			
小额定期存款	5.5	8	34
大额可转让存单	40	70	100

续表

项目	0 ~ 30天	31 ~ 90天	91 ~ 365天
欧洲货币存款	10	10	30
加：预测新增贷款			
工商贷款	60	112	686
消费者贷款	22	46	210
不动产和其他贷款	31	23	223
减：预测新增交易性存款			
活期存款	-6.5	105.5	10
协议存款	0.4	5.5	7
货币市场存款	1.6	3	6
总运用	173	155	1278
潜在资金来源			
加：到期证券投资			
货币市场金融工具	8	16.5	36.5
国债	7.5	10.5	40
金融机构债券	2.5	1	12.5
加：贷款本金偿还	80	262	903
总来源	98	290	992
期间性流动性缺口	75	-135	286
累计性流动性缺口	75	-60	206

从表 9-7 中可以看出，该银行在一年内资金的供给和需求的汇总情况。在 0 ~ 30 天内，该银行有正流动性缺口 7500 万美元，说明一个月内银行将面临流动性不足的压力。在 31 ~ 90 天及 91 ~ 365 天内的期间性流动性缺口分别为正缺口 13500 万美元和负缺口 26800 万美元，而这两个时期的累计性流动性缺口分别为负缺口 6000 万美元和正缺口 20800 万美元。这意味着，如果不依赖外部投融资，银行在这两个时间段分别会出现 6000 万美元富余流动性和 20800 万美元的流动性不足。

流动性缺口的概念简单直观，但也存在一些缺陷：关键是对资产负债进行期限划分时，往往依靠主观判断。例如，活期存款属于不稳定性负债，但实际也有沉淀下来的存款；长期贷款虽然属于非流动性资产，但也有提前偿还的情况；股本是最稳定的资金来源，但如果支付现金股利，也会产生流动性的需求。另外，流动性缺口未能很好反映银行潜在的资金筹措能力，而当今许多大银行正是以货币市场融资作为主要资金来源的，对它们而言，这并不存在太高的风险。

4）线性规划法。线性规划法是在一定的流动性条件下，通过数学最优化模型来进行资金配置和流动性管理一种方法。要进行线性规划，首先要建立目标函数（如利润最大化或风险最小化），选择模型变量，然后考虑约束条件，一般有四类约束：一是金融法规约束（主要是法定准备金率和资本要求）；二是流动性需求约束；三是安全性约束；四是贷款需求量约束。

在西方商业银行中，线性规划法的流动性管理模型在一些大银行中获得很大成功，使银行资金管理的精确性得到了极大的提高。但这种方法也存在一些问题：一是银行管理的一些变量和限制条件无法用数学语言描述，一旦参数的选择出现较大偏差，就会得出错误的结论；二是该方法对银行管理水平的要求较高，对小银行不适用。

5）期限阶梯法。期限阶梯法是巴塞尔委员会推荐的一种流动性风险管理方法，它通过比较特定时间序列中银行未来的现金收入和现金支出，可以有效了解商业银行的流动性风险状况。期限阶梯法的总体思路是：一是确定计算期限；二是分别计算该期限内所有的现金收入与支出；三是计算该期限下的现金余额，如果余额偏小，则需要注意流动性风险。表9–8中，期限阶梯的一边列出了现金收入的来源和金额，另一边列出了现金支出的来源和金额。

表9–8　以合同期限为基础的期限阶梯　　单位：万元

	现金流入	现金流出	现金余额
第1天	到期资产100 应收利息50 资产出售20 商业借款提款10 总计180	有合同期限到期负债90 应付利息10 其他存款提取30 商业借款提款10 总计140	40
第2天	到期资产100 应收利息25 资产出售55 商业借款提款10 总计190	有合同期限到期负债70 应付利息20 其他存款提取40 商业借款提款50 总计180	10
第3~15天	到期资产130 应收利息50 资产出售60 商业借款提款20 总计260	有合同期限到期负债90 应付利息30 其他存款提取40 商业借款提款60 总计220	40

在构筑期限阶梯时，银行需要将每一笔现金收入和支出分配到自起始日开始（通常是第二天）的某一天内。作为建立期限阶梯的第一步，可以根据资产到期日或对贷款额度提取日的保守估计列出现金流入表；同样，可以按负债的到期日、负债持有人可以行使提取权的最早日期及或有负债可能被使用的最早日期列出现金流出表。现金流入与流出之间的差额，即资金的余额或缺口，便成为衡量银行在未来时点上流动性余缺的起点。需要管理的正是这一净资金需求。

期限阶梯法的优点是可以根据"正常"、"机构出现危机"、"市场出现危机"等不同的场景预测不同情况下银行的现金头寸大小，以便及时做出补救。其缺点是：一是该方法有一个严格的前提假设，即期限内全部合约都得到执行，或者可以基本判断在每种情况下合约的执行情况；二是该方法只是给出了一个具体的头寸，而没有给出符合风险计量习惯的表本方式。

6）压力测试法。压力测试法是巴塞尔委员会提出的一种风险管理方法，分析极端情况下银行可能面临的流动性风险问题，衡量银行计提的资本能否完全覆盖风险，最终用以提出银行应该采取的合理措施以保证银行的流动性。

①压力测试的范围。银行定期进行压力测试，即对所有货币的整体流动性状况采用各种假设情况，以确保具备足够的流动性来承受压力情况。银行应对其持有大量业务的个别外币状况进行压力测试。监管部门一般鼓励商业银行尽量设想不同类型及严重程度的压力情况，但最低限度应将个别银行出现危机和整体市场出现危机两种情况分别列入压力测试范围。

个别银行出现危机的情景，应涵盖因为该银行实际或设想出现的问题，如资产质量问题、还债能力问题、信贷质量或管理层欺诈行为的传言等可能引起的情况。危机情景应作为该银行对遇到危机时其现金流量的极端评估，即该银行做最坏假设的情况。整体市场出现危机的情景是指大量金融机构在一个或一个以上市场内的流动性受到影响。这种情况包括多个市场突然出现流动性枯竭、中央银行融资渠道变化、外汇可兑换性，以及进入外汇市场融资的限制交易对手违约，要以大幅度折让才可以出售资产；因外界对银行信贷质量的担心出现很大差距而使银行获得资金的机会相差很大等。

②压力测试的有关指标。压力测试包含市场参数、现金流量压力、资产变现和抵押、筹资成本、货币风险、突发事件风险等多种指标的设计。市场参数包括在风险价值类的模型中所忽略的因素，即在一场灾难中可能会损失多少，通过市场、信用和流动性测算，而不是在一个失败日中的最小数额。现金流量压力用来测量在没有新的现金来源下的生存能力，其中对银行来说，表外业务的现金流量压力测试特

别重要。资产变现和抵押用来对流动性组合进行专门的测量。筹资成本的迅速提高或者现有的金融工具突然消失是出现流动性压力问题的第一个信号，可以导致更加严重的问题，需要进行极端情景的压力测试。货币风险是指由于外币对本币贬值而带来的经济影响，同样也可能出现缺乏本国货币来源的问题。突发事件风险是指如果国家在对资本进行货币可兑换性管制、冻结或者查封，管理部门和等级评定机构对于银行流动性的看法应作为突发事件的核心。

③压力测试的方法。目前常用的压力测试的方法基本上有两种：即情景分析和敏感性分析两种方法。情景分析是通过假设、预测、模拟等手段生成未来情景，并分析商业银行将面临的潜在的最大损失的方法。情景分析是一种多因素分析方法，结合设定的各种可能情景的发生概率，研究多种因素同时作用时可能产生的影响。在情景分析过程中，要注意考虑各种头寸的相互关系和相互作用。情景分析中所有的情景通常包括基准情景、最好的情景和最坏的情景。敏感性分析为一种单一因素分析。其目的是测量由于假设变动冲击而使相关风险因素产生的对商业银行的风险敞口及其承受风险能力的变化程度。简单地说，就是当风险参数每变化一个单位量时，相对应的资产组合的市场价值的变动情况。由于敏感性分析无需确定冲击的来源，而仅需指定风险参数变化即可使用•，因此银行经常将其用于即时测试。基于该分析方法的即时性及简单的特点，被广泛应用于交易前台、业务部门，甚至于风险管理者在市场环境变化冲击对机构影响的最初近似值的计算。

2．市场流动性风险的管理

市场流动性风险管理的主要问题是如何整合流动性风险与市场风险，主要有以下两种做法：

（1）整合流动性风险的单资产风险管理

该方法对单个资产中市场风险与流动性风险进行整合，主要有以下四种做法：

1）假设市场风险与流动性风险具有完全相关的关系。这种做法的典型代表是Bangia等人提出了BDSS模型。该模型把价差作为流动性风险的衡量指标，通过将流动性风险加总，在市场风险上来衡量二者的总风险。但在二者关系的处理上，BDSS模型过于简单，该模型假设市场风险与流动性风险完全相关。显然该假设过于简单，不能正确描述二者之间的相关结构关系。

2）事前加总，即首先利用半价差对中间价格进行调整，在此基础上衡量市场风险与流动性风险的综合风险。该方法的优点是避免了对于市场风险与流动性风险相关结构关系的讨论。但是在实际操作中，往往更希望得到两种风险之间的明确的相关结构关系，尤其在市场极端情况下，对二者相关结构关系的把握能够帮助人们有效衡量和管理风险。

3）考虑两种风险之间的关系，对市场风险和流动性风险极值相关结构关系进行研究。这种方法一般以市场收益和相对价差来表示市场风险和流动性风险，通过运用非参数方法研究金融危机时，股票市场价格暴跌与流动性消失同时发生的可能性。但在非参数方法中，并没有讨论风险的具体分布形式，因此无法进行蒙特卡洛模拟，而蒙特卡洛模拟是计算 VaR 常常使用的方法，不利于在风险管理中使用该方法。

4）利用 Copula 函数这种全参数的方法来对市场风险与流动性风险的相关结构关系进行研究。

（2）整合流动性风险的资产组合风险管理

这种方法对资产组合中市场风险与流动性风险进行整合，其中最为核心的问题是如何将单一资产的风险加总为组合的风险；从另一个方面来讲，这个问题就是选择怎样一种相关结构关系来对导致个别风险的因素进行建模。依据研究方法中所采用的相关结构关系，资产组合风险管理一般有以下三种做法：

1）假设资产收益之间服从联合正态分布。此种假设作为最经典的处理相关结构关系的模式，广泛应用于理论界和实务界。事实上，当假设资产收益服从正态分布时，已经隐含使用了线性相关关系来衡量相关结构关系。J.P.Morgen 的 Risk Matrics 模型和 Credit Metrics 模型就是在上述前提假设下建立的，这两个模型已广泛应用于市场风险和信用风险的分析研究中。

2）将投资组合视为一个整体，通过考察组合收益的波动性来衡量组合的 VaR 值。这种方法避免了对组合中各个资产的相关结构关系的研究。但这种方法也存在缺陷，它隐含假设资产间相关结构关系是不随时间变化的，而大量研究表明资产间相关结构关系是时变的。因此，这种做法不可能捕捉到资产相关结构关系的时变特征，更谈不上相关性的其他特征了。

3）利用 Copula 函数来刻画资产间的相关结构关系。这种做法是利用 Copula 函数对资产收益相关关系建模，同时考虑单资产内部收益波动（即市场风险）与价差波动（即流动性风险）的相关关系，达到对资产组合的市场风险与流动性风险的整合。通过对比研究资产间不同相关结构关系对风险管理的影响，给出最优的相关结构模型，并在此基础上讨论其风险管理的有效性。

第十章　商业银行全面风险与股票市场风险

第一节　商业银行全面风险

一、商业银行全面风险的识别与度量

1．商业银行全面风险识别的基本方法

（1）风险清单法

分析一个风险事件原因的最基本、最常用的方法是制作并分析风险清单的方法。全面风险清单不仅要列出银行经营中包含的所有潜在风险，并且要初步分析出这些风险之间的相关性。具体地说，就是采用类似于备忘录的形式，将银行面临的各种风险一一列举，并对这些风险进行整体考察，分析各种风险之间的相关程度。通过风险清单，可以将银行从潜在的风险因素到风险事故以及全面风险损失结果联系起来进行考察，从而达到分析全面风险的目的。

（2）头脑风暴法

头脑风暴法由美国创造学家 A.F. 奥斯本于 1939 年首次提出、1953 年正式发表的一种激发性思维的方法。可由一个小组集体进行或者由多人单独进行，通过参会人员的畅所欲言，把不同的意见在不受任何约束的情况下发表出来，然后再将参会人员的意见进行汇总。在这种方法下，意见小组一般都是由全面风险管理领域的专家组成，一般直接领导人通常不参加此类会议，否则在行政权力的约束下，某些意见可能会受到影响。另外，会议的组织者和领导者需要具备较高的综合素质，能够简洁地概括本次会议所要讨论的风险话题。一些比较直接、目标明确的风险问题和可能引起风险的各种决策与方案适合运用这种方法讨论。

（3）德尔菲分析法

德尔菲法也称“专家调查法”，是在20世纪40年代由O.赫尔姆和N.达尔克首创，经过T.J.戈尔登和兰德公司进一步发展而成。德尔菲法是一种采用通讯方式分别将所需解决的问题单独发送到各个专家手中，征询意见，然后回收汇总全部'专家的意见，并整理出综合意见。随后将该综合意见和预测问题再分别反馈给专家，再次征询意见，各专家依据综合意见修改自己原有的意见，然后再汇总。这样经过多次反复，逐步取得比较一致的预测结果的决策方法。

（4）幕景分析法

幕景分析法是一种能识别关键因素及其影响的方法。一个幕景就是一项事业或组织未来某种状态的描述，可以在计算机上计算和显示，也可用图表曲线等简述。它研究当某种因素变化时，整体情况会怎样以及有什么危险发生，像一幕幕场景一样，供人们比较研究。幕景分析的结果大致分两类：一类是对未来某种状态的描述；另一类是描述一个发展过程，及未来若干年某种情况一系列的变化。它可以向决策者提供未来某种机会带来最好的、最可能发生的和最坏的前景，以及在三种不同情况下可能发生的事件和风险。

（5）风险图分析法

风险图分析法是商业银行全面风险识别的一种重要方法。一个银行的风险图应能描绘出银行全面风险的概貌，能指引金融机构现在所处的风险状态，能帮助金融机构管理者确定避免困境、获取机会的最佳途径。风险图是在全面风险管理框架下，全面认识商业银行所面临的风险以及银行对这些风险所具有的抵御能力所需要的一种重要的风险识别技术。

1）风险图的作用。绘制风险图的目的是对银行的风险进行综合、系统的分析，能给银行管理者一个清晰、直观易解、全面的了解。其作用有：有助于识别全面风险包含的单个风险并了解它们的内在联系；有助于管理者了解风险发生的可能性、风险损失对银行的影响程度以及风险的严重性；有助于比较分析和评价现行全面风险管理措施的优劣，从而选择最适合的方法和策略；能显示经过全面风险管理策略和措施之后，银行所面临风险状况的变化趋势；便于在管理者以及职员之间进行风险交流和传递风险管理信息及策略；能为银行提供一个动态、明了的财务模型，其中包括所有可以对银行赢利能力产生影响的主要风险。

2）风险图的绘制。可以用一张二维平面图来展现风险图，在这张图上设计重要的指标，将银行目前面临的各种重要风险置于合适的位置，图10-1就是风险识别图的一个例子。

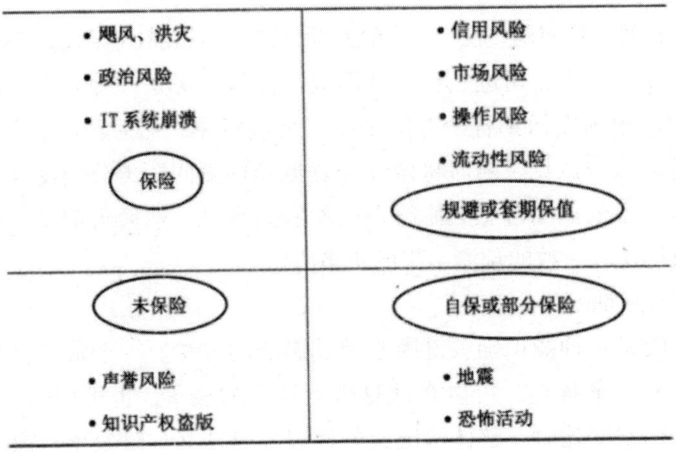

图 10–1　风险识别图

目前，绘制风险图还没有统一的标准，根据银行的经营特点和分析风险目的的不同，可以设计不同的风险图。一般而言，风险图绘制步骤见表 10–1：

表 10–1　风险图绘制步骤

步骤	具体内容
一	根据风险衡量指标对风险进行排序。最常用的风险衡量指标是损失程度和损失频率，根据不同风险类型的损失程度和损失频率的不同，把风险按大小进行排序，选出银行面临的重要风险
二	对银行面临的重要风险进行分类。全面风险管理的本意是着眼于银行面临的所有风险，虽然实际中我们不可能真正顾及银行面临的所有风险，但也需要尽可能多地搜集风险样本。为了更清晰地了解银行的严重风险隐患，需要用一种自上而下或者树叉式的分析方式，将所考察的风险进行分类和罗列
三	对银行确认的重要风险进行评估，主要包括定性评价和定量评估两种。定性评估主要采用描述方式，说明银行所面临的各种重要风险以及这些风险的危害、可以采取的风险管理措施等。定量分析是通过设定损失程度、损失频率、变动幅度或在险值等定量指标，对风险的严重性进行度量

3）利用风险图进行风险评估。在实践操作中，根据问题的大小和所考察对象的复杂性，风险图可能有不同的形式、不同的功能和作用。图 10–2 是一个二维坐标系，以损失频率为横轴、损失程度为纵轴，可以根据需要划分区域，简单的做法是划分为四个象限。风险损失对银行的影响大小依次排列应该为Ⅰ、Ⅱ、Ⅲ、Ⅳ。

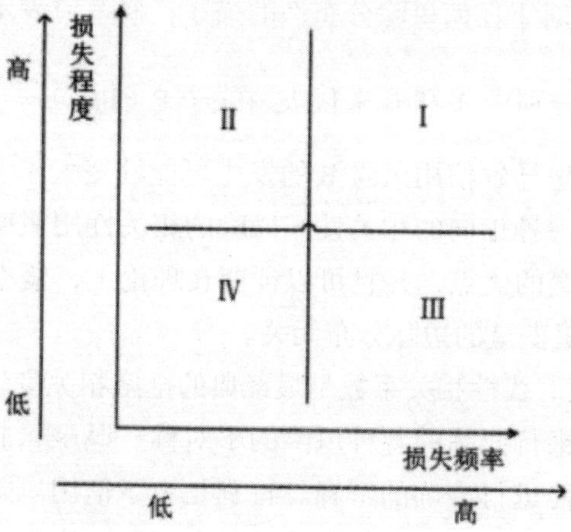

图10-2　利用风险图进行风险评估

• 位于第Ⅰ象限的风险具有这样的特点：损失程度大，发生的概率大；严重影响银行的生存和发展，需要进行重点处理与控制；难以通过保险等方式转移，风险规避或控制是根本的选择。

• 位于第Ⅱ象限的风险具有这样的特点：损失程度大，发生的概率小；一旦这类风险变成现实，对银行的影响非常严重；银行对这类风险的关注和重视程度仅次于第Ⅰ类；可以采用风险转移方法，包括保险、合同转移或风险证券化，或者通过资本市场进行对冲等。地震、飓风、恐怖事件、政治动荡、金融风暴等造成的影响属于第Ⅱ象限。

• 位于第瓜象限的风险发生概率大，但损失并不严重。银行面临的大多数风险都属于这种情形，实际上大约80%的风险都位于第Ⅲ和第Ⅳ象限，这些风险对银行影响并不严重，只需要银行采取恰当的措施进行处理就可以了。

• 银行没必要对第Ⅳ象限的风险进行关注和控制，除非预期这类风险会发生重大的改变，转换为更高级别的风险。

2. 商业银行全面风险的度量

（1）商业银行全面风险相关性

对商业银行全面风险管理的核心是对市场风险、信用风险、操作风险和流动性风险的整合度量。可以通过建立一个多元分布模型来描述不同类型风险的联合分布，进而对风险进行整合度量，而不同分布之间的相关性是建立联合分布模型的关键，将不同类型的风险进行整合度量的研究还处于起步阶段。以下是一些常见的度量不同风险之间相关性的方法：

1）概率值相关。对于任何风险分布性的描述，概率值表示法都是适用的。假设市场风险和信用风险分别用A和B来代表，式子P（B|A）= $\frac{P(AB)}{P(A)}$ >P（B）成立，则表明市场风险A发生导致信用风险B的发生可能性变大了，也就是说市场风险A与信用风险B之间是一种正向的相关性。风险的相关性用概率来表示，具有对于变量单调增或减变换不变的优点，并且可以证明在理论上，概率相关性与相应的联合布函数有关，而与随机变量的边际分布无关。

2）线性相关系数。线性相关系数是最经典的金融相关度量指标，但也存在一定的缺陷。比如，商业银行面临的各种风险的不对称、厚尾、非线性相关的问题，运用线性相关系数就不能进行准确的解释。特别是由于信用风险和操作风险的边际分布在大多数情形下二阶矩不存在且都是有偏的，因此，线性相关系数的应用受到很大约束。

3）影响图相关。理解复杂问题可以通过影响图这种定性工具。影响图可以用于识别潜在重要的确定性来源，还可以识别导致风险发生的驱动因素和相关的因果关系，因此影响图分析方法在信用风险管理方面得到了较好的运用。可是对于风险发生时间、相关强度、即时性等特点，影响图是无法解释的，仅能指出风险间的因果关系以及相关关系，所以影响图只是评估风险相关性的一种定性分析方法。

4）尾相关。四种主要风险损失分布的尾部特征是风险管理中考察的重点，所以度量金融数据的尾部相关性非常关键，深受学者和实务操作者的青睐。尾相关可以用来描述当某一风险发生的损失或频率超过某一阙值时，与之相关的某种风险的损失幅度或发生频率会如何变化。但是，尾相关归根到底还属于概率相关问题，求出的是一个概率值，因此，尾相关不能描述风险分布的相关模式等全部信息，仅能对风险的相关程度进行描述。

5）秩相关。不依赖于矩思想，秩相关是基于顺序统计量的原理，可以计算出任何未知分布的秩相关统计量。Kendall’s τ，Spearman’sp 和中位数相关等指标是较为常见的秩相关统计量。其优势是：在非线性增变换下，秩相关系数可以保持不变。其劣势是：秩相关系数不是基于矩计算出来的，所以一些有用的数据信息被遗漏了。

6）用Copula函数表示相关。虽然Copula函数并不是一种较新的函数，但其在商业银行全面风险相关性的度量方法上是新近提出的。这主要是由于各种风险间的相互作用本质上是动态相关的，而各种风险整体分布却非常难于刻画与描述，

Copula 函数可以将不同分布的随机变量连接起来，是一种连接不同随机变量边际分布和相关结构的联合分布函数。Copula 函数在度量随机变量相关性的优越之处体现在通过利用包含于不同边际分布中的相关程度，并结合 Copula 函数表示的相关模式，可以捕捉各种随机变量的动态相关特征，这是通过时变的相关参数来完成的。因此可以通过 Copula 函数在对整体风险度量的过程中，进行更加深入细致的金融整体风险相关性的描述。

（2）银行全面风险度量指标

1）敏感性指标。通过某种风险资产或资产组合对该种风险因子的敏感性来进行全面风险测量，首先必须确定影响风险资产价值变化的风险因子。设全面风险资产的价值为 p，用 F_1，F_2，…F_n，圪表示各种风险因子。由于各种风险因子的变化将导致全面风险资产价值的变化，其计算公式为：

$$\Delta p=\sum_{t=1}^{n}D_t\cdot\Delta F_t$$

式中，D_t为风险暴露，表示风险资产对该种风险因子的敏感性。D_t主要用于测量资产价值变化随风险因子变化的百分数。

敏感性是在风险因子变化趋近于 0 时，假设该种风险资产价值与风险因子的变化呈线性关系的前提条件下进行的全面风险度量，因此，敏感性测度是一种局部测度，是一种线性近似。在这种条件下，对于敏感性可用 Dt= $\partial P/\partial F_t$ 来定义。

由于是在线性相关的假设前提下对风险进行度量，而线性近似并不能很好地描述资产价格变化的特点，也就是说，全面风险资产价格的变化不是每种风险因子变化的线性组合，因此，运用敏感性指标对全面风险进行度量有一定的缺陷；其次，风险因子的变化不是瞬时发生的，需要考虑时间因素。假设经过时间$\triangle_t$，资产价值变化可表示为：

$$\Delta p=A+\sum_{t=1}^{n}D_t\cdot\Delta F_t+\frac{1}{2}\sum_{t=1}^{n}D_t\cdot\left(\Delta F_t\right)^2+\gamma$$

式中，每一种资产的特殊风险用 γ 表示；资产价值对风险因子的线性风险暴露和二次风险暴露则分别用D_t和C_r来表示。

2）VaR。VaR 是指在分析期间内，某项金融资产或证券组合在一定的置信水平下预期发生的最大可能损失值。用公式表示为：

$$\text{prob}(\triangle p>\text{VaR})=l-c$$

式中，为资产在分析期内的实际损失；VaR 为在一定置信水平下预期发生的最大可能损失值；c为置信水平。

由于VaR指标在度量风险时存在许多缺陷，有些缺陷以目前计量技术的发展水平是无法弥补的，但是随着科学技术的进步，VaR的有些缺陷可以通过某些方法进行弥补，从而形成一些新的指标，主要包括条件VaR（CVaR）、期望亏空（ES）、尾部条件期望（TCE）、最坏条件期望（WCE）和谱风险度量（Spectral Risk Measures）等5个一致性风险度量指标。

基于VaR基础上改进的一致性风险度量指标，仍然是以VaR计算方法为核心理论，因此VaR仍是度量所有风险的基础指标，目前VaR方法是国际上衡量金融风险大小的使用最广泛的方法。

3）用Copula函数对不同风险进行整合。Copula函数能够很好地描述市场风险、信用风险、操作风险和流动性风险的分布特征，因此，在构造全面风险联合分布函数时，可以采用Copula函数进行描述。通过对边际分布和Copula函数形式的确定，将边际风险分布用确定的Copula函数连接，就可以构造银行全面风险的分布函数了。假设市场风险、信用风险、操作风险和流动性风险的收益分别用随机变量X，Y，Z和W表示。而四种风险的边际分布分别用F（x），G（y），H（Z），L（W）来表示，则基于Copula函数下的四种边际分布构成的联合分布函数就可以用下式描述：

$$F(X, Y, Z, W)=C(F(X), G(Y), H(Z), L(W))$$

则风险组合的VaR可以由下式得到：

$$P(aX+bY+cZ+dW \geq VaR_a)=\int_{aX+bY+cZ+dW \geq VaR} dC(F(X),G(Y),H(Z),L(W))$$
$$=1-a$$

式中，市场风险、信用风险、操作风险和流动性风险在投资组合中的比重分别用a，b，c，d来表本，且有a+b+c+d=1成立。在置信水平a下，VaR_a为指定值。在Sklar定理中，若F（•），G（•），H（•），L（•）是连续的，则函数C（•）是唯一的。

因此，商业银行只要将面临的市场风险、信用风险、操作风险和流动性风险的边际分布确定了，并且选择合适的风险之间相关性的连接函数，就可以对商业银行的整体风险进行度量，从而计算相应的风险值VaR。

从单一到多样、从简单到复杂，是商业银行面临的风险变化的主要特征，因此，未来商业银行的主要任务就是加强对全面风险的管理。在度量商业银行全面风险时引入Copula函数的研究在中国具有借鉴意义。

二、商业银行全面风险管理

1. 商业银行全面风险的内部管理

（1）商业银行全面风险的内部控制

全面风险内部控制是指商业银行在全面风险识别和度量的基础上，根据全面风险性质和商业银行对整体风险的承受能力，对全面风险所包含的不同类型、不同程度的风险，采取恰当的应对策略对整体风险进行控制的过程。

全面风险管理方法主要包括以下几种（见表10–2）：

表10–2　全面风险管理的方法

方法	具体内容
保险	银行全面风险的保险形式包括有限风险保险和再保险。有限风险保险实质上是集风险转移和风险融资于一体，将保险和财务融资相结合的一种风险融资计划，它强调的是时间价值，规避的是时间风险。商业银行通过投保，将整体风险转移给承保人。这种保单通常提供多年的保障，并根据保险期内所缴纳的保险费提供相应水平的保障，可以在保单有限风险条件下进行融资。当发生风险损失时，承保人按照保险合同的约定责任给予被保险人经济补偿
全面风险控制	全面风险控制就是规避风险、防范风险、减少损失、增进收益、改善银行价值所使用的技术、工具、过程和行为。风险规避是指商业银行拒绝或退出某一业务或市场，以避免承担该业务或市场具有的风险。全面风险规避主要是指对于包含于全面风险之中的单一风险的规避，因为全面风险是由单一风险构成的，单一风险的规避结果是全面风险的降低。对于那些风险大、损失程度大且不属于商业银行管理优势的风险可以采取这种策略，这是一种消极的风险管理策略
风险证券化	风险证券化指对于在一定时间区间内发生的不确定、但在总体上具有某种确定的事件，将其作为保险标的，通过出售与之相对应的证券化的金融产品以分散这种风险的金融手段。风险证券化是20世纪90年代发展起来的创新风险融资形式，越来越受到商业银行的重视与应用
套期保值和对冲技术	套期保值和对冲技术主要是指通过投资或购买与标的资产收益波动负相关的某种资产或期货、期权、互换等现代金融衍生工具，来冲销标的资产潜在的风险损失的一种风险管理策略。套期保值和对冲技术是规避和对冲银行资产风险的主要手段。根据商业银行面临的风险特征，对冲技术可以分为两种情况：自我对冲和市场对冲。商业银行利用资产负债表或某些具有收益负相关性质的业务组合来对冲风险的是自我对冲，而无法通过资产负债表和相关业务调整进行自我对冲的风险必须通过衍生产品市场进行风险对冲的是市场对冲

（2）商业银行要建立完善的公司治理结构

完善公司治理结构是建立现代企业制度的前提，是提高银行的发展能力、竞争能力和抗风险能力的根本。要在董事会下设立专门的风险管理部门，将各种风险进行统一管理，提高全面风险管理效率。提高商业银行风险管理水平的关键是构建完整独立的整体管理体系。首先，要培育先进的全员全面风险管理文化，将全面风险管理理念植入银行每一个员工的思想中去；其次，对全面风险的管理要建立在独立而权威的管理部门基础之上予以实现；最后，实现对各类风险全面管理必须运用科学的风险管理模式。

（3）商业银行全面风险的处置与补偿

商业银行全面风险处置与补偿是指商业银行在整体风险发生导致损失形成后进行的事后处置和补偿过程。一般来说，商业银行的预期损失主要是用提取的风险拨备来补偿，而非预期损失主要是用资本来补偿。"资本是抵御风险的最后一道防线"指的就是这个补偿机制。商业银行全面风险管理的主要目的之一是通过对全面风险的度量，降低商业银行拨备的经济资本，以达到资本的有效配置。全面风险并不等于单一风险的简单加总，其拨备的经济资本要小于单一风险拨备的经济资本之和，这也是为什么要对风险进行整体研究的原因之一。

另外，商业银行可以将全面风险拨备的经济资本作为一个"资金池"来管理，这样不仅可以减少经济资本的管理成本，最重要的是可以通过"资金池"的运作模式降低商业银行拨备的经济资本。因为不同类型风险的经济资本之和远大于全面风险的经济资本，如果从整体的角度管理不同风险的经济资本，就能用较少的拨备经济资本获得更大的经济收益。当然，经济资本的"资金池"运作模式并不是一朝一夕就能够实现的，还需要完备的内部管理制度的配合。

2．商业银行全面风险的外部管理

商业银行在进行全面风险防范与化解的过程中，不仅要从银行内部进行控制，还要以外部防范措施为依托，形成内外兼顾的商业银行整体风险防范体系。

（1）商业银行全面风险防范的外部措施

商业银行全面风险防范的外部措施，见表10–3。

表10–3　商业银行全面风险防范的外部措施

措施	具体内容
建立规范的信息披露制度	建立信息披露制度是市场约束的前提。银行的信息披露涉及银行经营管理的所有方面，在披露的信息中，风险具有关键性地位。商业银行整体风险所包含的多种类型的风险信息不仅是信息最为基本的内容，而且详细的控制风险的内部制度建设等方面的内容也应在信息披露中体现。通过董事会、高级管理层、经营管理部门等多个层次的分工合作才能实现风险信息披露的不断完善。此外，商业银行在信息披露的同时，还应整合风险、市场风险和操作风险等常规风险数据，多渠道搜集风险数据，建立全面数据库

续表

措施	具体内容
建立完善的全面风险审计制度	商业银行审计体系包括内部审计和外部审计。内部审计作为一项独立、客观公正的约束与评价机制，在强化全面风险管理过程中发挥着重要作用。内部审计部门应当定期对整体风险管理体系各个组成部环节的准确性、可靠性、充分性和有效性进行独立的审查和评价。商业银行也要重视外部审计的作用。目前，外部审计机构会在年度审计报告中提供风险管理评估报告。未来，外部审计机构在提供风险管理评估报告的同时，应对于全面风险管理的评估内容，完善商业银行对全面风险的审计制度，这有助业银行良好运营，满足外部监管者和投资者的需求
完善全面风险管理监督机制	商业银行必须加强对商业银行全面风险管理流程实施的外部监督，以促进商业银行全面风险管理的顺利实施。商业银行应重点关注重大风险、重大事件和重大决策、重要管理及业务流程对商业银行造成的影响，对全面风险的初始识别与评估、全面风险度量、全面风险管理和关键控制活动及解决方案的实施情况进行监督，实时关注全面风险变动趋势，采用多种方法对全面风险管理的有效性进行检验，积累相关经验，并及时对全面风险的度量方法加以改进

（2）商业银行全面风险外部监管方式

1）全面风险交流。全面风险交流就是通过一种信息传导机制，将有关风险管理方面的重要信息，包括全面风险的隐患、危害性、损失防范与控制措施等，在相关人员之间进行传递、交流，以达成协调一致、共同控制风险的目的。风险的交流不是单向的，而是一种交互式的过程，它不但渗透全面风险管理过程中的每个环节，也要求一种双向的、互动式的交流机制。专家要将全面风险的隐患、危害性、防范与控制措施等事项让内部及外部人员了解、领会，也要让各相关部门将自己对全面风险的认识、困惑以及控制全面风险的需求反映给职能部门。

2）全面风险的考核与调整。考核和评价主要针对全面风险管理计划的合理性、实施过程的有效性，以便根据环境的变化和效果的好坏进行适当修正，以改善全面风险管理水平。科学的全面风险管理过程不是一成不变的，是动态的过程。银行应根据环境的变化，根据全面风险管理效果的评价结果及时进行调整和修改，以达到最佳的全面风险管理效果。

第二节　股票市场风险

一、股票市场风险的度量

1．预期回报

（1）预期回报

假设一个投资组合 P 包含 n 个股票，分别以 i=1，2，…，n 表示。投资组合在 t 时期的财富是 $W_t=\sum_{i=1}^{n}X_{i,t}$，$X_{i,t}$ 是在 t 时期该投资组合第 i 个成分股票的财富。则投资组合 P 从 t–1 期到 t 期的预期回报 E（r_P）为：

$$E\left(r_p\right)=\frac{E\left(W_t\right)-W_{t-1}}{W_{t-1}}$$

$$=\frac{\sum_{i=1}^{n}\left[E\left(X_{i,t}\right)-X_{i,t-1}\right]}{\sum_{i=1}^{n}X_{i,t-1}}=\sum_{i=1}^{n}\frac{X_{i,t-1}}{\sum_{i=1}^{n}X_{i,t-1}}\frac{\left[E\left(X_{i,t}\right)-X_{i,t-1}\right]}{X_{i,t-1}}$$

$$=\sum_{i=1}^{n}w_iE\left(r_i\right)$$

式中，$E\left(r_i\right)=\frac{\left[E\left(X_{i,t}\right)-X_{i,t-1}\right]}{X_{i,t-1}}$ 为股票的 i 的预期回报，$w_i=\frac{X_{i,t-1}}{\sum_{i=1}^{n}X_{i,t-1}}$ 为投资在股票 i 上的权重，且 $\sum_{i=1}^{n}w_i=1$。

因此，一个股票组合的期望收益率为这个组合中所有单个股票期望收益率的加权平均，每个股票对应的权数为投资于该股票的资金比例。

（2）方差

投资组合 P 包含 n 个股票，股票 i 的回报为 r_i，占的投资权重为 w_i，则投资组合的总回报为：

$$r_P=\sum_{i=1}^{n}w_ir_i$$

投资组合的方差为：

$$\sigma_p^2 = E\left(r_P - E\left(r_p\right)\right)^2 = E\left[\sum_{i=1}^{n} w_i\left(r_i - E\left(r_i\right)\right)\right]^2$$

$$= \sum_{i=1}^{n}\sum_{j=1}^{n} w_i w_j \sigma_{ij}$$

式中，$\sigma_{ij}=E[(r_i-E(r_i))(r_j-E(r_j))]$是股票i与股票j的回报的协方差，当i=j时，$\sigma_{ij}=\sigma_i^2$，即为股票i的方差。

协方差是两个随机变量相互关系的一种度量指标。它可以测量两个股票收益率之间的“互动”关系。协方差为正表明两个股票的收益率倾向于向同一方向变化。股票；的收益率高于其期望收益率时，股票 j 的收益率也倾向于高于其期望收益率。协方差为负表明两个股票的收益率倾向于向相反方向变化。股票 i 的收益率高于其期望收益率时，股票 j 的收益率则倾向于低于其期望收益率。

相关系数是与协方差密切联系的另一个统计指标。相关系数与协方差有如下的对应关系：

$$\sigma_{ij} = p_{ij}\sigma_i\sigma_j$$

式中，p_{ij}为股票i与股票j的收益率相关系数；σ_i和σ_j分别为两个股票的标准差。

相关系数对协方差进行了重新标度，它便于同另一对随机变量的相对值进行比较。相关系数总是在 –1 至 +1 之间。相关系数为 –1 表示两个随机变量完全负相关，相关系数为 +1 表示两个随机变量完全正相关，这两种极端情形下，两个随机变量呈现出一一对应的函数关系。大多数情形下，两个随机变量的相关系数介于两个极端值之间。

（3）有效前沿

在马可维茨的投资组合分析中，一个重要的概念是“有效前沿”。有效前沿的概念可以用图 10–3 表示。图中横轴表示风险，以收益率的方差（或标准差）来度量。图中阴影部分表示已给证券的所有可能的投资组合。每一个可能的投资组合都有一个确定的期望收益率和一个确定的风险水平。这样，每一个投资组合可用图 10–3 中阴影中的一个点来表示。

在图 10–3 中，有效前沿是点 A、B 之间阴影区域的左上边线。在这一有效前沿上的投资组合优于该边线下方的投资组合。具体地说，有效前沿上的投资组合比承担同样风险的其他组合产生更高的期望收益率，比具有同样期望收益率的其他组合承担更低的风险。例如图中的组合 C，它不在有效前沿上，明显劣于有效前沿上的组合 D 和组合 E。组合 D 与组合 C 承担同样的风险，但比组合 C 产生更高的期望收益率。组合 E 与组合 C 具有同样的期望收益率，但比组合 C 承担更小的风险。

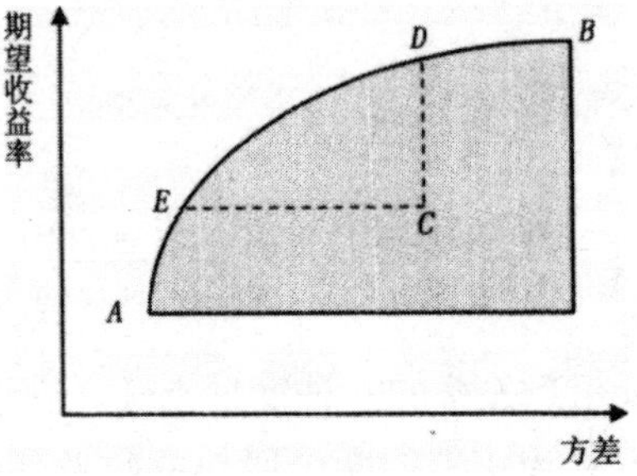

图 10–3　投资组合可能的集合

（4）无差异曲线

一个投资者选择什么投资组合取决于投资者的效用，也就是说，投资的最优决策就是选取一个能够使得效用达到最大化的投资组合。如果该投资者按照马可维茨模型进行决策，那么他的效用取决于投资组合的期望收益率和风险。承担相同风险的投资组合中，期望收益率越高的组合带来的效用越大；而具有相同期望收益率的组合中，风险越小的组合带来的效用越大。

描述效用的一个简单工具是无差异曲线。一条无差异曲线表示给投资者带来相同效用的一系列风险和期望收益率的组合。在同一条无差异曲线上，不同的风险和期望收益率组合对投资者而言是无差异的。

图 10–4 描述了一个假想的投资者具有的无差异曲线。图中组合 A 和组合 B 对于该投资者而言是同样满意的，虽然组合 A 与组合 B 具有不同的期望收益率与方差，但二者落在同一条无差异曲线 I_2 上，因此具有同样的效用水平。

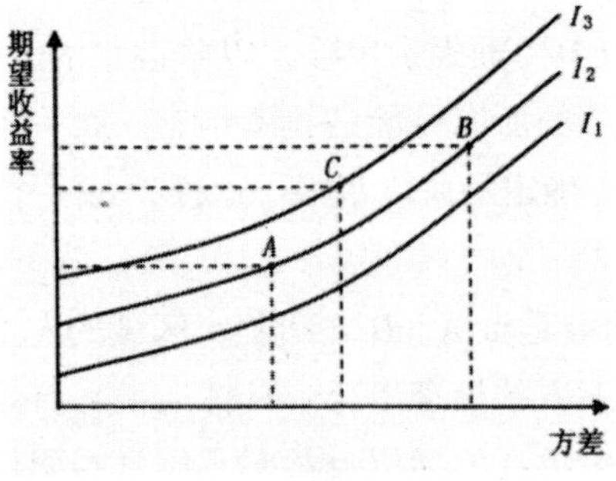

图 10–4　风险厌恶者的无差异曲线示意图

无差异曲线具有以下几个性质：

1）无差异曲线向右上方倾斜。由于假定投资者是风险厌恶型的，为了保持效用水平的不变，承担更高的风险必须要有更高的期望收益率来弥补，即无差异曲线 I_2 向右上方倾斜。这也是无差异曲线的第一个性质。

2）不同的无差异曲线不会相交。图 10–5 说明了这一点。假设无差异曲线 I_1 和 I_2 相交于交点 X。由于组合 X 位于无差异曲线 I_1 上，因此与无差异曲线 I_1 上所有的组合与组合 X 具有同样的效用水平。另一方面，组合 Z 也位于无差异曲线 I_2 上，因此也与无差异曲线 I_2 上所有的组合具有同样的效用水平。这就导致了矛盾，因为 I_1 和 I_2 被假定为代表不同的效用水平。因此两条代表不同效用水平的无差异曲线不会相交。这是无差异曲线的第二个性质。

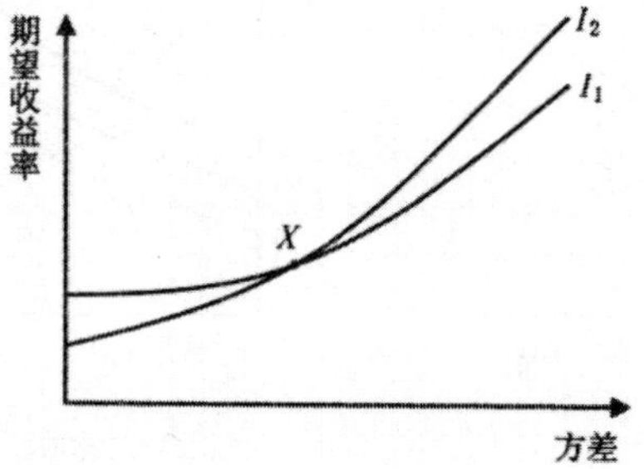

图 10–5　相交的无差异曲线示意图

3）在风险一期望收益率平面中，代表较高效用的无差异曲线位于代表较低效用的无差异曲线的“西北”方。图 10–4 所描述的投资者将发现组合 C 比组合 A 和组合 B 都要好，因为组合 C 位于无差异曲线 I_3 上。而无差异曲线 I_3 位于无差异曲线 I_2 的“西北”方。虽然组合 C 承担的风险比组合 A 更大，但其更高的期望收益率足以弥补高风险所带来的效用损失。虽然组合 C 产生的期望收益率不如组合 S 高，但其承担更低的风险也足以弥补低期望收益率所造成的效用损失。可以看出，无差异曲线 I_2 上与组合 C 承担同样风险的组合的期望收益率低于组合 C，因此可以断定组合 C 的效用高于无差异曲线 I_2 所代表的效用水平。这是无差异曲线的第三个性质。

每一个理性投资者都具有一个无差异曲线图，满足前述的三个特征，并且对该投资者而言是唯一的。不同的投资者可能具有不同的无差异曲线图。无差异曲线倾斜的程度体现了投资者的风险厌恶程度。图 10–6 显示了三种不同风险厌恶类型投资者的无差异曲线图。图 10–6（a）展示的是高风险厌恶型投资者的无差异曲线图。对于高风险厌恶型投资者而言，为了弥补风险增加带来的效用损失，需要提高较多的期望收益率来进行弥补。这使得无差异曲线呈现出比较陡峭的形态。图 10–6（b）展示了中等风险厌恶型投资者的无差异曲线图。相对于高风险厌恶型投资者的无差异曲线而言，其无差异曲线显得更为平缓，这是因为面对同样的风险增加程度，中等风险厌恶型投资者为弥补效用损失需要提升的期望收益率没有高风险厌恶型投资者那样多。图 10–6（c）展示了低风险厌恶型投资者的无差异曲线图。该无差异曲线最为平缓，因为低风险厌恶型投资者对风险的增加最不敏感，他仅需要少量的期望收益率提升来弥补风险增加导致的效用损失。

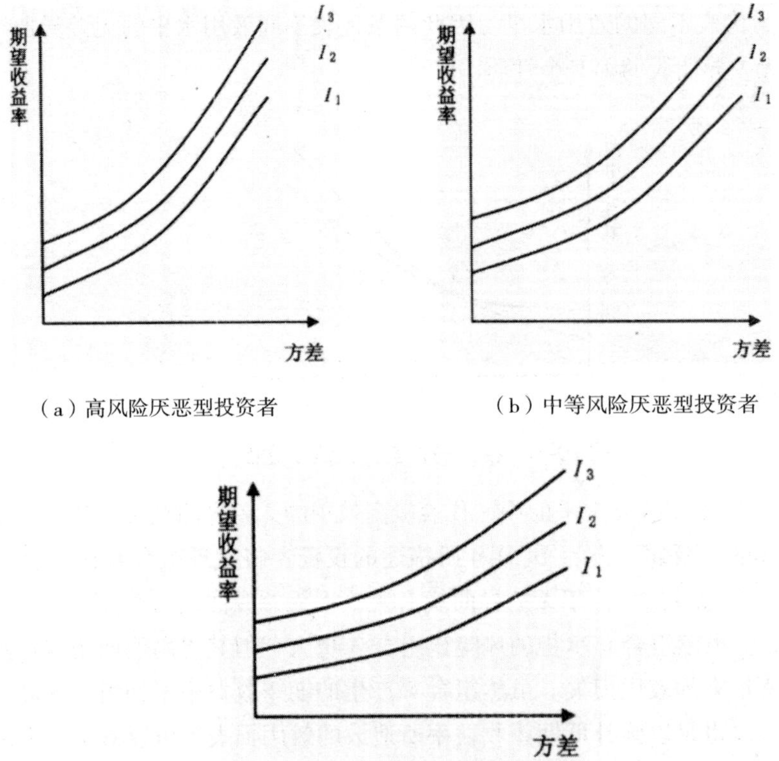

（a）高风险厌恶型投资者

（b）中等风险厌恶型投资者

（c）低风险厌恶型投资者

图 10–6　三种风险厌恶型投资者的无差异曲线示意图

（5）最优投资组合的选择

利用有效前沿及无差异曲线，可以确定最优投资组合。有效前沿给出了各种有效的投资组合，每一个投资组合由风险—期望收益率图中的一个点来表示。而无差异曲线将所有的风险—期望收益率配对所带来的效用大小进行了排序。将二者绘在同一个图中，即可得知有效前沿中给投资者带来最大效用的投资组合，这个组合对应于有效前沿与无差异曲线的切点。

在图 10-7 中，同时绘制了有效前沿 AB，以及某投资者的三条无差异曲线 I_1、I_2、I_3。有效前沿 AB 与无差异曲线 I_2 相切于点 O^*，0^* 点代表的投资组合即对该投资者而言的最优投资组合。点 0 虽然也位于有效前沿上，但它位于无差异曲线 I_1 上，其对应的效用水平低于点所位于的无差异曲线 I_2 对应的效用水平。尽管无差异曲线 I_3 的效用水平比无差异曲线 I_1 更高，但它与有效前沿没有相交，因此不存在能带来这么高效用水平的有效投资组合。在所有与有效前沿有交点的无差异曲线中，I_2 所代表的效用水平是最高的。

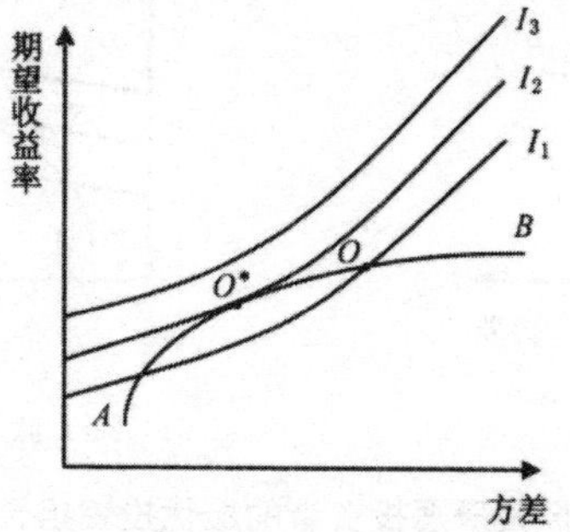

图 10-7 最优投资组合的确定示意图

风险厌恶程度不同的投资者会选择不同的投资组合。图 10-8（a）是高风险厌恶型投资者的最优投资组合选择，而图 10-8（b）是低风险厌恶型投资者的最优投资组合选择。无差异曲线与有效前沿相切于何点主要取决于无差异曲线的陡峭程度。显然，在切点 0^*，有效前沿与无差异曲线具有同样的斜率。相对而言，高风险厌恶型投资者的无差异曲线显得更为陡峭，而低风险厌恶型投资者的无差异曲线显得更为平缓。因此高风险厌恶型投资者选择的最优投资组合更偏向于有效前沿 AB 的左边，即选择了风险更低的有效投资组合；而低风险厌恶型投资者选择的最优投资组合更偏向于有效前沿的右边，即选择了风险更大的投资组合。

6）无风险借贷

前面的讨论中没有考虑无风险资产的存在。根据前述的讨论可知，不管是两个股票还是多个股票的情形，若不存在收益率完全相关的股票，则有效前沿在标准差一期望收益率平面中的形态都是双曲线的上半支。以下基于这一结论进行讨论。现在考虑以投资者可以以无风险利率 rf 进行借贷，借贷利率相同。假设在由股票构成的有效前沿上存在一个组合 P，其收益率为 rp，投资者利用该组合与无风险资产构造新的投资组合 Q，设投资者投资于组合 P 的财富比例为 x，投资于无风险资产的财富比例为（1–x），记投资组合 Q 的收益率为 r_Q，则有

$$E\left(r_Q\right)=x\cdot E\left(r_p\right)+\left(1-x\right)\cdot r_f$$

$$\operatorname{var}\left(r_Q\right)=x^2\operatorname{var}\left(r_p\right)$$

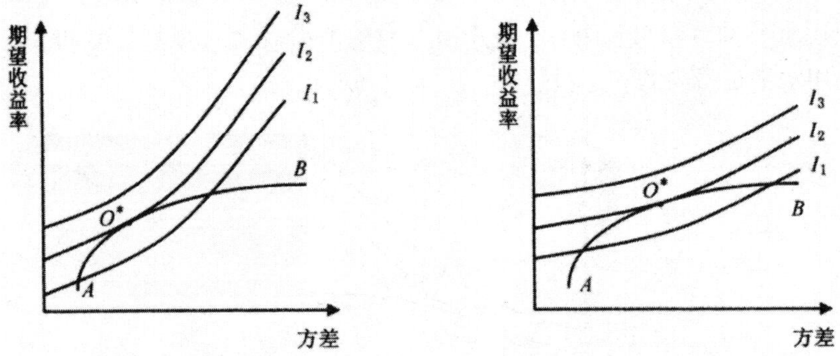

（a）高风险厌恶型投资者　　（b）低风险厌恶型投资者

图 10–8　不同风险厌恶投资者的最优投资组合选择示意图

（即组合 Q 的期望收益率是组合 P 的期望收益率与 r_f 的加权平均，组合 Q 的标准差是组合 p 的 x 倍，也可视作组合 P 的标准差与 r_f 标准差的加权平均，两个加权平均的权数均相同。这意味着在标准差一期望收益率平面中，当 x 位于 0 到 1 之间时，组合 Q 位于点 r_f 与点 P 之间的线段上。若 $x>1$，则组合 Q 位于点 r_f 到点 P 的连线的延长线上。图 10–9 体现了这一点。

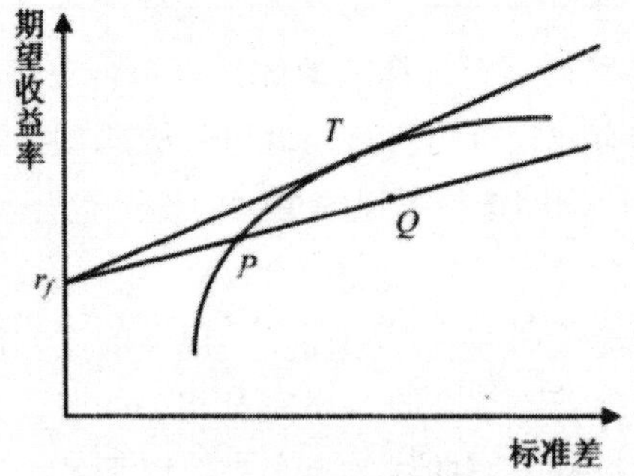

图 10–9　无风险资产与有限前沿示意图

由股票构成的有效前沿上任何一个组合都可以与无风险资产构建新的组合。这使得投资组合的可行集得以扩展。同时也使得有效前沿发生变化。从图 10-9 中可以看出，当点 P 在由股票构成的有效前沿上移动时，经过点 r_f 与点 P 的射线的斜率不断进行调整，当点 P 移动到点 T 时，该射线与由股票构成的有效前沿相切，此时射线的斜率达到最大化。在这条切线上的投资组合比在切线以下的投资组合要更有效，在风险等同的所有可行的投资组合中，位于切线上的投资组合期望收益率最高；而在期望收益率相等的投资组合中，位于切线上的投资组合风险最小。因此加入无风险资产后，标准差—期望收益率平面中的有效前沿变成一条射线。

2. 因子模型

在运用马可维茨的投资组合分析方法时，若存在很多的风险资产，则有效前沿以及切点组合 T 的确定会非常复杂。如果组合中存在 N 个风险资产，则为了计算有效前沿或切点组合，需要输入 N 个资产的期望收益率、方差以及 N 个资产两两之间的协方差，共包含 2N+N（N–1）/2 个参数。这样的计算量非常巨大，即使利用大型的计算机，也难以胜任这一工作。幸运的是可以利用因子模型把原先 N+N（N+1）/2 个参数的估计任务转化为 N 个因子模型的估计任务，大大简化了计算任务。下面先从单因子模型开始讨论。

（1）单因子模型

记股票 i 在 t 时期的收益率为 r_{it}，则股票 i 的收益率可描述为：

$$r_{it}=E(r_{it})+\beta_i F_t+\varepsilon_{it}$$

式中，$E(r_{it})$ 为股票i在t时期初的期望收益率；F_t为系统性因子在t时期的非预期变化，即系统性因子在t时期末的取值减去期初的预期值，显然F_t具有零期望；β_i为股票i对因子F的敏感性；ε_{it}为股票i在t时期因公司特有原因引起的随机扰动，其波动独立于F_t的波动，并且对于$i\neq j$，ε_{it}与ε_{jt}也相互独立。随机扰动ε_{it}具有零期望。

上式被称为股票收益的单因子模型，它阐明了单因子模型的基本思想。但在实际应吊中，由于不便于确定 $E(r_{it})$ 和 F_t 的数值，上式不适合于实证分析。为方便实证分析，上式常被改写为：

$$r_{it}=ai+\beta_i F_t+\varepsilon_{it}$$

式中，F_t的含义也调整为系统性因子在t时期末的取值。在描述股票收益与系统性因子之间的关系方面，式（$r_{it}=ai+\beta_i F_t+\varepsilon_{it}$）与式（$r_{it}=E(r_{it})+\beta_i F_t+\varepsilon_{it}$）并无本质差别，它只是式（$r_{it}=E(r_{it})+\beta_i F_t+\varepsilon_{it}$）的进一步简化。

根据上式中的单因子模型，股票收益包含了三种成分：不随时间变化的成分

（a_i）；由系统性因子决定的宏观成分（$\beta_i F_t$）；独立于系统性因子的微观随机扰动成分（ε_{it}）。三种成分中，第一种成分是没有风险的；第二种成分可以称之为“因子风险”，但其中还包含可预测的成分；而第三种成分则可称之为非因子风险，这一成分是不可预测的。

上述单因子模型的一个特殊例子是市场模型：

$$r_{it}=a_i+\beta_i r_1+\varepsilon_{it}$$

式中，r_1为市场收益率，常常用某一种市场指数收益率来表示，比如上证综合指数收益率。

在单因子模型中，市场收益率是系统性因子的理想选择。如果多种宏观因素共同影响整个市场，要描述这种综合性的影响，市场收益率无疑是一个较好的代理变量。市场指数是市场中某一代表性股票样本中各股票收益率的加权平均，虽然各股票收益率既受宏观因素的影响，也受公司特别因素的影响，但是在市场指数样本股票数量充分多的情况下，互不相干的公司特别因素对市场收益率的影响大多数都相互抵消，其加总的影响比较微弱。因此市场指数是一个反映宏观因素综合影响的很好指标。

市场模型也成功地描述了股票收益率与市场指数指数之间的经验关系。在股票市场上，一般股票的收益率都与市场指数收益率之间存在关联。对于某一个股票而言，当市场行情上扬时，该股票的价格也会上升；市场行情下降的时候，该股票的价格也会下降。市场模型中的贝塔值就反映了该股票收益率对市场指数收益率的敏感性。

根据单因子模型，股票 i 的期望收益率可表示为：

$$E(r_{it})=ai+\beta_i E(F_t)$$

由于 F_r 与 ε_{it} 的协方差为零，在单因子模型中，任意股票 i 的方差 σ_i^2 等于：

$$\sigma_i^2=\beta_i^2\sigma_F^2+\sigma_{\varepsilon i}^2$$

式中，σ_F^2 为因子F的方差；$\sigma_{\varepsilon i}^2$ 为随机扰动项 $\varepsilon_{i,t}$ 的方差。又由于对于 $i\neq j$，ε_{it} 和 ε_{jt} 协方差为零，任意两种股票i与股票j之间的协方差仅取决于系统性因子：

$$\sigma_{ij}=\beta_i\beta_j\sigma_F^2$$

按照单因子模型，为了得到投资分析所需要的数据，仅需要估计 N 个股票的期望收益率、N 个股票的因子敏感度、N 个股票的公司特有方差以及一个系统性因子的方差，所需要估计的参数量为 3N+1。

上述两式的计算依赖于两个关键的假设，即每个股票的随机扰动项的波动独立于系统性因子的波动，任何两个股票的随机扰动项的波动相互独立。这意味着系统性因子不会影响到任何一个股票的随机扰动项的波动，任何两个股票的收益率之间仅仅因为系统性因子的影响而产生相关性。如果这两个假设中的一个不成立，则方差与协方差的计算便会产生偏差，此时，其他的模型（比如多因子模型）将可能得到更精确的结果。

（2）多因子模型首先看双因子模型：

$$r_{it}=a_i+\beta_{i1}F_{1t}+\beta_{i2}F_{2t}+\varepsilon_{it}$$

式中，F_{1t} 和 F_{2t} 为两个对所有股票收益率具有普遍影响的因子；β_{i1} 和 β_{i2} 分别为股票 i 对两个因素的敏感性；和单因子模型一样，a_i 为常数项，ε_{it} 为随机扰动项。ε_{it} 与 F_{1t} 及 F_{2t} 的波动不相关。按照这个模型，股票 i 的期望收益率可由以下公式计算：

$$E(r_{it})=a_i+\beta_{i1}E(F_{1t})+\beta_{i2}E(F_{2t})$$

股票 i 的方差为：

$$\sigma_i^2=\beta_{i1}^2\sigma_{F1}^2+\beta_{i2}^2\sigma_{F2}^2+2\beta_{i1}\beta_{i2}\operatorname{cov}(F_{1t},F_{2t})+\sigma_{\varepsilon i}^2$$

式中，σ_{F1}^2 为因子 F_{1t} 的方差；σ_{F2}^2 为因子 F_{2t} 的方差。股票 i 的协方差为：

$$\sigma_{ij}=\beta_{i1}\beta_{j1}\sigma_{F1}^2+\beta_{i2}\beta_{j2}\sigma_{F2}^2+(\beta_{i1}\beta_{i2}+\beta_{i2}\beta_{i1})\operatorname{cov}(F_{1t},F_{2t})$$

由于双因子模型比单因子模型多了一个因子，模型对股票收益的解释力度将得到提升，因此 $\sigma_{\varepsilon i}^2$ 的估计值将低于弟因子模型的估计值。这意味着式（$\sigma_i^2=\beta_{i1}^2\sigma_{F1}^2+\beta_{i2}^2\sigma_{F2}^2+2\beta_{i1}\beta_{i2}\operatorname{cov}(F_{1t},F_{2t})+\sigma_{\varepsilon i}^2$）中的非因子风险所占比例将降低，而因子风险所占比例提高。相对而言，单因子模型往往会低估因子风险，而高估非因子风险。

若一个股票组合 P 由 N 个股票组成，股票 i 的比例为 x_i，则股票组合 P 的收益率为：

$$r_{pt}=\sum_{i=1}^{N}x_i r_{it}$$

将式（$r_{it}=a_i+\beta_{i1}F_{1t}+\beta_{i2}F_{2t}+\varepsilon_{it}$）代入上式得：

$$r_{pt}=\sum_{i=1}^{N}x_i\left(a_i+\beta_{i1}F_{1t}+\beta_{i2}F_{2t}+\varepsilon_{it}\right)$$
$$=\left(\sum_{i=1}^{N}x_ia_i\right)+\left(\sum_{i=1}^{N}x_i\beta_{i1}\right)F_{1t}+\left(\sum_{i=1}^{N}x_i\beta_{i2}\right)F_{2t}+\left(\sum_{i=1}^{N}x_i\varepsilon_{i1}\right)$$
$$=a_p+\beta_{p1}F_{1t}+\beta_{p2}F_{2t}+\varepsilon_{pt}$$

式中，$a_p=\sum_{i=1}^{N}x_ia_i$，$\beta_{p1}=\sum_{i=1}^{N}x_i\beta_{i1}$，$\beta_{p2}=\sum_{i=1}^{N}x_i\beta_{i2}$，$\varepsilon_{pt}=\sum_{i=1}^{N}x_i\varepsilon_{i1}$。

可见，组合的因子敏感性系数 β_{p1} 和 β_{p2} 分别是相应各股票的因子敏感性系数 β_{i1} 和 β_{i2} 的加权平均。根据上式计算组合的方差并不复杂。

双因子模型很容易扩展为多因子模型。如果有 k 个因子，则多因子模型可表示为：

$$r_{it}=a_i+\beta_{i1}F_{1t}+\beta_{i2}F_{2t}+\cdots+\beta_{ik}F_{kt}+\varepsilon_{it}$$

这里，每个股票具有对应于 k 个因素的 k 个敏感度。

多因子模型的建立往往是依据经验。依据经验判断，可以确定一些可能会对所有股票收益产生影响的因子，然后利用历史数据进行统计分析，确定因子对股票收益的解释能力，以此依据对因子进行筛选。

多因子模型的一个例子是法马（Fama）和弗伦奇（French）的三因子模型：

$$R_{it}=a_i+\beta_{im}R_{mt}+\beta_{iSMB}SMB_t+\beta_{iHML}HMLt+\varepsilon_{it}$$

式中，Rmt 为市场在 t 时期的超额收益；SMB_t 为 t 时期小股票资产组合收益减去大股票资产组合收益的差；HML_t 为 t 时期高账面价值一市值比的股票资产组合收益减去低账面价值一市值比的股票资产组合收益的差。

法马和弗伦奇指出，有高账面价值一市值比的公司更可能处于财务压力之下，而小股票可能对经济环境中的变化更为敏感。因此这些变量可能体现了宏观经济中的风险因素。

3. 资本资产定价模型（Capital Assets Pricing Model，CAPM）

（1）资本资产定价模型的假设

资本资产定价模型是以马可维茨的投资组合理论为基础，因此需要把个别投资者的假设扩展到所有的投资者。具体来说，资本资产定价模型的假设如下：（1）所有投资者的投资期相同（如 1 个月、3 个月、6 个月、1 年等）；

1）所有投资者对于预期回报、标准差和风险资产相关性有齐性预期，因此以最优方式按同样的相对比例持有风险资产；

2）资本市场是一个完全市场。也就是说假设没有交易成本和税收；资产是无限可分的；投资者可以以相同的利率进行自由借贷；允许卖空等。

如果每个投资者都遵循最优化原则，都以相同的方式投资，每个证券的风险和回报最终可以达到均衡。在均衡状态下，证券价格的调整使得当投资者持有最优投资组合时，每种证券的总需求等于其供给。由于每个投资者所持风险资产的相对比例是一样的，因此资产市场出清的唯一方法是：风险资产的最优相对比例是它们的市场价格比例。按市场价格的同比例持有所有资产的投资组合，称为市场投资组合。市场投资组合的构成反映了按当前市场价格估值的现有资产的供给，其中第〖种证券的权重%等于该证券发行在外的市场价值占所有资产的市场价值的比例。

（2）分离定理

在资本资产定价模型中，市场投资组合起着非常重要的作用。因为有效集由市场投资组合的投资和以无风险利率进行的借款和贷款组成，即资本市场线 CML，见图 10–10。每个投资者根据自己的偏好在资本市场线 CML 上选择所需的投资组合。投资者可以以利率 r_f 自由借入或者贷出，但是他们都选择相同的市场投资组合 M，也就是说，个人投资者的效用偏好与风险资产组成的市场投资组合无关。

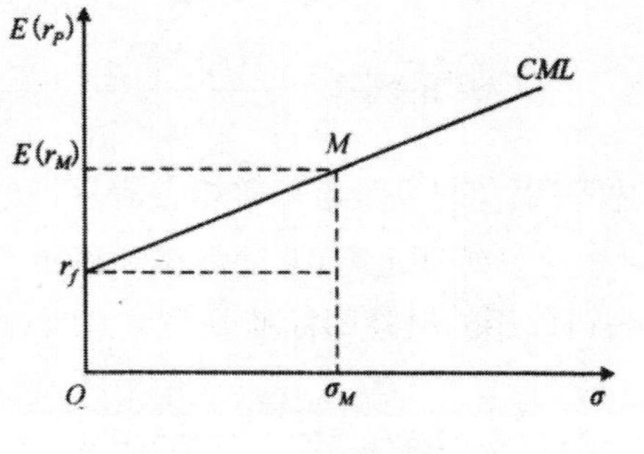

图10–10　资本市场线示意图

分离定理表示风险资产组成的最优投资组合的确定与个别投资者的风险偏好无关，最优投资组合的确定仅取决于各种可能的风险投资组合的预期回报和标准差 c 确定由风险资产组成的最优投资组合的过程叫作“投资决策”。个别投资者如何将资金在无风险资产和风险投资组合之间进行分配叫作“金融决策”。分离定理也就是将投资决策从金融决策中分离出来的思想。

分离定理在投资中非常重要，它使个人投资分为简单的两部分：首先决定一个最优的风险投资组合，然后决定最想要的无风险资产和这个组合的组合。只有第二部分依赖于投资者的效用曲线。正如图 10–10 所示，投资者可以选择 CML 上的任意点（即投资组合）。比较保守的投资者选择在点 M 左端的点（投资组合），这些组合表示投资到利率为 r_f 的无风险证券和风险投资组合 M 的组合。比较爱冒险的投资者选择在点 M 右端的点（投资组合），这些组合表示投资者以 rf 的利率进行借款，然后和自由资金一起全部投资于风险投资组合 M。

（3）资本市场线（CML）

图 10–10 中的资本市场线是资本资产定价模型（CAPM）的线性有效集。它是由回报 rf 的无风险证券和市场投资组合 M 构成的。市场投资组合 M 是由均衡状态的风险证券构成的有效的投资组合。投资者可以以利率 r_f 任意地借款或放款。

由于 CML 是一条直线，因而这条直线上的任何投资组合的预期回报和标准差的关系很容易表示出来。如果投资者准备投资风险资产，他们需要一个风险溢酬（Premium）来补偿增加的风险。风险溢酬（Premium）是一个投资组合的回报和无风险回报之差。图 10–10 中市场投资组合 M 的风险溢酬等于 E（r_M）–r_f。一般来说 CML 总是向右上方倾斜的，因为风险溢酬总是正的。并且根据假定，投资者都不爱风险，除非风险的增加可以得到补偿。因此，一项投资的风险越大，补偿越大，预期回报也越大。

由图 10–10 可以得到：

$$CML\text{的斜率}=\frac{E\left(r_M\right)-r_f}{\sigma_M}$$

CML 的斜率是有效投资组合的风险市场价格，表示一个投资组合的风险每增加 1% 需要增加的回报数。由于已经知道 CML 的斜率和截距，所以这条直线上的任何有效投资组合的预期回报可以用的风险即标准差表示，即 CML 的表达式：

$$E\left(r_p\right)=r_F+\frac{E\left(r_M\right)-r_f}{\sigma_M}\sigma_P$$

式中，E（r_P）为CML上任何有效投资组合P的预期回报；σ_p为CML上任何有效投资组合P的标准差。

因此，CML 根据投资组合 P 的不同风险水平决定它的预期回报。换句话说，CML 给出了每一种投资组合的一定风险水平下的应得回报。

（4）证券市场线（SML）

资本市场线只用于有效投资组合的预期回报和标准差的均衡状态下的关系。但是个别的风险证券本身可能是非有效的投资组合，这时它的预期回报和风险之间的关系首先要考虑个别证券风险的测量。

根据市、场模型，其中的ri市场指数收益率，通常用市场投资组合回报 r_{mt} 来代替。这样市场模型可以表示为：

$$r_{it}=ai+\beta_i r_{Mt}+\varepsilon_{it}$$

式中，r_{it} 为资产i在时期t的回报；r_{Mt} 为市场投资组合M在时期t的回报；a_i 为资产i回报与市场无关的常数部分；β_i 为市场投资组合M的回报每增加1%，资产i回报预期增长的数量；ε_{it} 为时期i的随机误差项。同样假设 r_M 和 ε_t 不相关，E（ε_i）=0。

由上式可得市场协方差：

$$\begin{aligned}Cov(r_i,r_M)&=E\left[r_i-E\left(r_i\right)\right]\left[r_M-E\left(r_M\right)\right]\\&=E\left[a_i+\beta_i r_M+\varepsilon_i-a_i-\beta_i E(r_M)\right]\left[r_M-E(r_M)\right]\\&=\beta_i Var\left(r_M\right)\end{aligned}$$

因此，

$$\beta_i=\frac{Cov\left(r_i,r_M\right)}{Var\left(r_M\right)}\text{并且，}Var\left(r_i\right)=\beta_i^2 Var\left(r_M\right)+Var\left(\varepsilon_i\right)$$

即：

$$\beta_i=\frac{Cov\left(r_i,r_M\right)}{\sigma_M^2}$$

和

$$\sigma_i^2=\beta_i^2\sigma_M^2+\sigma_{\varepsilon i}^2$$

根据上式，资产i的总风险可以分成市场风险和独有风险两部分：市场风险 $=\beta_i^2\sigma_M^2$ 和独有风险 $=\sigma_{\varepsilon i}^2$。

独有风险（非系统性风险）是可以通过多样化组合加以降低的，而市场风险（系统化风险）是不能用多样化方法消除的。如果一个投资组合是完全多样化投资组合，其风险只有市场风险。因此，任何一个资产i贡献给一个证券组合的风险是它的市场风险。由于市场风险 $\beta_i^2\sigma_M^2$ 中 σ_M^2 在一定时期内是常数，因此 β_i 衡量了个别资产i相对于市场投资组合M的风险贡献，换句话说，β_i 是资产i的市场风险的一个测度，或者说是风险的相对测度。

由式（$r_{it}=ai+\beta_i r_{Mt}+\varepsilon_{it}$）可知，$\beta_i$ 是资产i回报对市场投资组合回报的回归直线的斜率。如果 $\beta_i=1$，市场投资组合回报每变化1%，资产i回报平均变化1%；如果 $\beta_i>1$，比如 $\beta_i=1.5$，市场投资组合回报每变化1%，资产i回报平均变化1.5%，也就是说，β 值比较大资产i回报平均地更反复无常。同样，如果 $\beta_i<1$，则市场投资组合回报每变化1%，资产i回报平均变化会小于1%。可见，可以用 β 比较不同

资产的相对市场风险。如果 β 值比较大，风险就较大；β 值比较小，风险就较小。

现在资产 i 的相对市场风险用 β_i 表示，预期回报为 E（r_i），从图 10-11 可得：

$$E(r_i)=r_f+\frac{E(r_M)-r_f}{\beta_M}\beta_i$$

因为 $\beta_M=\sum_{i=1}^{n}w_i\beta_i=\sum_{i=1}^{n}w_i\frac{Cov(r_i,r_M)}{\sigma_M^2}=\frac{Cov\left(\sum_{i=1}^{n}w_ir_i,r_M\right)}{\sigma_M^2}=1$，所以上式可写为：

$$E(r_i)=r_f+\left[E(r_M)-r_f\right]\beta_i$$

这就是资本资产定价模型（CAPM），它表示的直线叫作“证券市场线”（SML）。因此，资产 i 的预期回报 = 无风险回报 + 市场投资组合的风险价格 × β_i，表明 β_i 值较大的资产 i 就有较大的预期回报，因为 β_i 是一个风险测度，所以较大的风险伴随较大的预期回报。相反地，较小的风险伴随较小的预期回报，如果 $\beta_i<1$，这时资产 i 的回报必低于市场投资组合的预期回报。

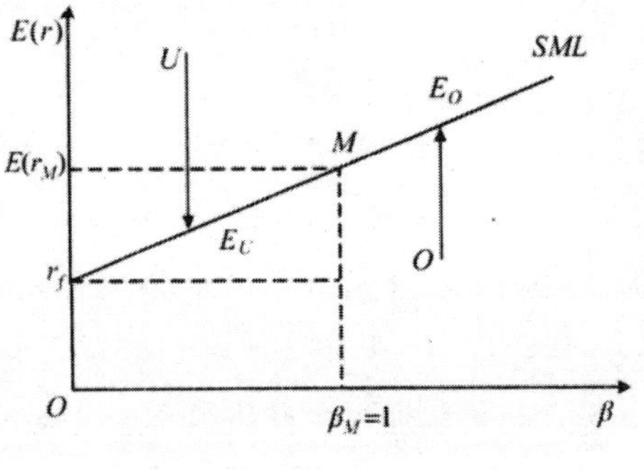

图 10-11　证券市场线示意图

证券市场线同样是均衡状态下的模型。在均衡状态下，每种资产的预期回报和相对市场风险 β 值表示的点都在 SML 上。为了说明 CAPM 处于均衡状态，图 10-11 中点 0 和 U 分别表示不在均衡状态的两种资产。资产 0 有高的市场风险（系统风险），价格过高，不能吸引投资者购买，因而价格下跌，由上述式子知预期回报上升，直到预期回报高得足于补偿投资者负担这种系统性风险。这个价格水平就是均衡价格，并且预期回报是均衡回报，就是 SML 上的 E_0。相反，资产 U 是低系统性风险、高预期回报的资产，其价格过低，因而吸引投资者购买，结果价格上升直到均衡点 E_U。

根据上述式子，有：

$$E(r_i)=r_f+\left[E(r_M)-r_f\right]\frac{Cov(r_i,r_M)}{\sigma_M^2}$$

因为 $Cov(r_i,r_M)=p_{i,M}\sigma_i\sigma_M$，$p_{i,M}$ 是资产 i 和市场组合 M 的相关系数，所以，

$$E(r_i)=r_f+\left[\frac{E(r_M)-r_f}{\sigma_M}p_{i,M}\right]\sigma_i$$

表明资产 i 的预期回报与标准差有线性关系。截距为 rf，斜率是有效投资组合 M 的风险的市场价格与资产 i 的相关系数的乘积。

现在考虑相关系数的不同情形。如果资产 i 与市场投资组合 M 完全正相关，$P_{i,M}=1$，即为 CML。换句话说，资产 i 是在 CML 上的一个有效证券组合。如果 $P_{i,M}=0.5$，上式的斜率只是 CML 的一半。图 10-12 是根据不同的相关系数，资产 i 的预期回报和标准差之间关系的不同图形。其中相关系数可能是负的。

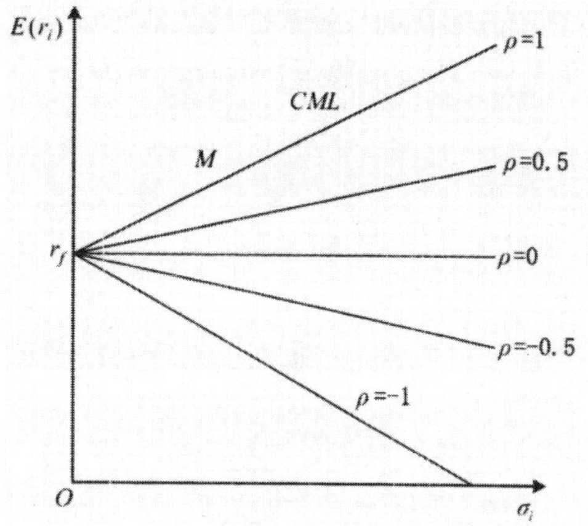

图 10-12　不同相关系数资产 i 的位置

当相关系数为负值时，资产 i 的预期回报小于无风险利率。投资者之所以愿意投资于其他资产负相关的低预期回报的资产，是因为可以降低它们的投资组合的总风险水平。在资本资产定价模型中，更多考虑个别资产的预期回报和标准差之间的关系，同时要考虑不同资产的回报之间的相互关系。

4．套利定价模型（APT）

（1）因子模型

我们先看该模型的简单形式，即假定股票的收益只受单一的系统性因子影响，

与上述式给出的单因子模型相同：

$$r_{it}=a_i+b_iF_t+\varepsilon_{it}$$

式中，r_{it}为股票i在时期t的回报；a_i为零因子股票i的预期回报；F_t为系统性因子在时期t的预测值；b_i为股票i的收益对系统性因子的敏感性，有时候叫作“因子载荷”（Factor Loading）ε_i为股票i的非系统性独有回报。

模型假定F以及ε_i的期望值为零；所有股票的ε_i之间是相互独立的，且与F之间也相互独立。由此可得股票i的预期回报、方差以及股票i和股票j的协方差：

$$E(r_i)=a_i+b_iE(F)$$

$$\sigma_I^2=b_i^2\sigma_F^2+\sigma_{\varepsilon i}^2$$

$$\sigma_{ij}=b_ib_j\sigma_F^2$$

根据上述三式，可以计算出所有单只股票的预期回报、方差和协方差，进而推导出Markowitz有效集，最后由已知的无风险利率确定切点证券组合。

下面我们来看一个充分分散化的投资组合的收益。设股票组合由N个股票组合而成，其中股票i的权重为x_i，则该股票组合的收益率为：

$$r_{Pt}=a_P+b_PF_t+\varepsilon_{Pt}$$

式中，$b_p=\sum_{i=1}^{N}x_ib_i$ 为N个股票对系统性因子的敏感性的加权平均；$\varepsilon_p=\sum_{i=1}^{N}x_i\varepsilon_i$ 为N个股票的ε_i的加权平均。

下面我们分析该股票组合的风险。根据对股票收益的假定，可知

$$\sigma_p^2=b_p^2\sigma_F^2+\sum_{i=1}^{N}x_i^2\sigma_{\varepsilon i}^2$$

式中，第一项为系统性风险，第二项为非系统性风险。从这个式子直接看起来，似乎非系统性风险总是存在的。但事实上这一风险会随着N的增大而减少。当N充分大的时候，非系统性风险将可以忽略不计。不妨设股票组合为等权重的，则$x_i=1/N$，此时$\sum_{i=1}^{N}x_i^2\sigma_{\varepsilon i}^{-2}=\sigma_\varepsilon^2/N$ 当N不断增大时，σ_ε^2会稳定在某一个数值，因此$\sum_{i=1}^{N}x_i^2\sigma_{\varepsilon i}^2$会越来越小，也就是说通过多样化可以降低非因子风险。

事实上，影响股票回报的公共因子可能有多个，使用两个以上因子构成的模型可能更精确。多因子模型可记为：

$$r_{it} = a_i + \sum_{j=1}^{k} b_{ij} F_{jt} + \varepsilon_{it}$$

式中，r_{it}为股票在时期t的回报；F_{jt}为k个系统性因子；a_i为每个因子为零时股票i的预期回报；b_{ij}为k个系统性因子的因子载荷；ε_i为随机误差项。

（2）套利证券组合

套利定价理论假定股票回报可以用因子模型解释，假设每个股票的回报满足多因子模型：

$$r_i = E\left(r_i\right) + \sum_{j=1}^{k} b_{ij} F_j + \varepsilon_i$$

式中，r_i为股票i的回报；E（r_i）为股票i的预期回报；F_j为股票i第j个系统性因子，并且E（F_i）=0；a_i为每个因子为零时股票i的预期回报；b_{ij}为股票j的第j个系统性因子的因子载荷；ε_i为随机误差项，且E（ε_i）=0，Var（ε_i）= $\sigma_{\varepsilon i}^2, E\left(\varepsilon_i F_j\right)$ =0。

因为是无风险套利且要求无净投资（Net Zero Investment），设%是套利投资组合中股

票 i 的权重，则要求：

$$\sum_{i=1}^{n} w_i = 0$$

投资组合的收益为：

$$\sum_{i=1}^{n} w_i r_i = \sum_{i=1}^{n} w_i E\left(ri\right) + \sum_{j=1}^{k} \sum_{i=1}^{n} w_i b_{ij} F_j + \sum_{i=1}^{n} w_i \varepsilon_i$$

充分多样化后可忽略非因子影响，所以：

$$\sum_{i=1}^{n} w_i r_i \approx \sum_{i=1}^{n} w_i E\left(ri\right) + \sum_{j=1}^{k} \sum_{i=1}^{n} w_i b_{ij} F_j$$

由于套利投资组合无因子风险，所以：

$$\sum_{i=1}^{n} w_i b_{ij} = 0$$

$$\sum_{i=1}^{n} w_i r_i \approx \sum_{i=1}^{n} w_i E\left(ri\right)$$

当且仅 $\sum_{i=1}^{n} w_i E(ri) = 0$ 时，套利投资组合处于均衡状态。根据法卡斯引理（Farkas Lemma）可得：

$$E(r_i) = \lambda_0 + \sum_{j=1}^{k} \lambda_j b_{ij}$$

式中，λ_0为公共因子载荷b_{ij}=0时的无风险利率，记为r_f；λ_j为第j个公共因子的风险报酬。令

$$\lambda_j = \delta_j - r_f$$

式中，δ_j为所有其他公共因子的载荷为0，因子j的载荷为1的一个投资组合的预期回报。

因此，式（$E(r_i) = \lambda_0 + \sum_{j=1}^{k} \lambda_j b_{ij}$）可以改写为：

$$E(r_i) = r_f + \sum_{j=1}^{k} (\delta_j - r_f) b_{ij}$$

这就是套利定价模型。

二、股票市场风险的管理

1. 分散化投资

马可维茨投资组合分析方法为我们提供了一个科学的定量投资方法。这种科学的投资方法既追求投资收益的最大化，也追求投资风险的最小化，投资者以效用最大化为最终的标准在这两个相互矛盾的投资目标之间进行权衡。因此马可维茨分散化投资的科学投资方法同时也是一种股票市场风险的管理方法。

首先，按照定量分析的结论，我们知道最优投资组合位于有效前沿上，而有效前沿则由市场中所有资产的期望收益率、方差以及相互之间的协方差共同确定。这意味着有效前沿上的投资组合几乎总是包含了市场上的多种资产，除了少数特殊情形以外。比如市场上只有两个收益率不完全相关的股票的情形，此时有效前沿在标准差一期望收益率平面中表现为双曲线的上半支，有效前沿上的点几乎都对应于由两个股票构成的某个投资组合，除了刚好代表某个股票的点以外。

其次，基于单因子模型的分析也提供了了解资产组合风险分散化的另一个视角。假定组合由 N 个等权重的股票构成，每个股票的收益率都由前面式子描述，则股票

组合 P 在 t 时期的收益 r_{pt} 可以表示为：

$$r_{pt}=\frac{1}{N}\sum_{i=1}^{N}\left(a_i+\beta_i F_t+\varepsilon_{it}\right)=\frac{1}{N}\sum_{i=1}^{N}a_i+\left(\frac{1}{N}\sum_{i=1}^{N}\beta_i\right)F_t+\frac{1}{N}\sum_{i=1}^{N}\varepsilon_{it}$$

由上式可知，股票组合 P 的方差为：

$$\sigma_p^2=\left(\frac{1}{N}\sum_{i=1}^{N}\beta_i\right)^2\sigma_F^2+\left(\frac{1}{N^2}\sum_{i=1}^{N}\sigma_{\varepsilon I}^1\right)$$

上式显示股票组合 P 的方差包含两个部分，第一部分是产生于系统性因子 F 的方差，为系统性风险，这一方差取决股票组合内所有股票对因子 F 的敏感系数的平均值。如果这一平均敏感系数保持不变，不管股票组合 P 中包含多少股票，产生于因子 F 的方差都不会变化。第二部分方差产生于各种股票的特有方差，为非系统风险。注意到：

$$\frac{1}{N^2}\sum_{i=1}^{N}\sigma_{\varepsilon I}^1=\frac{1}{N}\sigma_\varepsilon^{-2}$$

这里 σ_ε^{-2} 是所有股票特有方差的均值，当 N 趋于无穷时，这一量趋于某一常数。因此 N 趋于无穷时上式的极限为：

$$\lim_{N\to\infty}\frac{1}{N^2}\sum_{i=1}^{N}\sigma_{\varepsilon i}^2=0$$

即当股票数 N 充分大时非系统风险可以忽略不计。这就显示了分散化投资可以降低非系统风险。

2．投资分析法

投资分析法也称为“基本面分析法”，它的核心是对公司的股利进行预测，并以此为基础确定股票的合理价格。公司的股利从根本上是由公司的经营业绩决定的，而公司的业绩既取决于自身的经营活动，也取决于其经营环境。有时候，一个公司的业绩可能更主要取决于宏观经济、行业环境等因素，而不是自身的经营活动。很显然，在经济繁荣阶段，大多数公司都可以获得比经济萧条阶段更好的业绩。一些行业由于其市场结构的原因整体上具有良好的业绩。因此，投资分析常常采取层次分析法，结合宏观、行业、公司三个层面自上而下对一个公司的经营业绩进行分析和预测。

（1）宏观分析

1）全球宏观经济。当今各国经济由于相互之间的贸易活动及投资活动而紧密联系在一起，使得全球经济步入一体化时代。全球经济一体化的一个典型的体现就是经济危机、金融危机的全球化。

在关注全球经济的时候也应当关注政治因素。政治进步能够创造更多的投资机会，而政治冲突则可能造成损失。一些政治条件虽不会造成轰动效应，但也会对经济增长和投资收益造成重大影响，如贸易保护政策、资本的自由流动、劳动力的国际流动等。

在全球经济的各种联系中，汇率是一条重要的纽带。汇率的变化往往对外贸型公司的收益造成重大影响。本国货币贬值更有利于提升本国公司的产品在国际市场上的价格优势，但对于进口型企业而言，由于本国货币的购买力下降，其进口产品的销量会下降。汇率的重大调整甚至会影响本国的产业结构，使得本国某些产业在国际市场上丧失竞争力。

2）国内宏观经济。所有公司都在宏观经济这个大环境中生存发展，因此有必要分析宏观经济的特征。宏观经济的周期性特征可通过一些统计指标表现出来，包括国民生产总值、就业率以及利率等。当经济繁荣时，国民生产总值快速增长，就业率比较高，通货膨胀率上升，利率水平也会由于投资需求上升而逐渐上升，政府也可能会提高利率水平以抑制过快的经济增长，防止经济的过度波动。反之，当经济衰退时，国民生产总值的增速变缓，就业率降低，通货膨胀率降低，政府为了刺激经济发展，会降低利率水平。

在分析经济周期性因素对公司业绩的影响时，首先得确定公司业绩与经济周期之间的关系，这往往由公司所属行业的特征决定。大多数行业的业绩都是顺周期性的，即在经济繁荣时业绩较好，在经济衰退时业绩较差，比如汽车、家电、房产等耐用品生产行业，烟酒、珠宝等奢侈品生产行业，以及一些服务业。但也存在少量的反周期性的行业，如火力发电。除此以外，还存在非周期性的行业，比如食品生产商和加工商、医疗设备生产厂家和公用事业单位。

不仅经济周期会影响所有公司的收益，一些宏观经济政策的变动也会影响公司的收益，其中最主要的是财政政策与货币政策。

财政政策包括国家预算、税收、国债、财政补贴、财政管理体制、转移支付制度等，通常分为宽松财政政策、紧缩财政政策和中性财政政策。宽松财政政策包括减少税收、降低税率、扩大减免税范围、扩大财政支出、加大财政赤字、减少国债发行、增加财政补贴等，这些都能刺激股价上涨。将上述宽松财政政策反过来操作，则是紧缩财政政策。这会造成股票价格下跌。中性财政政策如区域经济政策、行业结构调整政策等未必会对股市整体造成影响，但可能会对某些与政策紧密相关的股票造成影响。

货币政策工具主要包括法定存款准备金率、再贴现政策以及公开市场业务。依据政策的方向，可将其分为宽松货币政策、紧缩货币政策。如果经济处于萧条阶段，可以采用宽松的货币政策来刺激经济发展，如降低存款准备金率、通过再贴现和公开市场业务增加货币供给量。这些政策可以刺激经济增长，同时也会对股票价格形成刺激作用。反之，在经济膨胀阶段，则可采取紧缩货币政策，如降低货币供给量、提高存款准备金率，这会对股票市场的价格起抑制作用。

（2）行业分析

行业分析与宏观分析一样重要。当一个行业陷入某种困境时，其中的一个公司也难以创造出好的业绩。同时，不同行业之间的发展情况可能会有很大的差别。因此行业分析有助于预测公司未来的收益。行业分析通常从以下三个方面入手：

1）对经济周期的寧感性。一个公司的收益对经济周期的敏感性是由其行业特征决定的。一些行业对经济周期是不敏感的，比如烟草行业。对烟草的需求根本不受宏观经济的影响，因为烟草消费绝大部分是由习惯决定的，即使是经济衰退期，烟草消费量也只会发生很小的调整。而另一些行业则对宏观经济非常敏感，比如汽车行业。经济衰退期到来后，人们千方百计地推迟新汽车的购买，直到在经济繁荣期收入有较大的增长为止。

2）行业生命周期。像任何事物一样，行业也有其产生、发展和衰退的过程。一般将一个行业的生命周期分为四个阶段：创业阶段、成长阶段、成熟阶段以及衰退阶段。在不同的生命周期阶段，行业的发展特征也是不一样的。

对公司未来收益增长趋势的预测主要是基于行业生命周期，这是一个决定性作用的因素。一般而言，这样的预期会在市场定价中得到体现。一个处于创业阶段的公司虽然当前的利润水平并不太高，但其股票价格相对于其利润水平会非常高，这是因为市场预测其收益增长速度很快。对于投资者而言，投资于高成长公司未必好于投资于低成长公司。因为低成长公司其市场定价较低，因而期望收益率未必低于高成长公司。

3）行业结构。一个行业的竞争环境对于该行业内所有公司的收益都具有重要影响。迈克尔·波特（Michael Porter）着重分析了影响行业竞争环境的五个因素：新竞争者的进入威胁、现有竞争者的对抗、替代品的价格压力、购买者的谈判能力以及供应者的谈判能力。

（3）公司财务分析

对于股票投资而言，对公司进行财务分析着重于两个方面：公司的盈利能力以及持续经营能力，也即投资于公司股票的收益性与风险性两方面。可以通过构建一系列财务指标来反映公司的这两个方面，这些财务指标可以由公司的资产负债表、利润表和现金流量表中的一些数据来计算。

市盈率是一个股票分析师非常关注的指标。它是公司股票价格与每股盈利的比例，通常表示为P/E。每个股票的市盈率都有一个合理的取值。很显然，一个公司的每股盈利越高，则其价格也应越高，其价格与其每股盈利应保持一个合理的比值。对于不同的股票，其市盈率则不必相同。合理的市盈率与公司的增长机会以及风险有关系。若公司未来的增长机会越多，则其市盈率也就应该越高。因此，通常刚起步的小公司以及高技术公司会有较高的市盈率，这类公司未来的增长机会比较多。若公司的风险比较大，则其市盈率就应比较低。对于一个具有垄断地位的公司而言，其收益比较稳定，因此其合理的市盈率比较高。

股本收益率（ROE）可用来反映投资股票的收益能力，它是公司的净收益与股本的比率，可以进一步作如下分解：

$$ROE=\frac{\text{净收益}}{\text{税前收益}}\times\frac{\text{税前收益}}{\text{息税前收益}}\times\frac{\text{息税前收益}}{\text{销售收入}}\times\frac{\text{销售收入}}{\text{资产}}\times\frac{\text{资产}}{\text{股权}}$$

$$=\text{税负比率}\times\text{利息负担比}\times\text{营业利润率}\times\text{资产周转率}\times\text{杠杆率}$$

即股本收益率受到税负比率等五个因子的影响。税负比率取决于税收政策以及公司为了尽量减少税负所采取的政策。一般来说这一比率较为稳定。第二个因子利息负担比为息税前收益扣除利息支出后的余额与息税前收益的比率，它取决于公司的财务杠杆。如果公司没有负债，则这一比率为最高值。公司的负债比例越高，这一比例越低。第三个因子为营业利润率或销售利润率，反映公司业务的盈利能力。第四个因子为资产周转率，反映了公司利用资产的效率。在同样的营业利润率的条件下，资产周转率越高，则公司的股本收益率越高。第五个因子与第二个因子一样，也取决于公司的资本结构。要全面度量资本结构的影响必须把这两个因子结合起来。

度量股票的风险性常用流动性与偿债能力比率，包括三个常用的指标：流动比率、速动比率以及利息盈利比率。流动比率为流动资产与流动负债的比率。这个比率用来测度公司通过兑现流动资产来偿清流动负债的能力，反映了公司在短期运营中避免无力偿还债务的能力。速动比率为：（现金＋应收账款）/ 流动负债。这一比率也叫酸性比率，它与流动比率具有同样的分母，但其分子只包括现金及其等价物与应收账款。对于那些存货无法转变为现金的公司，速动比率是一个更好的流动性测度指标。利息盈利比率为：税前收益 / 利息费用。它与前面所讲的利息负担比率存在密切联系。很高的利息盈利比率表明公司破产的可能性非常低。它被借款人和放款人广泛地使用来确定公司的债务容量，并成为公司债券信用等级的主要决定因素。

市账比也是一个可以反映股票投资风险性的指标，它等于公司普通股每股市价与其账面价值之比。分析家们有时认为具备一个较低市账比的公司股票是更安全的投资，他们相信公司总是可以选择按账面价值来变换或出售它的资产。但这种观点也有疑问。事实上，一些股票的市价可能在其账面价值之下。账面价值并不代表清算价值，它并不能提供可靠的安全保障。

3．套期保值法

分散化投资及投资分析法这两种风险管理手段都仅利用股票市场本身来进行风险管理。衍生证券市场的诞生为股票市场风险管理提供了一种新的管理手段，即利用衍生证券进行套期保值。所谓“套期保值”，就是利用衍生证券来消除或减少现货市场的投资风险。与股票市场相关的衍生证券主要是股票期权和股票指数期货。用于股票市场套期保值的主要衍生证券是股指期货。

股指期货是以某一种股票指数作为标的资产的期货产品。与商品期货不同的是，股指期货到期时采用现金结算的方式进行交割。其现金结算价取决于当时的股票指数。比如沪深 300 指数期货，交割结算价为交割日最后两小时所有指数点位的算术平均值。由于股指期货结算价与股票指数存在紧密联系，在结算日之前期货价格的波动也与股票指数存在紧密联系。通常，股指期货报价与股票指数同涨同跌，并且两者的差距随着到期日的临近而收敛。

利用股票指数期货可以控制股票收益中的市场风险。对于一个套期保值者而言，如果他在现货市场具有多头头寸，则他应以期货空头来套期保值，反之则反。两个市场的头寸方向保持相反，则一个市场产生亏损的时候，另一个市场将产生收益，从而两个市场的收益风险相互抵消，达到消除或削弱风险的作用。

对于一个贝塔值为 β 的投资组合而言，为实现套期保值需要持有的期货合约数量可以根据下式来计算：

$$Q=\beta\cdot\frac{V_P}{V_F}$$

式中，V_p为投资组合的价值；V_F为一份期货合约的价值。

假设一个投资者具有一个充分分散化的投资组合，组合的贝塔值为 1.2，组合当前的价值为 500 万元。无风险收益率为年率 4%。根据套利定价理论可知该投资组合的收益牟可表示为 rp=4%+1.5（r_M−4%）。其中 r_p 为年化投资组合收益率；r_M 为年化市场收益率。若投资者认为目前市场形势不太好，在过后一段时间很有可能下跌，希望避免3个月内的股票市场风险，则他可以持有股指期货的空头合约来套期保值。假设3个月后到期的股指期货合约当前的报价为2510点，而当前的股票指数为2500点。合约乘数为每点300元。根据上式可计算得需要的合约数量为 $Q=1.2\cdot\frac{5000000}{2510\cdot300}\approx8$。因此投资者可以持有8个期货空头合约来套期保值。

假设3个月后股票指数有可能出现以下几种结果：2300点、2400点、2500点、2600点、2700点。股票市场的平均现金红利率为1%。我们可以如表计算出五种情形下股票组合以及股指期货空头在三个月后的整体价值。

表10–4 套期保值组合的收益

3个月后的股指点数	2300	2400	2500	2600	2700
股票指数当前的点数	2500	2500	2500	2500	2500
3个月后的股指期货价格	2302	2403	2502	2603	2703
今天的股指期货价格	2510	2510	2510	2510	2510
包括股息的市场收益	–31.0%	–15.0%	1.0%	17.0%	33.0%
组合的预期回报	–38.0%	–18.8%	0.4%	19.6%	38.8%
股指期货的收益	499200	256800	19200	–223200	–463200
包括股息的股票组合回报	4525000	4765000	5005000	5245000	5485000
整体头寸在3个月后的价值	5024200	5021800	5024200	5021800	5021800

由表10–4可见，不管3个月以后股票指数如何变化，整体头寸的价值都非常稳定。当然，由于股指期货的报价与股票指数的点数存在一定的偏差，并且这一偏差具有一定的随机性，这一套期保值策略并不能达到完美的效果，即整体头寸在3个月后的价值有略微的波动。

套期保值法可与投资分析法结合运用。投资者首先可利用投资分析法来挑选股票，相信自己仔细挑选得的投资组合比市场的收益率要更好。但是投资者仍然不能确定其预期投资收益将如何，因为投资者不能准确把握整个股票市场的走势。此时投资者可以运用套期保值法避免市场风险，从而能够赚取自己挑选得的投资组合相对于市场的超额收益。

利用股指期货进行套期保值的一个好处是交易成本低。投资者如果以抛售的方式来避免股票市场的系统风险，则需要承担出售股票的交易成本，并且在将来重建股票头寸时还会发生购入股票交易成本。而投资者如果以股指期货来避免股票市场的系统风险，则可以在保持股票组合不变的条件下以低成本的方式避免市场风险。

第十一章　固定收益证券市场的风险管理

第一节　固定收益证券风险基础知识

一、固定收益证券概述

固定收益证券也称为“债务证券”，是指持有人可以在特定的时间内取得固定的收益并预先知道取得收益的数量和时间。从狭义的角度讲，传统的固定收益证券主要是指债券，它是一种要求借款人按预先规定的时间和方式向投资者支付利息和偿还本金的债务合同。从广义的角度讲，固定收益证券包括优先股股票、证券化产品和债券衍生品等类型。

1．债券

债券是政府、金融机构、企业等机构直接向社会借债筹措资金时，向投资者发行，并且承诺按规定的时间和方式支付利息并偿还本金的债权债务凭证。债券基本构成要素主要包括四方面：（1）债券面值；（2）债券价格；（3）偿还期限及方式；（4）票面利率。

根据债券的基本要素可以对债券进行分类，见表 11–1。

表11–1　债券的分类

分类标准	债券类别
发行主体	政府债券、金融债券、公司（企业）债券
期限长短	短期债券（1年以下）、中期债券（1~15年）、长期债券（15年以上）
付息方式	固定利率债券、零息债券、浮动利率债券、累息债券、递式债券、推迟利息债券等
是否嵌人期权	可赎回债券、可转换债券

2．优先股

优先股，是指介于普通股与债券之间的一种证券，与债券相同的是优先股每年通常会在普通股之前派发固定的股利，因此也属于固定收益证券。而当公司破产时，优先股的求偿权排在债券之后。优先股有以下分类（见表 11-2）：

表 11-2　优先股的分类

类别	主要内容
参与优先股与非参与优先股	参与优先股是指当企业利润增大时，除了享受既定的股息外，还可以跟普通股共同参与利润分配。非参与优先股则指除了既定股息外，不再参与利润分配的优先股。对投资者而言，参与优先股比非参与优先股更有吸引力
累积与非累积优先股	累积优先股是指在某个营业年度内，如果公司获得的盈利不足以分派规定的股利，日后优先股的股东有权要求补足往年未付给的股息。而非累积优先股，虽然对公司当年获得的利润有优先于普通股获得股息的权利，但如果当年公司获得的利润不足以按规定的股利分配，非累积优先股的股东不能要求公司在以后年度中补发。对投资者而言，累积优先股比非累积优先股具有明显的优越性
可赎回优先股与不可赎回优先股	可赎回优先股是指允许发行人按原来的发行价格再加上一定溢价将已发行的优先股赎回。当发行公司认为能够以较低股利的股票来代替已发行的优先股时，往往就会行使这种权利。一般来说，发行公司会从获得的资金中拨出一定比例建立偿债基金，专门用于定期赎回已发行的部分优先股。不可赎回优先股指不能提前赎回的优先股
可转换优先股与不可转换优先股	可转换优先股是近年来日益流行的一种优先股，指在特定条件下持有人可以把优先股转换成为一定数额的普通股。国外投资者常把它看成是一种实际上的收回优先股方式，对投资者来说，在普通股价格上升时这样做是十分有利的。不可转换优先股指不能转化为普通股的优先股

3．证券化产品

资产证券化是指将缺乏流动性的资产，转换为在金融市场上可以自由买卖的证券使其具有流动性的行为。传统的证券发行是以企业价值为基础，而资产证券化是以特定的资产池为基础发行证券。证券化产品就是在资产证券化过程中发行的以资产池为基础的证券，从狭义的角度看主要包括抵押贷款支持证券和资产支持证券两种。

（1）抵押贷款支持证券（Mortgage-Backed Security，MBS）。抵押贷款支持证券是一种现金流依赖于住房抵押贷款组合产生的本金和利息的证券化产品。MBS 主要包括有三种类型：一是过手 MBS（Pass-Through MBS），其资产池产生的任何现金流不经过分层组’合、原原本本地支付给投资者；二是担保抵押债券（Collateralized Mortgage Obligations，CMOs），其现金流经过分层组合、重新安排后分配给不同需求的投资者；三是剥离式 MBS（Stripped MBS，SMBS），又分为利息型 IO（Interest

Only）和本金型 PO（Principal Only），其将现金流的本金和利息分离开并分别支付给相应的投资者。

（2）资产支持证券（Asset-Backed Security，ABS）。资产支持证券是由非抵押贷款的资产担保的证券。资产支持证券兼具转手抵押证券的结构特征和转手支付类债券的特征。目前用于支持发行 ABS 的基础资产类型主要包括汽车消费贷款、信用卡应收款、学生贷款、住房抵押贷款、设备租赁费、厂房抵押贷款、贸易应收款等。

4. 固定收益证券衍生产品

固定收益证券衍生产品是以债券等作为标的资产的金融衍生工具，主要包括远期利率合约、利率期货、利率期权、利率互换和利率上限（下限）协议等。

二、固定收益证券市场风险概述

固定收益证券市场的风险主要包括利率风险、购买力风险、政策风险、信用风险和流动性风险（见表 11-3），前三种属于系统性风险，后两种属于非系统性风险。

表 11-3　固定收益证券市场的风险分类

类别	主要内容
信用风险	信用风险也称“违约风险”，是指债券发行人不能履行合约规定的义务，无法按期支付利息和偿还本金而产生的风险。企业发行债券后，其营运成绩、财务状况都直接反映在债券的市场价格上，一旦企业的营运状况不良，企业就有可能丧失还本付息的能力，债券的市场价格就会下降。一般而言，政府债券被认为是无违约风险的“金边债券”
利率风险	利率风险是指市场利率变动导致债券价格与收益发生变动的风险。由于大多数债券有固定的利率及偿还价格，市场利率波动将引起债券价格反方向变化。当市场利率上升并超过债券票面利率时，投资人就不愿意购买债券，导致债券需求下降，债券价格因此下跌。反之，当市场利率下跌至低于债券票面利率时，投资者就会争相购买债券，使债券需求量上升，价格上涨。此外，债券利率风险与债券持有期限的长短密切相关，期限越长，利率风险就越大
流动性风险	流动性风险是指债券持有人不能按目前合理市场价格在短期内变现的风险。如果一种债券能够在较短时间内按市价大量出售，则说明这种债券的流动性较强，投资于这种债券所承担的流动性风险较小；反之，如果一种债券按市价卖出很困难，则说明其流动性较差，投资者会因此而遭受损失。一般来说，政府债券以及一些著名的大公司债券的流动性较强
购买力风险	购买力风险又称为“通货膨胀风险”，指由于通货膨胀而使债券到期或出售时所获现金的购买力减少，从而使投资者的实际收益低于名义收益的风险。在通货膨胀情况下，货币的购买力下降，而债券是一种货币性资产，债券发行者在协议中承诺付给债券持有人的利息和本金都是事先约定好的固定金额，不会因通货膨胀而有所增加，结果是债券持有人

续表

类别	主要内容
政策风险	政策风险是指由于国家或地方政府的经济政策变化导致债券价格发生波动而产生的风险。它具有多种形式，如投资人购买某种债券时，国家并不要求对其利息收入纳税，但在后期突然宣布债券要交利息税，就使投资者的实际收益率下降；又如，投资者购买免税的政府债券，就面临着利息税下调的风险，因为利息税越高，免税价值越大，该债券的价格就越高

第二节　固定收益证券风险的度量

一、利率风险的度量

1．利率期限结构

利率期限结构指某个时点上，不同期限的即期利率与到期期限的关系及变化规律。利率期限结构反映了不同期限的资金供求关系，揭示了市场利率的总体水平和变化方向，为投资者从事债券投资和政府有关部门加强债券管理提供可参考的依据。由于零息债券的到期收益率等于相同期限的市场即期利率，从对应关系上来说，任何时刻的利率期限结构是利率水平和期限相联系的函数。因此，利率的期限结构，即零息债券的到期收益率与期限的关系可以用一条曲线来表示，具体有五种形式，如图 11-1 所示。

2．利率期限结构理论

（1）预期理论（Expectations Theory）。预期理论认为，长期债券的现期利率是短期债券的预期利率的函数，长期利率与短期利率之间的关系取决于现期短期利率与未来预期短期利率之间的关系。如果预期未来短期债券利率与现期债券利率相等，那么长期债券的利率就与短期债券的利率相等，这种收益率曲线可以用图 11-1 中（e）表示。如果预期的未来短期债券利率上升，那么长期债券的利率必然高于现期短期利率，且期限越长利率越高，这种收益率曲线可以用图 11-1 中（a）表示。如果预期的未来短期债券利率下降，那么长期债券的利率必然低于现期短期债券的利率，且期限越长利率越低，这种收益率曲线可以用图 11-1 中的（b）表示。

预期理论主要的缺陷是严格地假定人们对未来短期债券的利率具有确定的预期，即认为远期利率和远期价格是确定的。但事实上，由于在投资风险和价格风险两方面的原因，债券到期价格是不确定的。这样远期利率也就无法确定。其次，该理论假定资金在长期资金市场和短期资金市场之间的流动是完全自由的。这两个假定都过于理想化，与金融市场的现实差距太远。

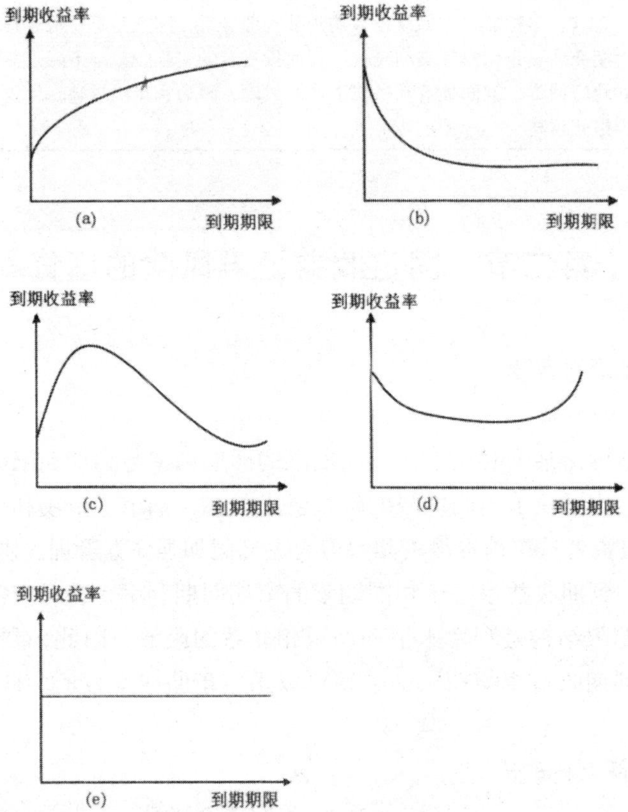

图11–1　利率期限结构示意图

（2）流动性偏好理论（Liquidity Preference Theory）。流动性偏好理论认为，不同期限的债券之间存在一定的替代性，这意味着一种债券的预期收益确实可以影响不同期限债券的收益。但'是不同期限的债券并非是完全可替代的，因为投资者对不同期限的债券具有不同的偏好。该理论假定大多数投资者偏好持有短期证券，为了吸引投资者持有期限较长的债券，必须向他们支付流动性补偿，而且流动性补偿随着时间的延长而增加，因此，实际观察到的收益率曲线总是要比预期假说所预计的高。该理论还假定投资者是风险厌恶者，只有在获得补偿后才会进行风险投资，即使投资者预期短期利率保持不变，收益曲线也是向上倾斜的。

根据流动性偏好理论，假设市场参与者预期未来短期利率与当前利率相同，由于远期利率中包含风险升水，收益率曲线就会向上倾斜，因此，和投资于短期债券并在每个到期日重新进行短期投资相比，长期债券投资会产生更高的预期收益率，如图 11–2 所示。根据流动性偏好理论，长期利率大于预期的未来短期利率，因此，收益率曲线应该向上倾斜。这与收益率曲线向上倾斜的情况比向下倾斜的情况更多的经验检验结果是相一致的。

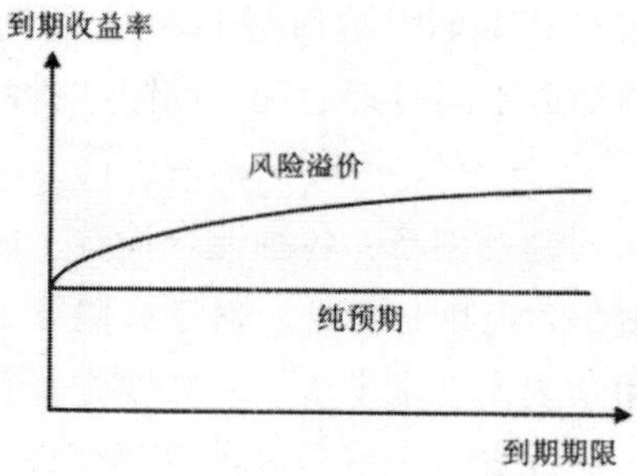

图 11–2　预期与风险升水的结合

（3）市场分割理论。市场分割理论认为，债券市场是由期限不同的互不相关的市场组成，这些市场的利率由各自独立的市场供求决定。因此，不同期限的债券就不可能完全相互替代，资金也不会在长短期债券市场之间自由流动。根据该理论，利率的期限结构是由不同市场的均衡利率决定的。因此，如果债券市场是由 4 个完全分割的市场组成，那么就会有 4 组不同的供求曲线，如图 11–3 所示，将这些分割的曲线交点连在一起，就决定了收益率曲线。

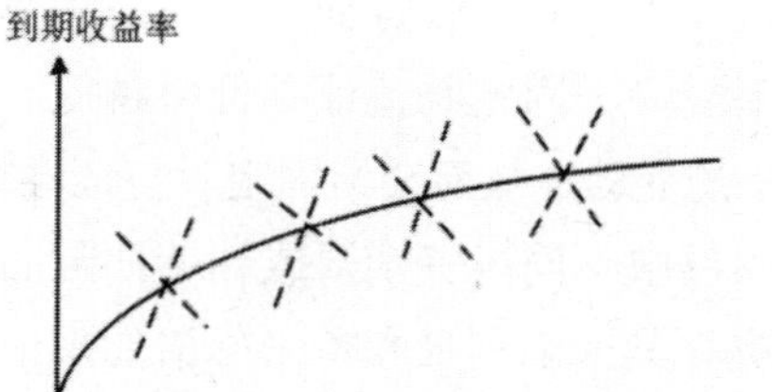

图 11–3　完全市场分割状态下的利率期限结构

市场分割理论也存在一定的缺陷。由于该理论认为期限不同的债券市场是完全分割的，某种期限的债券收益上升不会影响其他不同期限债券的收益率，因而，它不能解释期限不同的债券收益率倾向于一起变动这种现实。

3．利率期限结构与利率风险的度量

（1）利率期限结构与债券定价的关系。一个 n 年后到期，每年支付固定息票 I，到期偿还本金 M 的债券目前的价格可以用以下公式得到：

$$P=\sum_{i=1}^{n}\frac{I}{\left(1+r_i\right)^i}+\frac{M}{\left(1+r_n\right)^n}$$

其中，r_1，r_2，…，r_n 就是利率期限结构图 11–1 上所对应的不同到期期限的无风险利率。因此，如果能够知道不同时刻的利率期限结构的变化，就可以为不同时刻的债券进行准确的定价。

随着固定收益证券市场的金融创新，各种混合债券、固定收益证券衍生产品不断涌现，它们的共同特点就是含有期权特性。对于有隐含期权的债券和固定收益证券衍生产品，不能简单使用贴现模型来定价，一般要先计算出隐含期权的价格。隐含期权的定价可以使用 B–S 公式进行，但是 B–S 模型假设无风险利率为常数，这是与现实相矛盾的。因此，对有隐含期权的债券和固定收益证券衍生产品进行定价时，必须考虑在利率动态变化环境下才会相对精确，利率期限结构因此成为隐含期权的债券和固定收益证券衍生产品定价的核心因素。

（2）利率期限结构与利率风险的度量。固定收益证券资产本质上是一种利率敏感性资产。从理论上讲，固定收益证券资产的价格 P 可以表示为：

$$P=f\left(R,r,t\right),\text{且}\frac{\partial P}{\partial R}>0,\frac{\partial \mathrm{P}}{\partial \mathrm{r}}<0$$

式中，R 为票面利率；r 为市场利率或收益率；t 为固定收益证券的剩余期限。

在其他条件不变的情况下，固定收益证券的票面利率越低，固定收益证券价格越低；市场利率或收益率越高，固定收益证券价格越低。显然，市场利率的变动必然引起固定收益证券价格的变动，从而会给固定收益证券持有者带来利率风险。

利率期限结构可直观反映不同投资期限或到期期限固定收益证券收益率。由于固定收益证券的价值取决于其未来利息和未来价格的现值，而利率期限结构直接影响未来利息和未来价格的现值，所以未来利率的变动对固定收益证券价值具有重大影响；利率期限结构的非预期变动更是固定收益证券投资的重要风险；在没有利率风险对冲工具时，利率及期限结构变化的预测尤其重要。因此，利率期限结构的建立对固定收益证券的组合投资和利率风险的规避都至关重要。

4．久期与利率风险的度量

利率风险是指因为利率水平和利率期限结构的变化导致金融资产价值不利变动

的可能性。因此，要对利率风险进行准确分析和度量，就要考察整个利率期限结构的影响，可是这显然是不现实的。为了解决这个问题，特地引入“到期收益率”来代替利率期限结构，固定收益证券对利率的敏感性也因此可以表述为证券价值变动的百分比对到期收益率变动的敏感性，最常用的度量利率风险一阶敏感性的指标就是久期。

（1）久期的计算。久期被定义为给定时刻固定收益证券价值变动的百分比对到期收益率变动的一阶敏感性，用公式表示如下：

$$D=-\frac{\frac{dV}{dy}}{V(t)}$$

式中，D为久期；V（t）为固定收益证券在时刻t的价值；y为到期收益率。

上述公式也可用于计算投资组合的久期。投资组合的久期等于单个资产久期的加权平均，权重为市值比例，即：

$$D_p=\sum_{i=1}^{n}\left(\frac{V_i}{\Sigma V_i}\cdot D_i\right)$$

为了说明投资组合久期的计算，假设某债券投资组合由三个债券构成，基本数据如表11–4所示。

表11–4　基本数据

	基本特征	y	D	市值比重
债券1	票面利率10%，5年，价格100.0	10%	3.86	0.4
债券2	票面利率8%，15年，价格84.63	10%	8.05	0.4
债券3	票面利率14%，30年，价格137.86	10%	9.17	0.2

则该组合的久期：$D_p=0.4\times3.86+0.4\times8.05+0.2\times9.17=6.598$

从公式（$D=-\frac{\frac{dV}{dy}}{V(t)}$）可以看出，如果固定收益证券定价公式不同，其价值对到期收益率的一阶导数自然不同，因此不同固定收益证券久期的计算公式也就不同，最简单的情形是不含权债券的久期。假定债券持有者在时刻t收到利息C_t，连续计复利的到期收益率为y，根据债券的定价原理可以得到债券的价格B：

$$B=\sum_{t=1}^{n}c_t\cdot e^{-y,t}$$

债券久期 D 的定义如下：

$$D=\sum_{t=1}^{n}\frac{c_t\cdot e^{-y,t}}{\Sigma c_t\cdot e^{-y,t}}\cdot t=\frac{\Sigma_{t=1}^{n}\cdot c_t\cdot e^{-y,t}}{B}$$

从式（$D=\sum_{t=1}^{n}\frac{c_t\cdot e^{-y,t}}{\Sigma c_t\cdot e^{-y,t}}\cdot t=\frac{\Sigma_{t=1}^{n}\cdot c_t\cdot e^{-y,t}}{B}$）可以看到债券的久期是票面利率、剩余期限和到期收益率的函数，简单求导计算可知，在其他条件相同情况下，票面利率越高的债券久期越小，剩余期限越长的债券久期越大，到期收益率越低的债券久期越大。

根据式（$B=\sum_{t=1}^{n}c_t\cdot e^{-y,t}$）两边对 y 求导可得：

$$\frac{\partial B}{\partial y}=\sum_{t=1}^{n}c_t\cdot e^{-y,t}$$

联合式（$B=\sum_{t=1}^{n}c_t\cdot e^{-y,t}$）和式（$\frac{\partial B}{\partial y}=\sum_{t=1}^{n}c_t\cdot e^{-y,t}$）可得：

$$\frac{\partial B}{\partial y}=-B\cdot D$$

把式（$\frac{\partial B}{\partial y}=-B\cdot D$）改写成$\frac{\partial B}{B}=-\partial y\cdot D$，其微分形式为：

$$\frac{\Delta B}{B}=-D\cdot\Delta y$$

式（$\frac{\Delta B}{B}=-D\cdot\Delta y$）表明债券价格变化的百分比等于债券的久期乘于收益率的变化量。久期反映了价格变动对收益率变动的敏感程度，即久期就是债券价格的利率弹性。因此，我们可以用久期度量利率风险的大小，即久期越大，单位利率变动引起的债券价格变动就越大，利率风险也就越大；反之亦然。

（2）久期的缺陷。尽管久期捕捉了固定收益证券利率风险中的主要部分，但是作为利率风险的测度，久期有着两个明显的缺陷：第一，久期用到期收益率的变动代表整个利率期限结构的变动，实际上隐含了一个重要假设，即整条收益率曲线的移动是平行的，这意味着所有期限的利率变化幅度是相等的，这显然不符合实际；第二，久期仅仅是资产价值对利率的一阶敏感性指标，无法反应资产价值的全部利率风险，尤其是利率变化较大时，这个缺陷尤其明显。

为了克服久期的第一个缺陷，可以采取两种做法：第一种是采用关键利率久期，例如美国市场上影响较大的利率包括 3 个月、1 年、2 年、3 年、5 年、7 年、10 年、15 年、20 年、25 年和 30 年的利率，可以逐一计算这些特定期限到期收益率变化时的敏感性，从而形成一个关键久期向量。第二种是采用主成分分析方法，将影响整个利率期限结构的风险因子降为三个主要成分，只考察资产价值对这三个风险因子的敏感性。

为了克服久期的第二个缺陷，需要引入了凸度的概念，下面进行详细讨论。

（3）凸度。久期可以看作债券价格对利率小幅度波动敏感性的一阶估计，但是这种估计是有偏差的，这种偏差可以通过图 11–4 展示出来。可以看到，当 y_0 升跌同样幅度到 y_+ 或 y_- 时，如果仅考虑久期（一阶）的影响；价格会变动同样幅度至 V_+ 或 V_-。可事实上，由于债券的收益率曲线的形状是凸形的，其斜率是不断变化的，在利率上升时，真实价格只会跌到 V'_+；在利率下降时，真实价格会涨到 V'_-。可见，忽视二阶及以上的影响无法反应资产价值的全部利率风险，尤其是利率变化较大时，这个缺陷尤其明显。

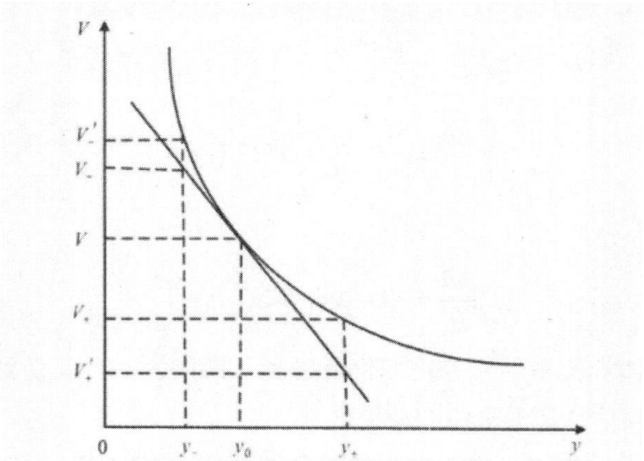

图 11–4　凸度的影响

凸度是对债券价格的利率敏感性的二阶估计，它对久期的估计误差进行了有效校正。凸度测度的是斜率变化率，可以通过计算债券价格对利率的二阶导数再除以债券的价格得到，由式（ $\frac{\partial B}{\partial y}=-B\cdot D$ ）两边对 y 求导可得：

$$\frac{\partial^2 B}{\partial y^2}=\sum_{t=1}^{n}c_t\cdot t^2\cdot e^{-y,t}$$

凸度 C 的定义如下：

$$C=\frac{\partial^2 B}{\partial y^2}\cdot\frac{1}{B}=\frac{1}{B}\cdot\sum_{t=1}^{n}c_t\cdot t^2\cdot e^{-y,t}$$

联合式（ $\frac{\partial B}{\partial y}=-B\cdot D$ ）和上式可得：

$$\frac{\partial^2 B}{\partial y^2}=C\cdot B$$

由上式可以看出，凸度具有下面几个特点：如果其他条件相同，则通常距到期日越长，凸度越大；给定收益率和久期，票面利率越低，凸度越大；当利率下降时，凸度增加，反之亦然。

为了衡量凸度在债券价格变动中的作用，根据泰勒二级展开式可得：

$$\partial B=\frac{\partial B}{\partial y}\cdot\partial y+\frac{\partial^2 B}{2\partial y^2}\cdot(\partial y)^2$$

把式（ $\frac{\partial B}{\partial y}=-B\cdot D$ ）和式（ $\frac{\partial^2 B}{\partial y^2}=C\cdot B$ ）代入上式整理可得：

$$\frac{\partial B}{B}\approx -D\cdot\partial y+0.5C\cdot(\partial y)^2$$

写成微分形式为：

$$\frac{\Delta B}{B}\approx -D\cdot\Delta y+0.5C\cdot(\Delta y)^2$$

根据上式，债券价格的百分比变化既受到久期的影响，又受到凸度的影响，利用久期和凸度共同估计债券价格波动更准确。

为了说明凸度的作用，假设一个债券票面利率 8%（1 年付息 1 次）、剩余期限 15 年、初始到期收益率为 10%，表 11-5 是到期收益率分别上升 0.5% 和 3% 以及下降 0.5% 和 3% 后债券价格实际变化和利用久期、凸度对债券价格变化率的度量对比。

表 11–5　到期收益率变化对债券价格变化的影响

到期收益率	7%	9.5%	10.5%	13%
久期	25.836%	4.306%	–4.306%	–25.836%
凸度	4.577%	0.127%	0.127%	4.577%
总和	30.414%	4.433%	–4.179%	–21.259%
实际	31.090%	4.436%	–4.182%	–21.808%

从表 11–5 中可以看出，引入凸度在很大程度上提高了利率风险管理的精确度，收益率变动越大，凸度的贡献越明显。综合考虑久期和凸度的影响之后，估计出来的收益率变动基本和真实变动差不多。

二、信用风险的度量

1．对固定收益证券进行信用评级

固定收益证券的违约风险是非常难以计量的，而它又是极其重要的风险，可以通过对不同的固定收益证券进行级别评定，用级别表示违约风险的大小。一般的情况下，信用评级越高，违约风险越小；信用评级越低，违约风险越大。

信用评级主要是向投资者提供有关债务偿还风险的相关信息，以便投资者对收益和回报的相互关系进行判断时可以参考。因此一个好的评级机构应具有以下几个关键特征：第一，信用评级能够对公司信用品质的实质变化较为敏感；第二，信用评级具有前瞻性；第三，信用评级应具有相对稳定性和一致适用性；第四，风险评价的层次划分，应有助于促进信用定价及信用条件设定的合理性；第五，及时更新和公布信用监视结果。

目前世界上最权威的信用评级机构有穆迪公司（Moody’s）、标准普尔公司（S&P）和惠誉公司（Fitch），这三家信用评级机构各自建立了一套衡量固定收益证券风险的信用指标体系，利用这套指标体系可以确立每一种固定收益证券的信用级别。表 11–6 是三家公司关于债权级别的标准。

表 11–7 是各种级别债券发行后信用等级和违约率之间的关系。最常见的违约率的计算有两种方法：一种方法是奥特曼编制的美国普通债券（不含可转换债券）及高收益债券违约的总市场价值与未清偿债券市场价值的商；另一种方法是穆迪公司的办法，将每个信用等级的违约发行者个数除以该信用等级的全部发行者个数，他们定义的违约是指债券发行者有一次没有支付应该支付的利息。

表 11-6　国际著名信用评级公司设定的信用级别

	Moody' s	S&P	Fitch	说明
投资级别	Aaa	AAA	AAA	金边债券，最安全
	Aal Aa2 Aa3	AA+ AA AA–	AA+ AA AA–	高级别，信用好
	A1 A2 A3	A+ A A–	A+ A A–	中高级别
	Baal Baa2 Baa3	BBB+ BBB BBB–	BBB+ BBB BBB–	中下级别
投机级别	Bal Ba2 Ba3	BB+ BB BB–	BB+ BB BB–	低级别，投机性
	B1 B2 B3	B	B+ B B–	高投机性
高度投机性	Caa	CCC+ CCC	CCC+ CCC	风险很高，处境不妙
	Ca	CC	CC	很容易违约，非常高的投机性
	C	C	C	极度投机性
		Cl		收益性债券——已经不支付利息
		D	DDD DD D	已经违约

表 11-7　债券信用等级和发行人违约率之间的关系（%）

信用级别 / 年数	1	2	3	4	5	6	7	8	9	10
AAA	0.01	0.02	0.03	0.03	0.07	0.07	0.11	0.12	0.14	0.15
AA1	0.02	0.05	0.07	0.08	0.10	0.10	0.11	0.12	0.13	0.15
AA2	0.02	0.08	0.12	0.12	0.14	0.14	0.11	0.11	0.13	0.15
AA3	0.03	0.08	0.13	0.14	0.17	0.15	0.12	0.16	0.19	0.22

续表

信用级别 年数	1	2	3	4	5	6	7	8	9	10
A1	0.05	0.09	0.14	0.16	0.21	0.18	0.14	0.20	0.24	0.28
A2	0.06	0.09	0.15	0.18	0.24	0.20	0.15	0.24	0.30	0.35
A3	0.09	0.18	0.23	0.30	0.33	0.30	0.31	0.38	0.42	0.42
BAA1	0.13	0.27	0.31	0.43	0.42	0.40	0.47	0.51	0.53	0.50
BAA2	0.16	0.36	0.40	0.55	0.51	0.49	0.63	0.64	0.65	0.57
BAA3	0.70	1.11	1.11	1.19	1.15	0.98	0.93	0.91	0.90	0.84
BA1	1.25	1.85	1.82	1.84	1.80	1.47	1.22	1.17	1.15	1.11
BA2	1.79	2.59	2.53	2.48	2.44	1.96	1.51	1.44	1.40	1.39
BA3	3.96	3.90	3.53	3.12	2.71	2.60	1.81	1.75	1.50	1.47
B1	6.14	5.21	4.54	3.75	2.98	3.25	2.11	2.05	1.60	1.55
B2	8.31	6.52	5.54	4.39	3.24	3.90	2.41	2.35	1.70	1.64
B3	15.08	6.82	5.21	3.80	3.14	4.43	2.58	1.69	2.54	2.01

对已评定信用等级的债券，影响违约风险的主要因素之一是债券发行的年龄。因为从根本上说，信用评级是根据发行公司的财务状况决定信用等级的。但随着时间的推移，公司业务经营的内外环境，如产业发展态势、行业竞争程度、公司领导管理水平等都有可能改变。这些因素的变化，最终会引起公司的财务状况发生变化。

固定收益证券的违约风险与信用等级成负相关关系，即固定收益证券的信用等级越高，违约风险越低。同一信用等级的证券，随着期限的延长，违约风险逐步上升。这是由两个因素共同作用的结果，一是每年的违约风险的累积。二是该信用等级的证券随着期限的延长，固定收益证券本身品质发生变化引起信用等级出现转移。

固定收益证券信用评级的特点是：主要利用公司过去的经营业绩、结合公司发展前景等因素，给发行人未来支付利息和本金的能力的一个基本判断，并且非常直观，投资者应用起来简便异行。

2．利用数理模型度量信用风险

利用数理模型度量固定收益证券的信用风险是第二种强有力的度量技术。这一类数理模型很多，如 KMV 公司开发的信用监控模型、J.P 摩根公司和其他机构共同推出的利用“VaR”概念的信用计量模型等。这部分内容在本书第二章第二节中有详细的介绍，这里不再赘述。

3．利用保险思想度量信用风险

20世纪80年代末和90年代初，奥特曼等人开发了贷款和债券的死亡率表，他们的思想与保险精算师确定寿险保险费的思想是相似的。瑞士信贷银行金融产品部开发的信用风险附加模型与家庭火险的财产险承包人确定保险费时估计损失风险使用的模型很相似。这说明保险领域的人寿保险和财产保险的基本思想都能够应用于公司债券的违约风险度量和管理。

（1）死亡率模型。固定收益证券的死亡是指债券退出原来的分析样本，更准确地说是指终止支付债券约定的利息和本金的各种行为，具体包括违约、赎回、偿还基金偿还和债券到期。定义边际死亡率MMR_{it}表示某一等级债券i在t年的违约风险，即

$$MMR_{it}=\frac{\text{第}t\text{年违约的债券}i\text{的总价值}}{\text{第}t\text{年未偿的债券}i\text{的总价值}}$$

将计算出的单个年份的边际死亡率再计算加权平均值，其权数就是样本期间不同年份的发行规模占总发行规模的比例。因此，某一等级债券每年的边际死亡率应该是样本期间各年债券的相应边际死亡率的加权平均值，即：

$$\overline{MMR_i}=\sum_{t=1}^{\tau}MMR_{it}\cdot w_t$$

式中，$\Sigma w_t=1$。

利用加权平均方法得出的边际死亡率将明显体现发行量较大年份的影响。要计算某一等级债券在样本期间的累计死亡率CMR，可以利用死亡率和存活率之间的关系SR_t=1-MMRt。因此，T年样本期间的累计死亡率为CMR_t，$=1-\prod_{t}^{\tau}SR_t$。用这种方法可以计算任何级别债券的边际死亡率和累计死亡率，并将获得的数据编制成死亡率表，它类似于人寿保险的生命表。

死亡率模型的主要特点是：引进了死亡率和存活率两个新概念；运用寿险精算学原则编制债券或贷款死亡率表，它恰好相当于人寿保险中的国民生命表。

（2）信用风险附加模型。瑞士信贷银行开发的信用风险附加模型将财产保险的基本思想应用到信用风险的度量。在财产保险中决定风险大小的因素是出险率和损失的大小，因此信用风险附加模型将违约风险分解为两个因子即违约频率和损失严重程度。

1）违约事件概率。信用风险附加模型只考虑违约风险，不考虑债券降级的风险。它假定债券的违约风险与公司的资本结构无关，也没有对违约原因进行深入的分析，债务人的履约状态要么违约要么不违约，并假定对任何一笔贷款或债券，给定时间内的违约概率与其他时间内的违约概率相同。对大量债券，任意一个债券的违约概率都很小，特定时间发生的违约债券个数独立于其他时间发生的违约债券个数。因此，特定时间违约债券个数服从泊松分布。

2）损失的严重程度。信用风险附加模型采用的办法是，将损失的严重性或风险暴露凑成整数和分出频段。频段取值越小，则不精确程度就越低，这一不精确程度作为划分频段的结果，被发展为模型的一部分。违约率和损失的严重性这两种不确定性，确定了每一风险暴露频段的损失分布。

信用风险附加模型最大的优点是它对数据资料的要求很少。主要的数据输入是贷款或债券各个频段的违约率均值和损失严重性。信用风险附加模型的缺点是忽视了信用等级转移的风险，没有顾及贷款或债券信用等级的变化对违约风险的影响。死亡率模型中要求的大型国民贷款死亡率表要求建立庞大的数据库，在中国应用就显得极为困难。但信用风险附加模型所需数据极少，应用于我国的风险管理实践，客观上的困难似乎要小得多。

三、流动性风险的度量

除市场风险以外，流动性风险是交易者交易时面临的另一个非常重要的风险。由于流动性形成机制受很多复杂因素的影响，对于流动性风险度量的研究非常少，缺乏一致的理论框架体系。直到近几年出现了一些典型的由于忽略了证券流动性风险而导致的金融机构破产危机的事件之后，才开始有一些学者对流动性风险的量化模型进行系统研究。目前来看，流动性风险的度量主要是将流动性风险纳入到较为成熟的风险度量标准 VaR 的框架中，也就是利用 VaR 的方法度量流动性风险。

第三节　固定收益证券的风险管理

一、固定收益证券的消极组合投资策略

固定收益证券的消极组合投资策略基于投资者对固定收益证券市场有效性的认识基础上，认为固定收益证券市场价格已经反映所有的信息，因此投资者找不到被错误定价的证券，任何激进的投资不仅无助于投资绩效的提高，反而会增加交易成

本。简单的说，消极组合投资策略适用于半强式有效市场，主要包括买入持有法和指数化法两种。

1．买入持有策略

买入持有法是一种比较简单的固定收益证券的消极组合投资策略，其通常做法是：投资者根据投资目标构造一个投资组合并持有到期。这种方法不需要考虑用积极的交易策略获得高额收益，只需要寻找那些到期期限（或久期）接近于投资者预定的投资期限的固定收益证券，以尽量减少固定收益证券的价格波动风险和再投资风险。

在投资实践中，投资经理经常运用修正的买入并持有策略，即如果投资经理在买入固定收益证券之后，发现该证券的价格出现有利变动时，就增加其持仓量。对应于此种策略，投资者一般使用短期债券。这种方法的缺点是资金流动性较差。

2．指数化策略

指数化策略指投资者选定一个债券指数做依据，然后跟踪指数构造证券组合。根据证券组合对债券指数的复制程度不同，可以分为纯指数化和增强指数化两种方法。纯指数化策略试图完全复制指数，即使自己的投资组合中各类债券的权重与债券指数相一致。然而，在债券市场中，这种方法很难实现，并且成本也很高。增强指数化策略利用市场可交易债券复制债券指数的主要风险特征，包括两种类型：一种是采用主要风险因子匹配来构建组合，一种是采用少量风险因子不匹配来构建组合。第一种方法需要投资于大样本债券，以便使投资组合的风险因素（如久期、现金流分配、部门、信用品质、赎回风险等）与指数的风险因素相匹配，这样在市场价格发生变动时能够与基准指数保持同样的变动。第二种方法允许在风险因素（久期除外）中出现微小的匹配误差，使组合投资倾向于某些特定因素（例如部门、信用品质、期限结构、赎回风险等。

采用指数化策略的关键环节有二：一是基准指数的选择，这是指数化投资的第一步，也是最重要的一个环节，因为它直接决定着投资者的风险一收益情况；二是具体复制技术的使用。

（1）基准债券指数的选择。债券市场指数是反映不同时点债券价格变动情况的相对指标。通常是先将报告期的债券价格除以选定的基期价格，再乘以基期的指数值，即为报告期的债券市场指数。为了满足不同的投资需要，产生了许多不同类型的债券市场指数。一些债券指数用来度量整个市场的业绩，而另一些指数的创建主要用于投资基金的业绩评价，还有一些指数的建立是为了给金融产品创新提供基础。

一般来说，基准指数的选择要满足以下几个标准：广泛的市场代表性；可投资性和可复制性；采用市场资本化加权；方法的透明性和一致性；稳定性，即必须采用持续的、一致的、合理的维护规则。这些标准是构建一个良好的基准指数的基础。

（2）复制技术的使用。指数化组合投资中可以采用的复制技术主要包括以下几种（见表 11-8）：

表 11-8　复制技术的方法

方法	具体内容
抽样复制法	是指复制基准指数的业绩的过程中不购买所有的组成债券，而是采用部分有代表性的债券复制指数。抽样复制的优势在于能够减少交易成本。有许多方法可以进行抽样，包括随机抽样、大量持有、分层抽样和优化。不论采用何种抽样方法，第一步都要确定构建投资组合所需要债券的数量。很明显，随着债券数目的提高，跟踪误差就会下降。这样，跟踪投资组合中债券的数目取决于投资者的风险厌恶程度。风险厌恶程度较高的基金经理偏好较小的跟踪误差，所以，需要使用更多的债券构建投资组合；而对于风险厌恶程度较低的基金经理可能选择持有少量的债券，承担较大的跟踪误差
完全复制法	这是指数化组合投资最简单的方法，即按照与基准指数相同的权重持有每一种成分证券，这样指数化组合投资就可以完全复制指数的风险和收益。在美国，大多数指数基金都采用完全复制方法构建投资组合，因为投资组合构成上任何微小的差异都会产生跟踪误差。完全复制法虽然简单，但存在如下缺陷：一是当指数中的成份债券进行调整时，投资组合中的每一种债券都需要进行调整以反映指数新的权重；二是当一些组成债券缺乏流动性或者组成债券的流动性高度不平衡时，采用完全复制的指数基金承受较大的交易成本，产生较大的跟踪误差
分层抽样法	分层抽样法是一种能够进行部分风险控制的方法。分层抽样方法通过建立与指数具有相同风险暴露的投资组合，以使得跟踪风险最小化。跟踪指数的准确程度取决于基准组合与复制组合之间的差异。如果两.者之间的差异小，跟踪效果就会较好，残差风险也会很小。分层抽样提供了一定程度的风险控制，但是这种风险控制是不够的。因为当投资组合与指数存在差异时，投资组合相对基准指数就会产生残差风险。同时，抽样方法也不能控制指数化组合投资的系统风险。系统风险取决于头寸的大小，以及选择债券的范围。抽样方法可能过多地持有发行规模大的债券，从而减低系统风险，但是不能控制系统风险
大量持有法	大量持有法也是一种比较简单的方法，它根据指数的编制原理选择债券，大量持有对指数影响大的债券。由于选取的是一些数目相对较少但是权重较高的债券，所以这种方法可以获得与指数相近的收益率。当然，除了选择大量持有发行规模大的债券，也可以根据其他的标准选择所持有的债券，比如选择具有高换手率的债券。但是，如果最终的投资组合只是所选债券的资本化加权的投资组合，那么这个投资组合通常不是所选债券的最优组合。所以，在给定跟踪投资组合中债券的数目以后，需要通过优化方法建立跟踪误差最小化的复制投资组合。大量持有方法的主要缺陷在于缺乏风险控制

续表

方法	具体内容
优化方法	优化方法是一种能够有效控制风险的方法，基本思路是在给定债券数目的前提下，建立一个具有最小跟踪误差和最低交易成本的投资组合。在优化方法中结合了风险的预测，期望在维持较低交易成本的同时，找到一个具有最小跟踪误差的投资组合。目前，投资组合优化主要的方法是线性规划、二次规划和基于VaR的组合投资优化，每种方法都有其相对的优点和缺点

二、积极的投资组合策略

1. 久期策略

一个管理人如果相信自己能够正确预期未来的利率水平，他就会根据预期来改变组合的久期。由于久期是利率敏感性的度量指标，当预期利率下降时就应该增加久期，而预期利率上升时就应该缩短久期。对于选取某债券指数为基准的管理人而言，这就等于相对指数增加或缩短久期。客户可能会限制久期对指数的偏离程度。要改变组合的久期可以将原有的债券与具有目标久期的债券互换。不过，改变久期另一个更有效的方法是利用远期利率合约。买入远期可以增加久期，相应地卖出可以减少久期。积极策略最关键的当然是预期未来利率变动方向的能力。

2. 估值分析

估值分析是投资经理依据债券的内在价值对债券组合进行重构和调整。债券价值是由它的特征和市场上这些特征的平均值所决定的。在完成债券的估价后，应当将得出的债券价值和当前的市场价格进行对比，从而确定哪些债券被高估、哪些债券被低估。依据投资者对特征成本的分析，应该买进被低估的债券，而抛售或回避被高估的债券。

3. 信用分析

信用分析策略是指通过对债券发行者的详细分析，以确定其违约风险的预期变化。信用分析试图解释债券信用等级的变化，并应用这一策略购买信用等级预期上调的债券，而卖出或回避信用等级预期下调的债券。

4. 收益率差分析

收益率差分析是假设不同种类的债券之间存在一定的关系（比如长期国债与短期国债之间、工业债券和公用事业债券之间存在收益率差），因此债券基金经理一旦发现异常情况出现，就立即抓住时机进行调期。不同期限之间的利率差主要通过收益率曲线的形状来体现，收益率曲线上的间断点往往成为投资调整的对象。如果预期收益率曲线基本维持不变，且目前收益率曲线是向上倾斜的，则可以买入期限较长的债券；如果预期收益率曲线变陡，则可以买入短期债券，卖出长期债券；如果预期收益率曲线将变得较为平坦时，则可以买入长期债券，卖出短期债券。如果预期正确，上述投资策略可以为投资者降低风险、提高收益。

5．债券互换

债券互换就是同时购买和出售具有相似特性的两个以上债券，从而获得收益级差。不同债券之间的差异，如票息、违约风险、利率、久期、税负、可回购条款、市场流动性等诸因素，决定了债券互换的潜在可获利性。债券互换可用来提高当前收益率和到期收益率，并利用利率的变动和收益率差的调整来获利，并能提高投资组合质量，以及用于税负减免等目的。在评估债券时，投资者是否进行互换操作主要取决于收益级差和过渡期这两个因素。过渡期是债券价值从偏离值重新返回平均值的时间。简单来说，收益级差越大，过渡期越短，投资者从债券互换中获得的回报率就越高。目前债券互换主要有三种类型：替代互换、市场间价差互换、税差互换。

三、奉献型策略

奉献型策略主要包括免疫策略、或有免疫策略和现金流匹配策略三种。

1．免疫策略

（1）基于久期的免疫策略。免疫策略，是指构造一种投资组合，使得任何由利率变化引起的债券价格波动风险与再投资风险能相互抵消，使投资人在特定投资时间内获得固定收益。

假设某投资者计划在5年末偿还债务1469.36元，为此她购买了一个面值为1000元，票面利率为8%的5年期债券。如果市场利率保持为8%，那么，利息再投资所得为80（$1.08^4+1.08^3+1.08^2+1.08$）=389.36元，第5年的本息和1080元，所以总的投资所得是：1080+389.6=1469.36元，投资收益率为$\left(\frac{1469.36}{1000}\right)^{1/5}-1=8\%$；当市场利率为6%时，利息再投资所得为80（$1.06^4+1.06^3+1.06^2+1.06$）=370.96元，第5年的本息和1080元，所以总的投资所得是：1080+370.96=1450.96元，投资收益率为$\left(\frac{1450.96}{1000}\right)^{1/5}-1=7.73\%$，可见，如果没有采取措施，投资者将会因为承受利率风险而带来损失。

现在假设该投资者购买的是一个6年期的面值为1000元、息票利率为8%、久期在市场利率为8%时等于4.99年的债券。如果在投资初期市场利率下跌为6%，那么，第5年末投资者的利息再投资所得为80（$1.06^4+1.06^3+1.06^2+1.06$）=370.96元，第6年的本息和1080元，债券还有一年到期，所以现价即第5年末的价格是$\frac{1080}{1+0.06}$=1019元，所以到第5年末的总投资所得为1019+80+370.96=1469.96元，投资收益率为$\left(\frac{1450.96}{1000}\right)^{1/5}-1$=8%。

可见，免疫策略利用价格风险与再投资风险相互抵消的特点，可以保护投资者不受损失。

（2）基于凸度的免疫策略。基于凸度的免疫策略即价格免疫，由那些保证特定数量资产的市场价值高于特定数量资产负债的市场价值的策略组成。价格免疫使用凸度作为衡量标准，实现资产凸度与负债凸度相匹配。图11–5展示了债券投资组合的价格免疫策略。

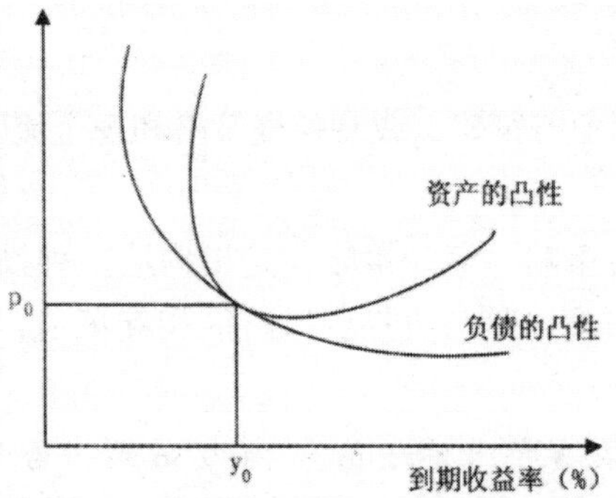

图11–5　资产凸度与负债凸度的匹配策略

2．或有免疫策略

或有免疫是指投资者允许组合在一定限度内（保证最低收益率或价值）进行积极管理，一旦触及该限度，投资者应立即停止运用这种方法，通过市场利率来免疫剩余资产，以确保资产的终值。这种策略既可满足债券管理者实行激进管理的要求，又可以满足投资组合使用者将利率方向运动的风险最小化的需要。假定债券管理者愿意从事更积极的投资，但是只愿意承担有限的风险损失，既可以保证组合的最终价值。这样，管理者可在开始时采取一些积极的策略，并增加相应的风险容忍度而不用立即采取利率免疫策略。

假定现行利率为10%，管理者的资产组合为1000万元，管理者通过常规的利率免疫技术锁定现有利率，两年后的资产价值为1210万元。现在，假定资产管理者更愿意从事更积极投资，但只愿意承担有限的风险，即保证资产的最终价值不低于1100万元。由于在现行利率下只要有909万元（1100万元/1.102）就可以在两年后达到最小可接受的最终价值，而资产组合的现值为1000万元，管理者可在开始时承受一些风险损失，因此，开始时可采用积极策略，而不是立即采取利率免疫策略。这一策略的关键在于设定触发点，以锁定利率波动风险，以保证未来获得1100万元。如果T代表到期的剩余时间，r为任一特定时间的市场利率，那么必须要保证达到最低可接受的最终价值1100/（1+r）^{T}万元，因为资产组合如果免疫就会在到期时无风险地增至1100万元。这个值就是触发点：：如果实际资产价值跌至到触发点，积极管理立即停止；或达到触发点，会导致最初的免疫策略的变换，以保证最低的可接受业绩得以实现。

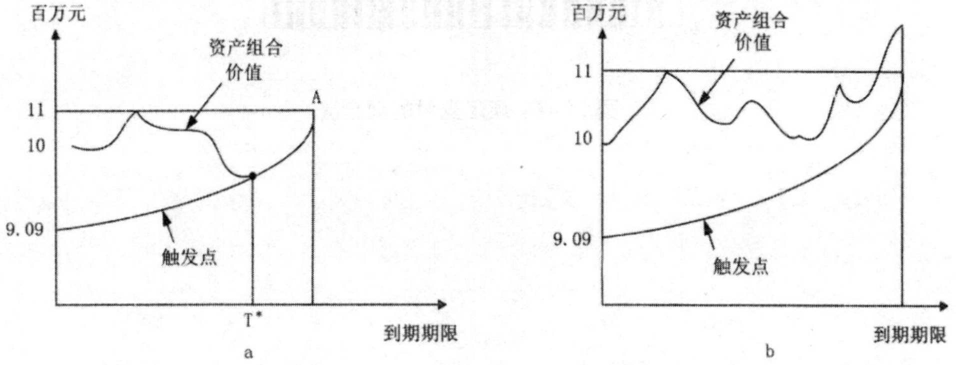

图11–6　或有免疫策略的两种可能结果

图11–6表明或有免疫策略的两种可能结果。在11–6（a）中，资产组合价值下降并在T*点触及触发点，并在该点资产组合获得利率免疫，其资产组合价值将平滑地升至A，即1100万元。在图11–6（b）中，资产组合表现很好，并未触及触发点，因而资产组合值也高于1100万元。

3．现金流匹配策略

现金流匹配策略是指投资最低成本的组合，并且该组合的现金流模式与投资者所将面临的现金流支出恰好匹配。这种策略有时候也被视为消极管理策略，因为一旦债券资产组合确定后，组合没有任何再投资现金流，也没有任何再投资利率风险，并且由于债券在到期时才出售，所以也没有利率风险。因此，任何变化因素，甚至是收益率曲线较大的变化也不会影响组合结构，仅仅在债券存在违约风险时，才会改变匹配策略所决定的债券组合构成。

作为一个专项债券投资组合方法，现金流匹配策略最典型的表现为纯现金流匹配投资组合。图 11–7 表示的是一个典型的养老基金在 30 年期间的按规定需支付的债务流。此投资组合的目标是建立一个组合，确保在每次按规定支付债务前，该组合能够产生足够的现金流以满足支付需求。

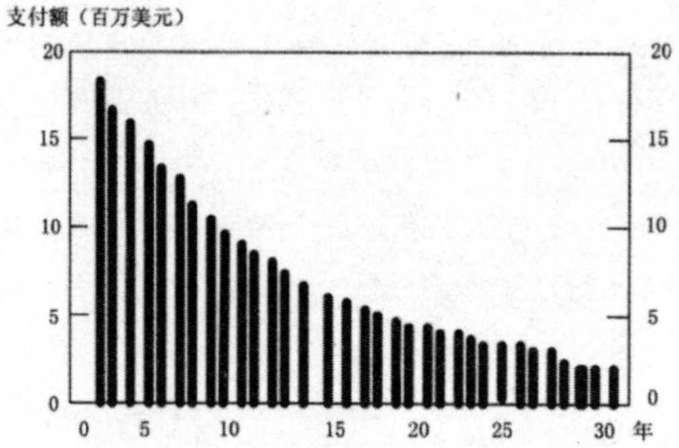

图 11–7　规定支付的现金流

第十二章　外汇市场与保险市场的风险管理

第一节　外汇市场风险基础知识

一、外汇风险的构成要素

外汇风险包括三种因素：本币、外币与时间。只有存在本、外币折算的情况下，才有外汇风险。一笔应收或应付账款的时间结构也会影响外汇风险，时间越长，在此期间汇率波动的可能性越大，外汇风险越大。

二、外汇风险的种类

外汇风险通常分为三类：交易风险、折算风险和经济风险。

1．交易风险

交易风险又称"结算风险"，是指一般企业以外币计价的交易中，因外币与本币之间汇率波动而使其蒙受损失的可能性。交易风险反映的是汇率变动对未来现金流量的直接影响，表现在交易发生时的货币数目与交易完成时的货币数目可能不一致。

交易风险出现的原因是企业在对外经营活动中达成了以外币计价的交易，但是却在将来某一固定日期才进行结算。若汇率在这段时间发展变化，以本币进行衡量的现金流量将受到直接影响。

例如，一家中国公司向英国客户出口茶叶，双方约定以英镑作为计价货币，合约金额为 10 万英镑，3 个月后付款。签约时人民币与英镑的即期汇率是可知的，而 3 个月后的即期汇率却是未知数。3 个月后收到的 10 万英镑能换成多少人民币，完全取决于到期时英镑与人民币的汇率水平。假设，签约时即期汇率为 GBP1=CNY9.424，若此时能收到 10 万英镑，则本币收入是 94.24 万人民币。如果 3

个月后的即期汇率为 GBP1=CNY9.224，则 10 万英镑收入只能兑得 92.24 万人民币，本币收入减少 2 万元。可见，企业将因为汇率波动遭受交易风险。

此外，跨国企业经常在国际金融市场筹措外币资金。这一国际借贷活动将产生一系列的外币应付款。若未来还款时外币升值，则以本币表示的借款成本将增加。

例如，一家美国公司在国际金融市场上以 3% 的年利率借入 1 亿日元，期限 1 年。借到款项后，该公司立即按当时的汇率 USD1=JPY100，将 1 亿日元兑换成 100 万美元，以便在国内进行生产经营活动。1 年后，该公司需要在外汇市场上购买 1.03 亿日元，以归还借款本金及利息。假设，此时汇率为 USD1= : JPY90，则该公司需支付 111.11 万美元来购买 11 亿日元，比当初借款所换得的美元数多出 11.11 万美元。若考虑到日元利息，还需再支付 3.33 万美元，即总共需要 114.44 万美元来购买 1.03 亿日元。更进一步说，此案例中，美国公司当初借入日元资金就是认为 3% 的年利率较低，其融资成本会降低 Q 然而，考虑汇率变动后，该公司的融资成本实际上达到了 14.44%。

若企业进行国际证券投资，购买以外币为面值货币的证券时，这些金融资产的赎回或收益支付都以外币进行。当投资者以本币计算投资回报时，汇率的波动将直接影响其数值的大小。

2. 折算风险

折算风险也称“会计风险”，是指企业根据会计制度进行会计处理时，资产负债表中某些以外币计量的资产、负债、收入和费用在折算成以本国货币表示时，因汇率变动而产生账面损益的可能性。

经济生活中，一家有涉外经济因素的企业或多或少都有以外币表示的资产或负债，比如应收外币账款或应付外币债务等。在无需进行会计处理时，其账面外币数据始终保持不变。当根据需要进行账面本外币折算时，外币升值则兑换的本币资产将增加，而需要支付的本币债务也增加。外币贬值则兑换的本币资产将减少，而需要支付的本币债务也减少。

3. 经济风险

经济风险，又称“经营风险”，是指意料外的汇率波动对企业未来现金流量现值的影响。随着经济日益全球化，越来越多的公司参与到国际竞争中。汇率的随机波动会影响企业的生产成本、销售价格，进而引起产销数量的变化，最终对企业未来现金流产生影响。现金流的变化会对公司的价值发生作用，从而达到改变这些公司在国内外市场竞争中的相对地位。

表 12-1 中列出了一些较为普遍的国际业务，这些业务是跨国公司现金流量发生变化的来源。

表12-1　汇率波动产生的经济风险

影响公司本币流入量的交易	本国货币升值时对交易的影响	本国货币贬值时对交易的影响
本国销售（相对于在本国市场上的外国竞争者而言）	减少	增加
以本国货币标价的出口	减少	增加
以外币标价的出口	减少	增加
对外投资的收益	减少	增加
影响公司本币流出量的交易		
以本国货币标价的进口物料	无变化	无变化
以外币标价的进口物料	减少	增加
所欠外债的利息	减少	增加

我们用海外投资收益的例子来进行说明：

中国A公司在英国拥有一家子公司，一年后该子公司将为A公司带来100万英镑的预期利润，即上述表格中的以外币表示的投资收益。假设当前人民币与英镑的汇率是GBP1=CNY8。那么，这笔未来外币现金流量会如何反映在A公司目前的股价上呢？市场将首先对一年后的英镑汇率进行预测，假设汇率预期变动为GBP1=CNY7，则按此预期把100万英镑折算成700万人民币3然后，把这700万人民币折算成现值。那么，A公司目前的股票价格应该正确地融合了上述所有信息。若一年后，英镑汇率水平的确下降到GBP1=CNY7，但是A公司的股票价格将不会受到影响，因为此次汇率波动的负面影响早已考虑到了。但是，若一年后英镑贬值幅度超过预期达到GBP1=CNY6，则100万英镑的利润只能折算为600万人民币，远远低于预期。汇率变动导致总利润下降，进而导致A公司的股票价格下跌，这就是汇率的意外波动对公司价值的影响。

因此，对于企业来说，经济风险是比交易风险和折算风险更为深层次的影响。

第二节　保险市场风险基础知识

一、保险的概念与功能

1．保险的定义

保险，是指投保人根据合同的约定，向保险人支付保险费，保险人对于合同约定的可能发生的事故因其发生所造成的财产损失承担赔偿保险金责任，或者当被保险人死亡、伤残、疾病或者达到合同约定的年龄、期限时承担给付保险金责任的保险行为。

保险的具体内涵包括四个方面：（1）从经济角度看，保险是分摊意外事故损失的一种财务安排；（2）从法律角度看，保险是一种合同行为，是一方同意补偿另一方损失的一种合同安排；（3）从社会角度看，保险是社会经济保障制度的重要组成部分，是社会生产和社会生活“精巧的稳定器”；（4）从风险管理角度看，保险是风险管理的一种方法。

2. 保险的功能

保险具有经济补偿、资金融通和社会管理功能，这三大功能是一个有机联系的整体。经济补偿功能是基本的功能，也是保险区别于其他行业的最鲜明的特征。资金融通功能是在经济补偿功能的基础上发展起来的，社会管理功能是保险业发展到一定程度并深入到社会生活诸多层面之后产生的一项重要功能，它只有在经济补偿功能和资金融通功能实现以后才能发挥作用。

（1）经济补偿功能。经济补偿功能是保险的立业之基，最能体现保险业的特色和核心竞争力。具体体现为两个方面：1）财产保险的补偿；2）人身保险的给付。

（2）资金融通的功能。资金融通的功能是指将形成的保险资金中的闲置的部分重新投人到社会再生产过程中。保险经营要求保险资金的增值与保值，而保费收入与赔付支出之间存在的时间差，以及收取的保险费与赔付支出之间存在数量差，为保险资金的融通提供了可能。

（3）社会管理的功能。具体体现为社会保障管理、社会风险管理、社会关系管理和社会信用管理四个方面。

二、保险市场风险的根源

1. 保险商品的定价风险

保险商品定价的特殊性在于它不是对实实在在的产品进行定价，而是要对无形的风险”进行定价，由于风险发生在时间上和规模上都具有不确定性，保险公司为保险商品定价时只能是根据以往的风险概率来预期未来可能发生的损失，但是以往的风险概率相对于未来的损失并不是非常准确的数据，这就增大了保险商品定价的风险。

2. 保险经营的不确定性

保险经营是以“概率论”和“大数法则”为数理基础。但是，在保险业无论是从损失的程度，还是损失出现的概率，都不大可能存在足够多的同质性标的。因此“大数法则”运用的前提条件很难满足。在我国保险公司中，中、小公司和区域性公司占绝大多数，这些公司的分支机构极少，承保的风险也集中于一个地区，这就使风险标的很难达到“大数法则”要求的数量，风险标的的集中性也很难通过“大数法则”加以分散，使大数法则的应用受到局限。

“概率论”要求保险人尽可能搜集全面详细的历史损失记录，科学地根据调查所得资料计算出保险损失率，由此制定保险费率。但在计算过程中，由于统计资料不全和不够精确，人的主观判断往往起主导作用，从而使保险经营的数理基础具有不确定性的，增大了风险发生的概率。

3．道德风险和逆向选择

保险市场是一个很典型的不完全信息市场，因此道德风险和逆向选择问题在保险市场很突出。道德风险和逆向选择的存在使得保险作为一种应对风险的机制受到限制，因为逆向选择的存在将减少保险公司的保险需求，导致保险公司聚集了大量质量低下的投保者，使保险公司经营效益降低、风险增大。而道德风险的存在将增大保险公司的赔付率。

三、保险市场风险的类型

根据风险来源不同可以把保险市场风险分为环境性风险和经营性风险两大类，前者主要反映公司外部环境变化带来的风险，后者主要反映公司经营过程中产生的风险。

1．环境性风险

环境性风险主要指由于宏观经济环境、市场环境、经济政策调整、经济体制变革以及监管等经济环境因素以及除经济因素以外的一般社会环境因素的变化，导致保险公司产生损失的风险，又可细分为一般社会环境风险和经济环境风险。

（1）一般社会环境风险。一般社会环境风险主要包括四类：1）政治风险，是指由于战争、政变以及其他政治动荡而带来的不确定性影响。2）政策风险，是指财政及货币政策、政府法规、保险法规、监管政策和其他规章制度变化带来的影响。3）社会风险，是指社会风俗变动、社会消费观念变化、社会不安定、示威及罢工等带来的影响。4）自然风险，是指由于自然灾害保险公司的自有财产造成损失的风险。

（2）经济环境风险。经济环境风险是指由于利率、汇率、物价水平、股价、房价、市场竞争等因素变动导致的风险。具体包括以下五种：1）利率风险，是由于利率水平以及利率期限结构的变动给保险公司造成的影响。2）通货膨胀风险，指由于通货膨胀率的变动给保险公司带来的影响。通货膨胀一方面作用于保险需求，另一方面对财产保险公司的赔付金额直接产生影响。3）汇率变动风险。经营涉外业务的保险公司在接受国际运输保险、国际再保险等业务时，是以外币为收费币种，因而持有多种外币，各国货币之间汇价的变动可能带来财务损失。4）股价波动风险，指由于股票市场价格波动给保险公司的股票投资带来的风险。5）市场竞争风险，主要来源于市场竞争各方的力量出现非预计的情况而造成的影响。

2. 经营性风险

这是保险公司经营过程中的不确定性带来的风险，公司的业务活动、决策是影响风险效果的主要来源。可以细分为表 12–2 的内容：

表 12–2　经验性风险的分类

类别	主要内容
巨灾风险	巨灾风险源于在承保的风险范围内，由于地震、台风、洪水、瘟疫等发生，保险标的的相互独立性被严重损坏，从而造成巨大财产损失和严重人员伤亡的可能性。巨灾风险发生的频率虽然低于一般的灾害事故，但损害程度非常高，会有多个风险单位同时受到严重影响。每一次事故的发生通常会使许多受害的被保险人同时向保险公司索赔，形成庞大的累积理赔金额，也就是所谓的风险累积
承保风险	源于保险公司承保的全部风险暴露的不确定性。主要表现为损失频率、损失幅度的随机波动情况，保险未到期责任的分布构成及随机波动。可以按承保过程各个经营环节对其如下划分：1）定价风险，指保险公司厘定费率不准确而给公司带来的影响。2）营销风险，主要来源于营销人员缺乏对风险标的的评估和选择，以及与被保险人之间的信息不对称。3）核保风险，源于公司的核保制度的不完善，对保险标的不能进行有效的风险选择和承保控制而给保险公司带来的风险。4）理赔风险，是由于保险企业在理赔过程中缺少有效的核赔手段和对各种骗赔行为的鉴别手段而导致的风险
再保风险	再保风险是源于对公司整体承保能力、总资本需求及再保险市场难以把握，以及对再保险的结构、规模、品种选择上出现偏差。如何安排再保险，对保险公司特别是规模不大的公司有着至关重要的影响。在再保险的分出额度方面，若分出保险过多，则第一保险人不能充分获得应有的保险收益；若分出保险过少，则第一保险人相对其实力而言可能承担了过高的风险暴露。另外，再保险合同形式很多，不同的再保方式产生不同的风险转移效果，合理安排整个公司的再保险结构，是解决这一问题的关键
资金运用风险	资金运用风险主要源于公司资产面临的不确定因素，以及资产与负债不匹配的可能性。具体包括以下几种：1）资产价值风险，是指投资资产价值的波动，以及资产最优组合的难以确定给保险公司带来的不确定性影响。2）流动性风险，是保险公司因资产与负债的流动性不一致，从而带来的财务上的风险。3）信用风险，来源于合同签约者不能按事先约定履行其责任及义务的可能性

续表

类别	主要内容
操作风险	操作风险来源于行为人个体行为的不确定性。具体表现为两个方面：一是决策风险，指在制定保险公司未来发展的重要决策时出现偏差或失误而导致的风险主要源于决策者和决策机构自身理性的不完美，如管理能力、管理经验、洞察力等的局限。决策风险管理的要点主要有：决策的形成方式与逻辑、组织结果与决策的配合度、组织文化、核心竞争力的选择与培养等等。二是行为风险是指公司除最高决策者之外的其他员工的能力、道德、品行等给保险公司带来的影响。行为风险可能会导致效率低下、专业判断能力不足、甚至违法，将严重影响保险公司的利益与目标实现

第三节　外汇市场风险的度量

一、交易风险敞口的度量

1．交易风险敞口的定义

交易风险发生在国际贸易和国际借贷活动中。当企业面临以外币计价的合约的现金流量时，交易风险就产生了。因此，交易风险敞口可以定义为外币应收账款或应付账款的金额。合约外币现金流量的结算会影响到企业本币的现金流量，因此，交易风险敞口也被认为是短期经济风险。

2．交易风险敞口的度量

一般涉外企业进行交易风险度量时，只需要将本企业暴露在交易风险中的现金流出和流入量进行加总，即计算出净交易流量。这需要创建资金流动报告来观察风险敞口的大小。资金流动报告是指通过每月或每季的不同币种的资金流动报告，动态反映交易风险敞口的变动状况。对于暴露在风险中的外币应收或应付账款采取保值措施。

例如，中国A公司在世界多个市场进行销售。表12-3是A公司2014年现金流量情况：

表12-3　A公司2014年四个季度的资金流动报告表　单位：万元人民币

季度	项目	英镑	欧元	美元
第一季度	预期收入	1730	1140	1680
	预期费用	2704	585	430
	净收入	–974	555	1250

续表

季度	项目	英镑	欧元	美元
第二季度	预期收入 预期费用 净收入	850 2070 -1220	1600 590 1010	1250 200 1050
第三季度	预期收入 预期费用 净收入	1350 2050 -700	900 550 350	1250 400 850
第四季度	预期收入 预期费用 净收入	850 2170 -1320	1900 590 1310	1250 1230 20
年度总计		-4214	3225	3170

表 12-3 中的数据是以本国货币（即人民币）计量的某一特定货币的净头寸。A 公司年度净资金流量表现为：与英镑对应的是净流出 4214 万元人民币，与欧元对应的是净流入 3225 万元人民币，与美元对应的是净流入 3174 万人民币。可以看出，若 A 公司提前计量出月度、季度或年度资金净流量，则可以较好地把握本公司的风险敞口，从而采取相应的管理手段。

若 A 为跨国公司，则情况会复杂一些。因为交易风险的度量不仅涉及不同的货币，还涉及众多海外子公司。因此，在作出任何相关的套期保值决策之前，应该逐个按货币测定所有子公司的净交易风险。每个子公司的管理层报告各自的预期流入量和流出量，由总公司合并子公司财务报告，以便确定整个跨国公司在未来几个期间各外币的预计净头寸。跨国公司由此确定总体风险的大小。

表 12-4　特定时点所有子公司货币净风险统计　单位：万元人民币

子公司所在地	以总公司货币计量的每一特定货币的净头寸		
	美元	欧元	加元
纽约	100	-40	80
巴黎	60	-85	-30
法兰克福	-40	55	-50
伦敦	50	30	-70
合并净风险头寸	170	20	-70

表 12-4 中假设 A 公司在海外有四个子公司，以三种货币进行交易。从表 10-3

中可以看出，有三家公司有货币 1 净流入，一家公司有货币 1 净流出。合并以后，该跨国公司货币 1 的预期净流入为 170 万人民币。通过核算所有子公司的头寸，跨国公司可以算出每一货币的合并净流入。而这些净流入量就是需要进行管理的风险敞口。

二、折算风险敞口的度量

1. 折算风险敞口的定义

折算风险敞口是指无法预料的汇率变化对公司合并财务报告时产生的影响程度。折算风险对公司合并利润有较大影响。例如，中国 A 公司美国工业园的利润在与总公司资产负债表合并时，可能会因为美元汇率贬值导致以人民币计量的总利润下降。最终导致下一个季度的每股收益率的下降，从而间接影响公司价值。

2. 折算风险敞口的度量

折算风险敞口与会计折算方法有关。公司海外子公司会计折算方法有四种，即流动和非流动项目法、货币和非货币项目法、时态法和现行汇率法。不同的折算方法下，资产负债表项目所使用的折算汇率不同，可能是历史汇率，也可能是现行汇率，因此折算风险敞口的大小主要与折算方法有关。

（1）流动和非流动项目法。这个方法的基本原则是，资产和负债应当按照到期日的不同进行换算。流动资产和流动负债，即在一年或一年以内到期的，将按现行汇率进行换算。非流动资产和负债则按其最初登记入账时的历史汇率进行换算。采用这种方法的后果是，在当地货币升值（贬值）时，一家流动资产大于流动负债的国外子公司将会出现折算收益（损失）。若该子公司以当地货币计量的净资产为负值时，即流动负债大于流动资产时，情况则相反。

（2）货币和非货币项目法。在此方法下，国外子公司的所有货币性资产负债表项目（例如现金、有价证券、应收账款、应付票据、应付账款）都按现行汇率进行换算。所有其他非货币性资产负债表项目，包括股东权益，则按照初次登记入账的实际历史汇率进行换算。

（3）时态法。此方法下，诸如现金、应收账款、应付账款等货币性项目（不论是流动性还是非流动性）都应按现行汇率换算。其他资产负债表项目，如果会计账簿上是以现行价值报告的，就按现行汇率折算；如果是以历史成本报告的，则按最初登账时的历史汇率折算。

（4）现行汇率法。此方法下，除股东权益外，所有的资产负债表项目都应按现行汇率折算。这是所有方法中最简单的一种。

例如，中国A公司在美国的工业园将本年度资产负债表进行折算，同时，如果美元预期贬值，即汇率水平由\$1=¥8变为\$1=¥6，用上述四种方法折算，各结果如表12-5所示。

表12-5　A公司美国子公司财务报表折算方法比较 单位：千元人民币

	当地货币\$	人民币（\$1=¥8）	流动法 ¥	货币法 ¥	时态法 ¥	现行汇率法 ¥
现金	2000	16000	12000	12000	12000	12000
应收账款	200	1600	1200	1200	1200	1200
存货（按市价）	1100	8800	6600	8800	6600	6600
流动资产合计	3300	26400	19800	22000	19800	19800
固定资产（净值）	1600	12800	12800	12800	12800	9600
资产总计	4900	39200	32600	34800	32600	29400
应付账款	200	1600	1200	1200	1200	1200
长期借款	1500	12000	12000	9000	9000	9000
负债合计	1700	13600	13200	10200	10200	10200
实收资本	1000	8000	8000	8000	8000	8000
留存收益	2200	17600	11400	16600	14400	11200
股东权益合计	3200	25600	19400	24600	22400	19200
负债和股东权益合计	4900	39200	32600	34800	32600	29400
折算损益			（6200）	（1000）	（3200）	（6400）

可以看出，由于美元贬值，子公司美元留存收益折算成人民币后的数值都减少了，但是，减少程度不同。损失最大的是现行汇率法，损失最小的是货币法。

由于不同折算方法所得到的风险敞口不同，因此，跨国公司应该根据自己的需要选择相应的会计折算方法，明确可能的折算风险敞口。

三、经济风险敞口的度量

1. 经济风险敞口的定义

经济风险敞口，是指汇率的随机变化对企业现金流量影响的程度。随着经济日益全球化，越来越多的公司参与到国际竞争中。汇率波动会影响公司的现金流，进而会大大改变这些公司在国内外市场竞争中的相对地位。

2．经济风险敞口的度量

经济风险敞口可以用两个敏感度来衡量：一是利润对汇率的敏感度；二是现金流量对汇率的敏感度。

（1）利润对汇率的敏感度。考察利润对汇率敏感度，首先要把现金流量划为不同的利润表项目。依据汇率预测值主观地预计每个利润表项目。再引入备选的预期汇率，修正利润表项目的预测值。在连续预期汇率变动下，观察利润表盈利预测值的变动。这样，企业就能确定汇率波动对利润及现金流量的影响。当然，若企业的成本和收入受到的影响程度相同，可在一定程度上化解汇率的经济风险。

例如，中国A公司在美国有一个分公司。该公司在中国的销售收入以人民币计价，在美国的销售收入以美元计价。该公司的预测利润表如表12-6所示。表中各利润表项目由中国和美国两部分组成。

表12-6　A公司预期收入和费用单位：百万元

	中国业务（¥）	美国业务（$）
销售收入	3000	6
销售成本	-500	200
毛利	2500	-194
营业费用		
固定费用	-300	-
变动费用	-200	-
合计	-500	-
息税前利润	2000	-194
利息费用	-30	-10
税前利润	1970	-204

为简化分析，我们假设在中国的销售收入不会受到汇率变动的影响Q然而，实际中，由于美元走强，使得从，美国进口的商品价格上升。为维持消费，国内居民转而购买国内商品，因而，中国A公司在中国的销售收入可能会增加。

在表12-6中加入汇率变动因素，可考察在不同预期汇率水平下利润表的波动（见表12-7）。假设，中国A公司所预期的1美元兑人民币的汇率变动是：（a）\$1=¥5；（b）\$1=¥6；（c）\$1=¥7。

表 12-7 汇率变动对利润的可能影响 单位：百万元

	不同汇率水平下人民币收入			
	美国业务（$）	$1=¥5	$1=¥6	$1=¥7
销售收入	6	30	36	42
销售成本	–200	–1000	–1200	–1400
毛利	–194	–970	–1164	–1358
营业费用				
固定费用	–			
变动费用	–			
合计	–			
息税前利润	–194	–970	–1164	–1358
利息费用	–10	–50	–60	–70
税前利润	–204	–1020	–1224	–1428
总利润		950	746	542

从表 12–7 中可以看出，中国 A 公司以人民币计价的总利润发生了很大变动。一般情况下，海外子公司的收入会随着美元的升值而增加，成本也会随着美元的升值而增加。由于本例中子公司的收益为负数，即子公司的成本风险高于其收入风险，美元升值对毛利的总体影响是负的。相反，则美元升值将使总利润增加。

（2）现金流量对汇率的敏感度。度量汇率经济风险的另一个方法是回归分析法。回归分析法利用历史的现金流量和汇率数据对汇率风险进行预测。其计算公式如下：

$$PCF_t=a_0+a_1E_t+\mu_t$$

式中，PCF_t是t期一企业本国货币计量的剔除通胀后的现金变动百分比；E_t是t期货币汇率变动百分比；μ_t是随机误差项。

由回归分析得出的回归系数 a_1 表示 PCF_t 对 E_t 的敏感度。如果预期企业不调整经营结构，那么回归分析得出的敏感度未来在一定程度上是一样的。该回归模型可以修正以处理更为复杂的情况。比如，如果中国 A 公司在全球多个国家有业务活动，那么，对其利润表有影响的不同国家的货币汇率也会增加。这些货币汇率在模型中被视作增加的独立变量。每一种货币汇率的影响将有各自的回归系数估计值来计量。也可计量 PCF_t 对货币汇率指数（或组合）的敏感度。

如果一家公司更在意以股票价值来代表企业价值，那么，就可以用公司股价变化的百分比来替代 PCF_t。通过把股票价格变动率作为因变量，来分析企业价值对汇率的敏感程度。

第四节　保险市场风险的识别与度量

一、保险市场风险的识别

1．风险识别的方法

（1）财务报表分析法，是根据企业的资产负债表、损益表、财产目录等资料，以每一会计科目为一风险单位，对企业的固定资产、流动资产之分布进行风险分析，以发现潜在损失的风险识别方法。

企业一般采用比较分析法和比率分析法。比较分析法是通过与其他保险公司财务报表的横向比较衡量公司本身的相对效率，或通过将以前会计期间的经营成果进行纵向比较，分析公司成本及利润的变动趋势。比率分析法则是通过一些比率指标发现公司经营风险的分析方法，可借此发现公司经营的一些风险线索或征兆，而若经进一步的调查了解更可使问题获得答案。

（2）流程图法。这种方法是通过一系列流程图展示企业经营活动的全过程，对过程的每一个阶段和环节逐一进行调查分析，运用潜在损失一览表来确定企业所面临的损失。保险公司既可编制从企业供应商所在地的原料、能源等投入开始至成品送到用户手中为止的总体经营流程图，也可编制企业的部分经营（如制造、销售等）的更详细的流程图。借助潜在损失一览表，分析每一流程图所展示的各种经营活动所涉及的财产、责任、人身等方面的潜在损失，将使保险公司能够有效地识别和鉴定承保企业的风险，及时确定相应的对策。

（3）“SWOT”法。“SWOT”法是分析风险发生状况的有效工具和方法。S（strength）代表寿险公司内部条件的优势，W（weakness）代表劣势，O（opportunity）代表外部环境为公司提供的有利机会，T（threat）代表环境威胁，将上述四项内容组合在一起，可得到一个四象限矩阵，如图12-1。“SWOT”法可以通过比较分析公司内部条件和外部环境的相互关系，确定企业风险发生的领域和影响状况。“SWOT”法不仅可以用于公司整体风险的分析，还可以用于各项业务的风险分析。

（4）历史差距法。历史差距法是保险公司静态风险度量的一种有效方法，它分析监测实际情况与预期情况的差距，比如实际退保率与预期退保率的比值。如果这个比值等于1，说明我们的估计非常准确；如果这个比值大于1，则说明估计的退保率不足；如果这个比值小于1，则说明估计的退保率过高。研究这些实际预期比率，虽然不能直接预测风险，但这些经验将有助于进一步的风险分析。

		外部条件	
		机会	威胁
内部条件	优势	Ⅰ	Ⅱ
	劣势	Ⅲ	Ⅳ

图12-1 “SWOT”法四象限矩阵

历史差距法的优点主要是能够对保险公司的风险状况进行量化分析，可以对资产组合的风险状况进行加总，分析保险公司的整体风险。

历史差距法的缺点主要是以主观预测为分析基础，过分依赖历史数据使得结果的稳健性大打折扣。

二、保险风险的度量

1．偿付能力模型

（1）精算风险理论模型。精算风险理论是传统非寿险精算的经典理论，重点研究损失赔付的不确定性。按照研究对象和区间可以把精算风险理论模型分为短期个别风险模型、短期聚合风险模型、长期聚合风险模型。

1）短期个别风险模型。该模型针对不同风险的险种分别研究，考察期间通常是1年。假定有n份同质独立保单，每份保单的损失金额 X_i 为随机变量，则只要确定总损失额S就可以确定需要多少资金来满足偿付要求，具体见下面公式：

$$S=\sum_{i=1}^{n}X_i$$

2）短期聚合风险模型。对n份同质独立保单，将一定期间内的每一次损失作为单位，将每一次损失的金额 X_i 和期间内的损失次数N同时作为随机变量，同样要先确定总损失额S，进而确定需要多少资金来满足偿付能力额度，考察期间通常也是1年，计算公式如下：

$$S=X_1+X_2+\cdots+X_N=\sum_{i=1}^{N}X_i$$

在短期聚合风险模型的基础上，可以建立公司的理赔总量模型TS，分析K个险种同时作用下，公司需要满足的偿付能力额度，计算公式如下：

$$TS = \sum_{j=1}^{K} S_j$$

3）长期聚合风险模型。在短期模型中，认为“丧失偿付能力”是指在考察期间、末，保费收入和初始资本不足于弥补赔付损失。而长期聚合风险模型是从动态的角度出发，认为不论任何时刻出现资不抵债的状况即发生“流动性”危机时，都意味着丧失了偿付能力。显然，这是对偿付能力更高层次的要求。

（2）破产概率模型。破产理论研究保险基金受保费收入和赔款支出的影响，探求保险基金耗尽（丧失偿付能力）的概率。破产理论假设资产价值保持不变，主要研究承保风险和再保险选择对偿付能力的影响。实际上，资产价值的变动、投资组合的绩效对保险公司的偿付能力有很大的影响，于是投资收益率、利率、资本损失、红利和股权价格逐渐被引入破产概率的研究中。

3. 风险资本模型。风险资本这一概念最早由 Spencer Kimball 在其著作《保险与公共政策》中提出，他认为固定最低资本标准作为设立保险公司的资本要求可能是合理的，但随着保险业务的不断增长，固定资本要求就难以为继了。因此，应当根据公司规模和风险状况来评估资本和盈余的充足性，当保险公司的资本和盈余达不到规定的最低标准时，监管机构就会进行干预。显然，风险资本模型是作为行业监管工具出现的，其风险的分析和测量基础是各个公司的财务数据。但从公司内部管理来讲，使用 RBC 标准来评价自我偿付能力的变化，仍然具有积极意义。

2. 风险一回报模型

这类模型的典型代表是 Markowitz 提出的均方差模型，该模型以期望收益作为回报指标，以收益的方差作为风险指标，主要用来分析投资组合风险。将 Markowitz 的投资组合理论应用于保险业，可以得到保险市场的均方差模型，利用该类模型可以分析保险公司的承保与投资最佳组合，得出效率前沿曲线。决策者可以根据决策的原则在有效边界上选取最优点。如果在模型中考虑监管限制、法规限制、产品保额限制、投资不同资产比例限制等等约束条件，则模型具有更为现实的意义。

3. 现金流分析模型

（1）现金流匹配模型。现金流匹配模型的基本思路是通过购买固定收益债券组合（不含隐含期权），使得每一时期从债券获得的现金流入与该时期约定的现金流出在时间和数量上相一致，从而规避再投资风险。但该模型在实际使用中存在不少问题：1）当负债现金流到期延长，而与之相匹配的资产在市场上不存在，完全匹配是不可能的；2）完全匹配的要求对于组合管理而言过于严格，容易造成利润损失；

3）该类模型要求对现金流的时间完全了解，这也是不现实的。

（2）免疫模型。免疫模型也称“久期匹配模型”，是以 Macaulay 的久期理论为基础，根本目的是要将资产和负债的利率风险相抵消。根据该类模型，达到免疫的条件是；资产和负债对利率的一阶偏导数（久期）相等，但资产的二阶偏导数（凸度）大于等于负债的二阶偏导数（凸度）。标准免疫模型由于假设期限结构是水平的以及假设现金流是固定不变的，也没有考虑存在隐含期权的情况，所以该方法也有缺陷。

4. 综合目标模型

上述模型的共同特点是研究某一风险或多个风险对单一目标的影响，综合目标模型则更加灵活，研究的风险变量和目标变量可以根据需要加以选择，主要有以下几种（见表 12-8）：

表 12-8 综合目标模型的种类

类别	主要内容
规划模型	规划模型的一般做法是在一定的约束条件下，使用数学规划的方法使目标函数的期望值达到最优。这类模型通常用于资产负债管理，通过设定不同目标函数，规划求解得到最优的资产负债组合。目标函数的选取可以比较灵活，比如当将风险暴露作为约束时，目标函数通常为资产收益最大化或期望效益最大化；将要实现的资本收益率作为约束时，目标函数通常为风险控制成本的最小化
统计回归模型	这种模型主要讨论保险公司偿付能力问题。通过从整个行业的角度着手，分析公司的历史数据，将公司的偿付能力作为因变量，选取可能影响公司偿付能力的财务指标作为自变量，然后使用不同的数理统计方法，得到最终的偿付能力方程。利用偿付能力方程，可以看出在行业平均水平下，各种风险因素对公司偿付能力的影响程度、影响方式以及相对重要程度，从而为公司分析各种风险暴露提供一定的依据。在不同的假设条件下，研究者可以选取单变量分析、多元分析、分组回归、非参数分析、神经网络方法等不同的研究方法
DFA 模型	DFA 方法是一种财务预测分析管理方法。区别于静态、传统的财务比率分析，该方法体现了随机性和动态性的特点，能够随机模拟不确定性环境下公司的资产、负债及未来的经营成果，为高层管理者控制经营风险提供决策依据

第五节 外汇市场风险的管理

一、外汇风险的预测

预测汇率需要掌握一定的方法，现实中企业可能自己进行预测，也可能向外部机构购买预测服务。汇率预测的方法可以归结为三种：有效市场预测法、基本分析法以及技术分析法。

1．有效市场预测法

有效市场预测法是以有效市场假说为基础的一种汇率预测方法，包括即期汇率预测法和远期汇率预测法。

（1）即期汇率预测法。如果外汇市场是有效的，即现行汇率已反映了所有有关的信息，比如通货膨胀率、国际收支状况、经济增长率等。此时，只有新信息出现时才会引起汇率波动。然而，新信息是无法预测的，因此汇率会在一定时期内随机波动，而未来汇率的期望值应该等于现行汇率。这就是以即期汇率进行预测的“随机漫步假说”，公式表达如下：

$$S_t=E(S_{t+1})$$

随机漫步假说认为，今天的汇率就是明日汇率的最佳预测值。也可以理解为汇率变动不受历史汇率水平的影响。如果某种货币的汇率变动比较小，外汇市场比较平衡，在预测该货币的短期汇率时，可以认为当前的即期汇率就是下一期的即期汇率<：这种方法只适用于市场比较稳定的情况。

（2）远期汇率预测法。远期汇率预测法与利率平价理论有关。该理论讨论了即期汇率、远期汇率和利率之间的变动关系。从中可以看出：如果外汇市场是有效的，当前的远期汇率就可以看做是在可用信息基础上得到的未来市场汇率的期望值，即：

$$F_t=E(S_{t+1}|I_t)$$

但是，当前远期汇率决定未来即期汇率这一结论是否准确，取决于市场效率能否保证资本套利行为完全无摩擦地进行、市场价格能否及时有效地反映各国通货膨胀的差异。一般情况下，当前的远期汇率和未来的即期汇率具有较大的偏差，远期汇率只能显示汇率的长期趋势。

2．基本因素分析

基本因素分析法是根据经济变量同汇率间的基本关系进行预测。这些经济变量包括利率、经济增长率、国际收支状况、通货膨胀率、市场预期、中央银行干预以及投机因素等，它们是影响汇率长期或短期变动的因素。

以购买力平价为例。购买力平价说认为各国货币兑换关系与各国货币在本国的购买力有关。例如，购买一个麦当劳汉堡，在美国、中国、德国分别需花费 3 美元、15 元人民币、1.5 欧元。这意味着 3 美元、15 元人民币及 1.5 欧元具有相同的购买力。相应地可推算出这三种货币的兑换比率，分别是 1 美元兑换 5 人民币、1 美元兑换 0.5 欧元、1 欧元兑换 10 人民币。如果一段时期后，各国物价水平分别发生不同幅度的变化，则货币之间的兑换比率也将发生变化。这只是一种极为简单的分析。事实上，除去购买力平价理论自身的缺陷外，一国汇率水平的变动要同时受多种经济因素的影响，分析过程非常复杂，结果的不确定性也较大。

基本分析法的定性研究找出了影响汇率的因素，但是不能指出影响程度的大小。因此，在结合了计量经济方法后，基本分析法下有了许多预测汇率的模型。经济主体可以借此测算出经济因素对汇率的影响程度。但是，基本分析模型也有自身的缺陷，例如独立变量的选取是否合理、政府政策或经济结构变化对变量的影响等，都会使预测结果失去意义。

3. 技术分析法

技术分析是指通过研究汇率过去的变动情况，以便找出其变化规律，进而据此预测汇率的将来走向。技术分析依赖于三个基本假定（见表12-9）：

表12-9　技术分析依赖的基本假定

项目	具体内容
价格以趋势方式演变	趋势是由波峰和波谷依次上升或下降的方向所构成的。这些峰和谷依次递升，或依次递降，或者横向延伸，其方向就构成了市场的趋势
历史会重演	即汇率的变化是有规律可循的。因此，技术分析法与认可随机漫步假说的有效市场预测法不同。技术分析人员或制图人员把汇率的历史数据画在图表中，以期找出汇率波动的规律。这个过程与各种经济指标，如经济增长率、利率等全都无关
市场行为包容消化一切	所有影响价格走势的因素都会反映在当前期和历史的市场价格中，因此可以不用考虑间接而复杂的基本面因素

二、交易风险的管理

1. 运用金融合约进行保值

金融市场上有多种交易手段可以用来进行保值。这些交易手段包括：远期合约保值、货币市场保值、期货合约保值、期权合约保值，还包括互换协议，如对等贷款、货币互换和信用互换等。企业在决定使用何种方法以前，要对每一种保值方法所预期的现金流量进行比较。

我们引入一个存在外汇风险的商业案例。

假设德国一家公司6月份向美国某公司出售一批家用电器，双方约定以美元计价，合约金额为100万美元，并约定3个月后即9月份付款。该公司的年化资本成本为12%。此外，各种套期保值交易相关汇率和利率给定如下：

即期汇率：€ 1.5640/$1；

3个月远期汇率：€ 1.5540/$1；

德国3个月期的借款利率：年8.0%（季2%）；

德国3个月期的投资利率：年6.0%（季1.5%）；

美国3个月期的借款利率：年10.0%（季2.5%）；

美国3个月期的投资利率：年8.0%（季2.0%）。

（1）远期合约套期保值。远期外汇合约，又称“期汇交易”，是指外汇买卖双方先签订合同，规定买卖外汇的数量、汇率和未来交割外汇的时间，到了规定的交割日期双方再按合同规定办理货币结算的外汇交易。

德国公司应在6月份与银行签订一份远期合约，按3个月的远期汇率€ 1.5540/$1卖出100万美元远期，9月份进行货币结算。3个月后，公司收到100万美元，根据远期合约到银行办理交割，获得155.4万欧元。如果德国公司不采取保值措施，那么当它在9月份收到100万美元时，将以到期日的即期汇率出售美元，所获欧元数量的多少与这个即期汇率是相关的。如果到期日美元汇率高于6月份的即期汇率，如€ 1.5840/$1，则德国公司的欧元收入也相应增加为158.4万欧元。如果到期日美元汇率为€ 1.5600/$1，显然，欧元收入下降为156万欧元。而这个欧元收入看起来比采取了远期合约保值后的收入还高出6000欧元。那么，是不是没有必要采取套期保值措施了？事实上，运用远期合约后，155.4万欧元的收入就已经成为不带风险的收入。而且，未来美元即期汇率水平有可能比€ 1.5540/$1还要低，若不进行保值损失就会很大。比如到期日美元汇率为€ 1.5200/$1，则欧元收入仅为152万欧元。图12–2描绘了采用远期交易后，当到期日即期汇率与远期合约价不同时，远期套期保值的收益和损失。

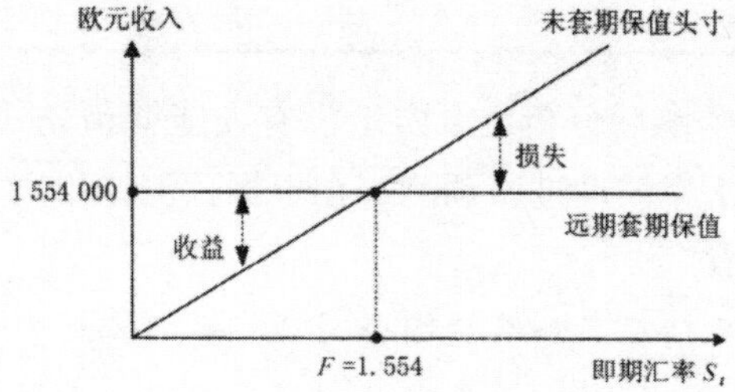

图12–2　远期套期保值中的收益和损失

图12–2中坐标轴中向右上倾斜的曲线是到期日任意即期汇率水平的欧元收

入。水平曲线是采用远期交易保值后的欧元收入。由于远期交易合约一旦签订，交割时的欧元收入不再受即期汇率的影响，因此曲线是水平的。可以看出，只要公司采取了远期保值措施，汇率的不确定性就与其无关了，欧元收入在签约时就已经确定为€ 1554000。相反，如果德国公司不对交易风险敞口进行套期保值，来自美国的销售收入结算为欧元收入时，将会随即期汇率的波动而波动。我们从图12–2 中可以看出，当到期日即期汇率低于€ 1.5540/$1，即在 F 点的左侧，公司以远期价格€ 1.5540/$1 交割所获得的欧元收入会更高一些。当到期日即期汇率高于€ 1.5540/$1，即在 F 点的右侧，公司以远期价格€ 1.5540/$1 交割所获得的欧元收入会相对低一些。若到期日即期汇率也是€ 1.5540/$1，则以远期合约价格交割和以即期汇率交割所获得的欧元收入相同，所以两条欧元收入曲线在此时相交。

表 12–10 列举了汇率波动对公司收益的影响。并对套期保值和未套期保值收入进行了比较。如果到期日即期汇率（S_t）与远期合约中的远期汇率（F）相同，则保值和不保值的欧元收入都一样，套期保值损益为零。当 S_t>F 则套期保值收益为正。相反，当 S_t < F 时，收益为负。结合图 12–2 可以看出，到期日汇率波幅越大，收益或损失的程度就越大。

表 12–10　远期套期保值的损益

到期日的即期汇率（St）	将美元收入结算为欧元收入（€）		套期保值损益（€）=B–A
	未套期保值的头寸 A	远期套期保值 B	
€ 1.5840/$1	1584000	1554000	–30000
€ 1.5600/$1	1560000	1554000	–6000
€ 1.5540/$1	1554000	1554000	0
€ 1.5500/$1	1550000	1554000	4000
€ 1.5300/$1	1530000	1554000	24000

上述分析其实是一个事后分析，事实上没有人能够预先知道未来的即期汇率。因此，企业首先需要对汇率波动进行预测，在根据预测结果决定是否需要采取保值措施，以及采取哪一种措施。

现在，我们考虑相反情况。如果德国公司现在从日本进口电子零部件，计价货币是日元，合约金额 1000 万日元，3 个月后付款。那么，此时德国公司面对的是一笔外币应付账款，即需要在 6 个月后向外支付一笔日元。对于一笔外币应付账款产生的交易风险敞口，德国公司也可以通过远期合约来进行规避。具体而言，德国公司应在 6 月份与银行签订一份远期合约，按 3 个月的日元远期汇率 ¥100/ € 1 买入 1000 万日元远期，9 月份进行实际交割。3 个月后，日元即期汇率升值为 ¥95/ € 1，但德国公司可以以远期合约价购入 1000 万日元，共花费 10 万欧元。若公司未采取保值措施，则必须以即期汇率购入日元，需花费 10.53 万欧元。

（2）货币市场套期保值。货币市场套期保值，是指通过在货币市场上借入或贷出来套期保值。企业可以通过借入（贷出）外币以便对它的外币应收（应付）账款进行套期保值，从而使资产和负债以同种货币搭配。

在运用货币市场套期保值时，德国公司从美国货币市场借入美元，随即将美元兑换为欧元，并按 1.5% 季利率（欧元的年投资利率是 6%）对欧元进行投资，希望通过这一投资所获得的收益来抵销部分交易风险敞口。而且，3 个月后德国公司可以用美元应收账款来清偿这笔美元借款，从而避免了货币兑换。

货币市场套期保值首先要确定外币借入量。

由于美元借款的到期值应该刚好等于对美销售产生的美元应收账款，因此所需借入的美元数量可以用美元应收账款的贴现值来计算，即 $1000000/（1+0.025）=S975610。若德国公司此时借入 975610 美元，3 个月后需偿还的美元本息和正好是 100 万美元，正好与货款到期日收到的美元应收账款数额相等。具体步骤如下：

步骤 1：现在德国公司从美国货币市场借入 975610 美元，季利率是 2.5%。

步骤 2：以即期汇率€ 1.5640/$1 将借入的 975610 美元兑换成 1525854 欧元。

步骤 3：将 1525854 欧元在德国投资，为期 3 个月期，季利率是 1.5%。

步骤 4：3 个月后从美国获得 100 万美元应收账款，用于偿还美国货币市场的美元借款。

步骤 5：同时，收到欧元投资的到期价值，即 € 1525854 ×（1+0.015）= € 1548742.

从上述步骤中可以看出，德国公司通过借入美元，形成 100 万美元（本息之和）的应付账款，以此对应 100 万美元的应收账款，从而规避了交易风险，使风险敞口为零。而第 5 步骤所获得的欧元数，就是德国公司对美销售中能确保的欧元收入。

与远期市场套期保值的结果 155.4 万欧元相比，货币市场保值程度低于远期市场。不过，对于德国公司而言，存在一个临界利率，可以使远期套期保值与货币市场套期保值效果一样。假设为此例中的临界利率，则 1525854 欧光的投资在 3 个月后应该等于 3 个月远期保值收入 155.4 万欧元。具体计算如下：

$$€\ 1525854 \times (1+r) = €\ 1554000$$

$$r=0.0184$$

转换成年利率为 7.38%。那么，若年利率高于 7.38%，运用货币市场套期保值有利；若年利率小于 7.38% 时，运用远期市场套期保值有利。若年利率等于 7.38% 时，两种保值方法的效果相同。

若情况相反，即德国公司需要向外支付 100 万美元货款。其他条件与上例所给条件相同。德国公司需要现在计算这笔应付款的现值，即：

$1000000/（1+2.0%）=$980392

并以 2% 的美国季利率在美国投资 $980392，这样可以保证 3 个月后有 100 万美元的本金和，并以这项投资的到期值来偿还美元货款。这笔 980392 美元资金需要由德国公司以欧元购入，当前即期汇率为€ 1.5640/$1，则需要花费的欧元是：

$980392 ×（€ 1.5640/$1）= € 1533333

而这笔欧元也要考虑到它的时间价值，若这笔欧元在德国投资 3 个月，可获得 1.5% 的收益率：

€ 1533333 ×（1+1.5%）= € 1556333 那么，€ 1556333 就是德国公司为偿还 100 万美元所承担的欧元成本。在这种情况下，到期日即期汇率的波动已经没有任何影响了。

（3）期权市场套期保值。外汇期权交易是指期权持有者获得在一定期限以约定的价格买入（卖出）一种预期升值（贬值）的货币的权利。这种权利也可以放弃，转而在外汇即期市场上以即期汇率进行买入和卖出。企业可以通过购买看涨期权对它的外币应付账款进行套期保值，购买看跌期权对应的是外币应收账款的保值。

在前面的分析中我们已经发现，远期合约和货币市场套期保值虽然可以完全消除汇率风险敞口，但是，当汇率的波动有利于企业现金流量时，企业却失去了从中获利的机会。而期权交易为企业提供了一种管理汇率风险敞口的弹性选择权。

德国公司将有 100 万美元的应收款，因此，德国公司通过购买看跌期权来抵补汇率风险。把汇率风险限制在一个已知的水平上，同时保留美元升值带来潜在收益的机会。

假设德国公司购入 9 月份到期看跌期权：合同金额为 100 万美元，协定汇率为€ 1.5500/$1，期权费为合同金额的 1.5%，即 15000 美元。以当前即期汇率€ 1.5640/$1 换算，期权费为 23460 欧元。则

期权费 = 合同金额 × 即期汇率 × 费率

=$1000000 × € 1.5640/$1 × 1.5%

= € 23460

此项交易为德国公司提供了一项权利，即未来无论即期汇率如何变动，它都可

以以€ 1.5500/$1 的汇率来兑换这 100 万美元。此外，还应考虑货币的时间价值。由于该公司的资本成本为年 12%（每季为 3%），这就意味着当前支付的期权费€ 23460 在 3 个月后的价值为€ 24164（=23460×1.03）。因而，德国公司为这笔交易支付的最终期权成本是€ 24164。

9 月份，如果美元即期汇率高于€ 1.5500/$1，则公司可不履行期权合同。此时，德国公司将在即期市场卖出美元，扣去需支付的期权费€ 24164，可换得更多的欧元。从理论上说，欧元收入可以达到无限。如果美元即期汇率低于€ 1.5500/$1，公司会选择履行期权合同，以协议价€ 1.5500/$1 卖出美元，收到€ 1550000，扣除期权费成本€ 24164，获得净收入€ 1525836，此为确保的欧元收益。

以上分析表明，期权套期保值为公司可能产生的风险损失设定了下限，而可能产生的盈余却是无限的。但是，无论如何公司需要为这种选择权支付期权费。

表 12−11 记录了在未来一系列即期汇率下，通过套期保值德国公司从美国销售中得的净欧元收益。

表 12−11 期权套期保值的欧元收入

未来的即期汇率	是否执行	欧元毛收入	期权费用	欧元净收入
€ 1.4500/$1	是	1550000	€ 24164	€ 1525836
€ 1.5000/$1	是	1550000	€ 24164	€ 1525836
€ 1.5500/$1	任意	1550000	€ 24164	€ 1525836
€ 1.5780/$1	否	1578000	€ 24164	€ 1554000
€ 1.6000/$1	否	1600000	€ 24164	€ 1575836
€ 1.6500/$1	否	1650000	€ 24164	€ 1625836

图 12−3 描绘了采用看跌期权套期保值时，与到期日即期汇率相比较后，德国公司在执行或不执行期权时的欧元收入曲线。当到期日美元汇率低于€ 1.55/$1 时，公司决定执行期权，其欧元收入为€ 1525836。因此，从原点到 E 点的欧元收入曲线是水平的。也可以说，期权套期保值为欧元收入设置了一个底线，欧元收入至少为€ 1525836。

当到期日美元汇率高于€ 1.55/$1 时，公司放弃期权，转而在即期市场卖出收到的美元应收款，扣除期权费后，获得的欧元收入不再固定，而是与即期汇率的高低有关。从 E 点开始往右，到期日美元即期汇率越高，则欧元收入就越高。而且，理论上这个收入可以无限大。因此，曲线从 E 点开始往右上方倾斜。

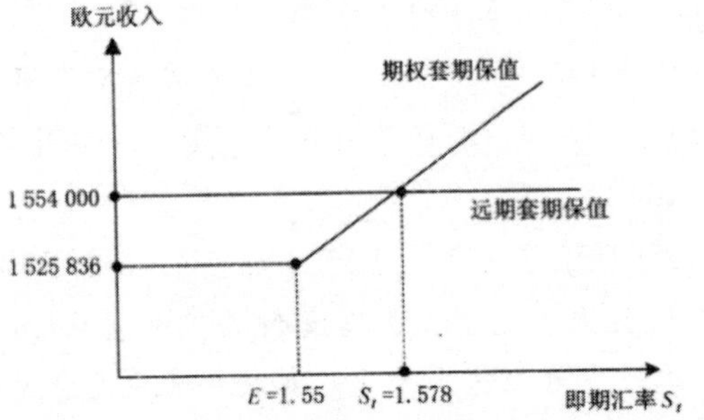

图 12–3 看跌期权保值与远期合约保值的比较

图 12–3 还比较了看跌期权套期保值和远期合约保值的欧元收入。图中的水平曲线是远期保值的欧元收入曲线，所使用的汇率是远期汇率€ 1.5540/$1。如图 12–3 显示，€ 1554000 是采用远期合约保值的欧元收入，而€ 1525836 是执行期权合约的欧元收入。如果公司希望期权保值的欧元收入与远期保值收入相同，那么 $1000000 换得的欧元数就必须是€ 1578164（扣除€ 24164 期权费，可得到€ 1554000）。因此，临界点汇率水平 $S_t^{\star}$= € 1.578（≈ 1578164/1000000）。

如果到期日美元即期汇率等于€ 1.5780/$1，期权市场的保值与远期市场的保值效果相同，欧元收入都是€ 1554000。如果未来即期汇率高于€ 1.58/$1，期权市场的保值就优于远期市场的保值。而当未来即期汇率小于€ 1.5780/$1，远期市场保值优于期权市场。

现在考虑相反情况，即德国公司需要向外支付 100 万美元。为应对美元到期升值导致更多的欧元支出，德国公司此时需要买入 100 万美元看涨期权，以应对美元应付款。若其他条件与上例相同，那么，执行合约的欧元成本是 1574164 欧元，包括购买 100 万美元的支出 155 万欧元，以及 24164 欧元的期权费支出。是否执行合约，由付款到期日即期汇率的水平决定。若到期日即期汇率高于协议价，则执行期权，这意味着可以比即期汇率低的价格购入美元。若到期日即期汇率低于协议价，则放弃期权，转而在即期市场上以即期汇率购入美元。

图 12–4 描绘了采用看涨期权套期保值时，与到期日即期汇率相比较后，德国公司在执行或不执行期权时的欧元收入曲线。当到期日美元汇率低于€ 1.55/$1 时，公司放弃期权，转而从即期市场购买所需支付的美元，考虑期权费后，需要支付的欧元成本不是固定，而是与即期汇率的高低有关。从 E 点开始往左，到期日美元即期汇率越低，则欧元成本就越低。而且，理论上这个成本可以无限小。因此，曲线从 E 点开始往左下方倾斜。

当到期日美元汇率高于€ 1.55/$1 时，公司决定执行期权，其欧元成本为€ 1574164。因此，从 E 点开始往右，欧元成本曲线是水平的。也可以说，期权套期保值为欧元成本设置了一个最高线，欧元成本至多为€ 1574164。

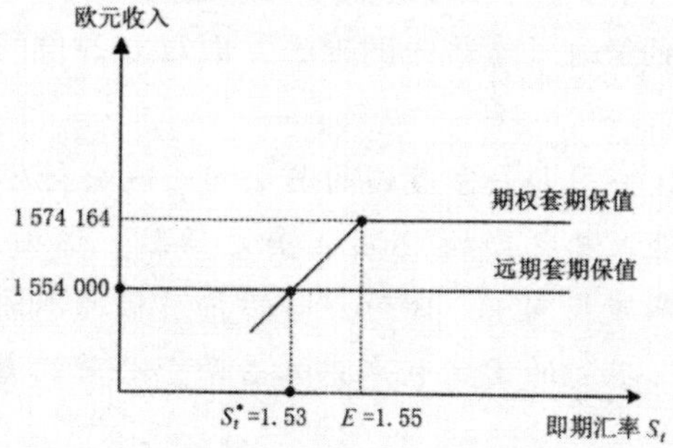

图 12–4　看涨期权保值与远期合约保值的比较

图 12–4 还比较了看涨期权套期保值和远期合约保值的欧元成本。图中的水平线是远期保的欧元成本曲线，所使用的汇率是远期汇率€ 1.5540/$1。如图 12–4 显示，€ 1554000 是采用远期合约保值的欧元成本，而€ 1574164 是执行期权合约的欧元成本。临界点的即期汇率是€ 1.53/$1[≈（€ 1554000− € 24164）/$1000000]。在临界点汇率上，两种保值措施对德国公司来说没有区别。当到期日即期汇率超过€ 1.53/$1 时，选择远期合约保值，所需支付的欧元成本为€ 1554000。当即期汇率低于€ 1.53/$1 时，选择以期权交易进行保值，所需支付的欧元成本将低于€ 1554000（见表 12–12）。

表 12–12　德国公司多种套期保值策略小结

策略	交易	结果
远期合约套期保值	1. 现在签订一份卖出 100 万美元的远期合约 2. 3 个月后，从美国收到 100 万美元，执行合约	3 个月后一定可以收到 $1554000；与未来即期汇率无关
货币市场套期保值	1. 借入 975610 美元，以即期汇率兑换成 1525854 欧元 2. 3 个月后，从美国收到 100 万美元，用于偿还借款	确保现在收到 1525854 欧元；3 个月后收到 1548742 欧元；与未来即期汇率无关
期权市场套期保值	1. 购入一份 100 万美元看跌期权，支付期权费 2. 3 个月后，根据现行汇率决定是否执行期权	3 个月后，美元贬值，则执行期权，至少可以收到 1525836 欧元；若美元升值，则有无限获利空间

（4）互换合约套期保值。货币互换，又名货币掉期，是交易双方使用两种不同的货币，约定稳定的汇率、利率计算方法，设置确定的规模和存续期而进行的资金调换。在货币互换下，有两笔价值量相同、期限相同、计算利率方法相同，但币种不同的债务进行调换，同时也对相应的债务利息进行调换。货币互换的目的在于降低筹资成本及防止汇率变动风险造成的损失，而双方各自的债权债务关系并没有改变。

假设有一家美国H公司和一家英国的B公司。H公司想借入5年期的1000万英镑借款，B公司想借入5年期的1500万美元借款。但由于H公司的信用等级高于B公司，两国金融市场对H、B两公司的熟悉状况不同，因此市场向它们提供的固定利率也不同。不同的固定利率意味着两个公司的筹资成本有高有低（见表12–13）。

表12–13　货币互换交易过程

借款利率	H公司	8.0%（美元），11.6%（英镑）
	B公司	10%（美元），12.0%（英镑）
互换策略	H公司借入1500万美元，B公司借入1000万英镑	
利率节省	节省的利率成本	2%（美元），–0.4%（英镑）
	节省的总利率成本	1.6%
互换过程	双方互换本金（假定互换汇率为&1=$1.5000，则这两笔债务的价值等价）；每年按期互换利息支付；期末以协议汇率再次换回本金，用于偿还借款	
互换结果	若不考虑安排货币互换协议的中.介费用，则H公司和B公司平均分配1.6%的成本节约，即分别享受0.8%的利率成本节省	
实际支付利率	H公司实际支付的英镑利率	10.8%（=11.6%–0.8%）
	B公司实际支付的美元利率	9.2%（=8%+1.2%）

此货币互换交易的流程如图12–5所示。

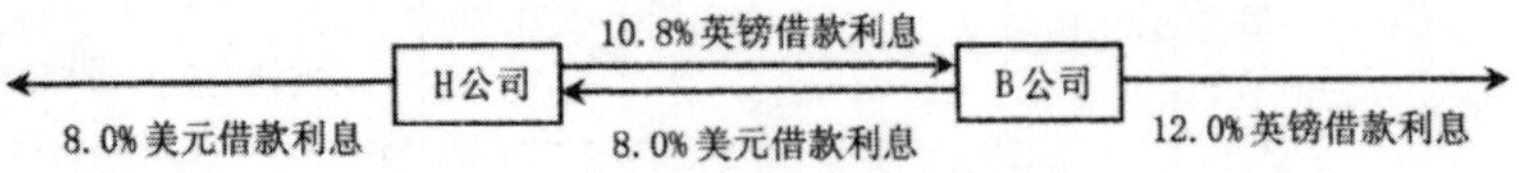

图12–5　货币互换交易过程演示

上面的例子解释了企业在筹集外币资产时，通过货币互换协议规避汇率风险，同时也降低了筹资成本。事实上，除了筹资时可能产生外汇风险敞口外，企业还经常有周期性的外币应收账款或应付账款，货币互换合约也可以对类似周期性的现金流量进行保值。企业首先要识别未来的现金流量，明确风险敞口，再通过货币互换来规避汇率风险。

2．其他保值技巧的运用

企业除了在金融市场进行保值外，也可以从其他方面来降低交易风险。如保值条款、定价政策、提前与延迟结汇等等。

（1）在贸易合同中加列保值条款。外汇保值条款是有关汇率风险承担方面的条款，规定从生意签约成交到货币实际收付结算这段时间内，交易货币若发生超过双方商定的额度时，应由买卖双方按一定比例共同承担外汇风险的损失。

保值条款的形式有黄金保值条款、外汇保值条款、特别提款权保值条款或其他复合货币保值条款等。这里以外汇保值条款为例来说明。外汇保值条款是指在合约中列出本币与外币的兑换比率，如果支付时这一比价发生变化，则参照合约中的兑换比率对应收或应付账款进行调整。

（2）提前与延迟结汇。提前意味着超前支付或收取，而延后意味着推迟支付或收取。一般地，公司希望提前收回软货币，即在预期某种货币将要贬值时，可以将结汇时间进行提前。推迟硬货币的收取，即在预期某种货币将要升值时，调整结算时间，以从硬货币的升值中获利。

然而，当一家公司希望提前支付硬货币或推迟支付软货币时，合约另一方却有着相反的想法，除非前者给予一定的补偿。所以，此策略更多地用于处理跨国公司内部的应收和应付款。例如，一家跨国公司的各子公司之间材料费、租金、利息和股息的应收和应付款。

（3）定价政策。定价包括价格变更和交易货币选择两个方面。汇率变动的影响可以通过商品价格的调整来抵消一部分。出口时企业可采用加价保值，即当用软货币计价结算时，事先就把可能的汇率损失摊入到出口价格中，以转嫁汇率风险。加价的幅度与预测的软货币贬值幅度相同。企业在进口时，如果采用硬货币计价结算，则可用压价保值的方法，即将汇率风险损失从进口商品价格中减去，以转嫁汇率风险。压价的幅度与预期的硬货币升值幅度相同。

总而言之，交易货币的选择，常常决定于双方的经济实力以及在交易中的相对地位。一般的策略是，尽量选择以本币计价；出口时选择硬货币计价结算，进口时选择软货币计价结算；选用一篮子货币计价结算。

三、折算风险管理

在编制合并报表时，当子公司功能货币与报告货币不同时，跨国公司需要把每个公司的财务数据折算为本国货币，这时就会产生折算风险。由于折算时现金流量不受到影响，因此有人认为没有必要规避或降低折算风险。然而，折算风险会对报告的合并收益有潜在影响，因此对折算风险敞口的管理也是非常重要的。跨国公司可以运用资产负债表套期保值和远期合约套期保值降低风险敞口的损失。

1．资产负债表套期保值

资产负债表保值主要通过外币风险资产和风险负债的平衡来实现对风险的控制。在资产负债表中，当风险性外币资产和外币负债达到平衡时，外币汇率变动带来的会计风险将等于零。

假设中国A公司在法国和德国都设有子公司。如果中国A公司美元风险敞口资产比风险暴露负债多200万元，那么，只要总公司或任何一个子公司的美元风险负债敞口比风险暴露资产多200万元，A公司的美元折算风险就可以被抵消了。这可以通过增加子公司美元长期借款来实现。这就是资产负债表套期保值。此时，美元对人民币的汇率波动就不再会对公司的合并资产负债表产生影响，因为用美元计量的资产价值的变动被同样以美元计量的负债价值的变动抵消了。然而，一旦任何一个子公司或者在中国的总公司对美元负债增加，就会打破平衡，折算风险敞口又形成了。

2．远期合约保值

远期合约保值就是利用远期市场保值。根据表12-6，我们知道中国A公司的子公司以美元表示的资产比负债多160万美元，即净风险敞口为160万美元。如果美元贬值，合并报表时的总利润会比贬值前低，使合并报表期股东权益下降并影响公司价值。因此，公司可以采用远期合约来实现套期保值。

假设中国A公司与银行签订远期合约，约定在未来卖出一笔美元远期，金额是160万美元，远期汇率是$1=¥8。这里的“未来”是指财务报表合并的日期。如果预期即期汇率是$1=¥7，低于远期汇率，则公司通过远期交易就可以抵补一部分折算风险。具体而言，到期日，若即期汇率与预期相同，则以$1=¥7的价格在即期市场购入160万美元，需要花费1120万元人民币。再将购入的160万美元用于远期合约的交割，汇率是$1=¥8，从而得到1280万元人民币，这一操作使公司获得160万元（=1280–1120）人民币的盈利。这个盈利可以用于抵补折算时美元净资产的下降。

此外，企业在确定可能出现的折算风险敞口时，也面临着不确定性，因为子公司资产负债表和利润表在这个期间有可能发生变动。

四、经济风险管理

在经济的全球化中，许多公司开始参与到国际活动中，比如进出口、海外投资等。这些公司的现金流量对汇率的变化非常敏感。管理经济风险的目的，就是在汇率波动中求得稳定的现金流。企业可以通过以下几个策略降低经济风险：

1．经营环节多样化

在公司的长期战略计划中考虑经营环节的多样化来防范经济风险是非常重要的。例如，在厂址、原料和零部件购买地以及销售地等战略决策时，可考虑在全球范围内进行选择。

（1）低成本产地的选择。当本币坚挺或有此趋势时，意味着外币在贬值，本国海外收益的未来现金流以本币表示时会减少，企业的竞争地位将被削弱。因此，企业可以在国际范围内选择将工厂建在成本低的国家，比如拥有廉价劳动力或生产原材料价格低的国家。或在多个国家设立生产基地，以期减轻本币升值带来的负面效应。

（2）多元化的采购政策。跨国企业在国内拥有生产基地的同时，也可以选择在价格较低的地．区购买原料或零配件，以减轻本币升值对成品出口价格的影响。如日本的家电行业和汽车制造业，在 20 世纪 70 年代开始，向东亚发展中国家和地区（如中国台湾、泰国、马来西亚和中国大陆等）输出资本，建立原料或零配件生产基地，以降低最终产成品的价格。

（3）市场分散化。销售环节防范汇率风险的方法是尽量分散产品市场。

假设中国 A 公司在德国和美国销售电器。由于人民币相对于欧元升值，A 公司电器的欧元出口价将上升，在德国的销售量可能下降。但若此时人民币相对于美元贬值，则 A 公司电器的美元出口价将下降，在美国的销量上升,，从而弥补德国销售市场的损失。因此，中国 A 公司的现金流量会比仅有一个国外市场时更加稳定。

2．财务多样化

企业资本的运营也会受到汇率波动的影响，并使得未来现金流发生变化。跨国公司可以在多个金融市场、以多种货币进行资金的筹措或投放。这样，不同货币之间的涨跌，会自动抵销公司的一部分汇率风险。

3．金融性套期保值

金融性套期保值虽然不能取代前述长期经营结构调整的方法，但是对于稳定公司的现金流量还是有很大的作用。例如，买入远期外汇合约或期权合约，并在必要的时候抛出。需要指出的是，现有的金融合约是针对名义汇率变化，而非实际汇率变化进行的套期保值。然而，公司的竞争地位受实际汇率变化的影响，所以，金融合约至多只能为公司的经营风险敞口提供一个大概的保障。

第六节　保险市场风险的管理

一、保险市场风险的内部管理

从保险公司角度来看，对保险风险进行内部管理的技术主要包括：

1．分散化

作为经营风险的行业，如何对自身承担的风险进行分散，是保险业风险管理技术中重要的一环。作为保险经营重要的一环，保险业在投资方面应利用空间的分散性、地域的广阔性、行业的多元化、品种的多样性来最大限度地促使保险公司分散风险、提高收益，由此达到降低保单成本、提高其价值和效用，使消费者最终受益的目的。

2．资产负债匹配管理（ALM）

资产负债匹配管理是指保险公司资产与负债的匹配，是对保险公司的产品组合以及投资组合两个方面的财务结果进行协调和管理的计划方案，它集中在对保险人的净现金流及与之相联系的利率风险管理上，以维持其持续的技术偿付能力。

ALM 的具体操作程序如下：首先，将资产和负债按其现金流和风险特点进行组合分类；其次，利用凸性和久期等预测性指标，对资产和负债的组合分类进行分析；然后，将久期和凸性匹配的资产和负债结合起来管理。在此过程中，用模型对可能产生的后果进行预测。主要包括动态现金流测试和动态偿付能力测试两种：

（1）动态现金流测试（DCFT）。动态现金流测试是在某一确定的评估日，在一系列预测的基本假设下，通过预测和比较资产与负债在未来某个时间段中可能的现金流的时间和数量，来分析保险公司的财务状况、偿付能力水平、准备金水平以及产品设计的可行性等。寿险公司通常采用五年的预测期，而财产保险公司则采用一年的预测期。

DCFT 是一种保险公司动态风险评估方法，主要用于对保险公司的利率风险暴露进行分析。DCFT 集中测试了保险公司提存准备金充足情况，但它只适用于长期产品以及经济条件变化非常敏感的业务，而且 DCFT 仅对确定的几种利率情景进行分析，只适用于对利率风险进行评估，而不能反映保险公司经营过程中所面临的其他风险对保险公司偿付能力的影响，并且，只有当利率假设合理地反映经济环境变化时，测试结果才有意义。由于没有考虑保险公司未来将要发生的业务，DCFT 不能充分地反映利率变动对公司经营的影响，其正确评估保险公司偿付能力的作用也要大受影响。

（2）动态偿付能力测试（DST）。动态偿付能力测试是由保险公司委任的精算师通过分析保险公司面临的各种风险，建立综合模型来测试在未来一段时间内保险公司现在和未来业务相关的准备金和盈余的充足性。精算师在调查保险公司前三年资本充足性的趋势后，根据保险公司的发展计划以及合理的假设，测试资本的敏感性，预测公司未来五个会计年度的资本水平和资本要求，并与保险公司当前的资本状况进行比较，从而判断保险公司的资本是否充足。

（3）DST 的评价。与 DCFT 相似，DST 通过设定一系列的不利情景假设，进行情景分析，考查保险公司在各种不利假设下的财务状况和未来的偿付能力。但与 DCFT 相比，DST 由于更全面地考查保险公司所面临的潜在风险，因而能更有效地反映保险公司未来的偿付能力。这主要体现在以下三个方面：

第一，DST 不仅对利率变动进行情景分析，还对其他所有影响保险公司财务状况的风险进行情景测试。

第二，DST 不仅考虑当前生效的保单，还考虑保险公司未来发展的新业务。

第三，DST 在进行情景分析时同时考虑不利假设下各方的反应以及反应所带来的影响。

3. 企业整体风险管理（ERM）

ERM 方法是在 ALM 方法基础之上的进一步优化。它依据单个相关性框架对企业管理进程中的整体风险进行测量和评估。具体而言，它包括市场风险、信用风险、投资和再投资风险、流动性风险、运作风险、精算风险和政策风险。

市场风险的管理主要采取 VaR 方法；信用风险管理的现代方法，主要是运用结构性产品，例如 ABS 和信用衍生产品。其利用的模型主要有：结构型模型、精算模型、信用级别模型、拓扑模型等。投资和再投资风险需要动态地预测资本市场的潜在变化。运营风险需要在模糊逻辑、系统动态模拟和贝叶斯信心网络模型的基础上，对欺诈风险、管理失败、模型错误、系统失败、企业运营中断、监管、会计、法律制度变革等风险进行控制。流动性风险管理可通过分析现金流的流动性要求保持一定比例的短期流动性资产，切忌再融资储备的无效使用和保持不必要的流动性。无偿付能力的风险可通过预防损失、减少损失、内部审计和比例监控等方式进行控制。

二、保险市场风险的外部监管

保险市场风险的外部管理指的是保险监督管理机构为了维护保险市场的正常秩序，为了维护被保险人的利益，也为了保险公司正常的偿付能力，对本国的保险业所进行的监督与管理方法、措施以及政策与制度规定等的总和。

1．压力测试与情景规划

（1）压力测试。压力测试是指将整个金融机构或资产组合置于某一特定的极端市场环境下，如出现经济危机、市场崩溃的情况下，该金融机构或资产组合能够承受的最大价格变动或者综合价格变动，并将这一信息应用于实际的业务活动和投资组合中，以量化潜在的收益和风险。

压力测试作为风险管理的一个辅助工具，在一定程度上弥补了如在险价值（VaR）等工具的不足。通过压力测试，可以使风险管理者了解到在极端市场情况下，金融机构所能承受的压力水平，以此来确保一旦市场出现异变的情况下，不至于使其遭受破产。做好压力测试的关键是选取合适的风险因子，应尽量选取能够影响资产组合的所有风险因子。进行压力测试或者说取得价格变动信息的主要技术方法有情景分析、VaR 压力测试和系统压力测试等。

（2）情景规划。情景规划的基础是通过假设确定情景，方法主要有历史情景法和最坏情景法，而通常情景分析采用的是最坏情景法。最坏情景法不管历史或经验上是否发生过，而是以测试者认为未来可能会发生的各种状态为情景，这些可能会发生的状态可以是平均状态，也可以是对测试对象最不利的结果。确定最坏情景的方法可以通过广泛的专业智库对市场、资产组合、市场交易等方面的了解来选取可能导致市场出现最坏情景的因素，也可以利用计算机来进行模拟。

2．资本充足性管理

（1）风险资本理论。

风险资本理论基于风险的偿付能力要求，对承保人面对的风险进行识别及分类，计算出各种风险的资本要求，总计各种风险的资本要求后进行分散和调整。此理论主要应用于加拿大和美国等国家的保险市场。

以美国的人身保险为例，人寿与健康保险公司的风险资本公式包括四类风险：资产风险 C_1（包括债权资产的违约风险与权益资产的市值损失）、保险风险 C_2（包括死亡率风险与发病率风险）、利率风险 C_3（指因利率变动而导致的直接损失以及由此引发的早期退保的损失）和营业风险 C_4（包括上述风险之外的其他风险种类）。各项风险所需的资本金计算公式为：

$$C_1=\Sigma（资产项目的资产市值\times此项目风险因子）$$

$$C_2=\Sigma（健康险保费\times此项目风险因子）+\Sigma（寿险风险净额\times此项目风险因子）$$

$$C_3=\Sigma（负债项目准备金\times此项目风险因子）$$

C_4 广泛，且较难定量分析，精算师一般对此风险进行定性分析，然后根据以往经验确定其风险资本额。

风险资本总额 C 并不是将上面计算出的四种金额简单加总，因为各种风险不是相互独立的，有的之间还存在一定相关性，应该把相关性也考虑进去：

$$C=\sqrt{(C_1+C_3)^2+(C_2)^2}+C_4$$

对于财产与责任保险公司的风险资本总额计算，思路是一样的，就是在风险划分与计算方面有不同之处。此外，还有一个指标是风险资本比率，其公式为：

$$风险资本比率=\frac{总调整后资本}{50\%\times 风险资本总额}$$

总调整后资本为保险公司法定资本与盈余、自主投资准备金、资产评估准备和 50% 保单分红责任的总和。

监管机构把风险资本比率划分为几个级别，其中若比率大于等于 200% 时，不采取任何措施；若在 150% 与 200% 之间，保险公司应向监管机构说明原因以及要采取的措施，监管机构可以给予建议；若是在 100% 与 150% 之间，监管机构进行审查，提出改进措施，保险公司提交行动方案；若在 70% 与 100% 之间，监管机构可以依法进行清算或者整顿；若是在 70% 以下，监管机构可以对其进行接管。

（2）保险监管信息系统（IRIS）。

IRIS 系统是在早期预警系统（如 RBC）的基础上，逐步发展起来的一套比较完善的指标系统，并于 1974 年由 NAIC 推行实施。IRIS 系统对财产与责任保险公司和人寿与健康保险公司各设置了 12 个指标来衡量资本的充足性，这些指标虽然简单、离散，但能起到筛选作用，在目前的技术水平下仍具有不可替代性，这些指标具体见表 12–14。

表 12–14　IRIS 的指标体系

1．毛保费与盈余的比率	7．盈余的变化
2．净保费与盈余的比率	8．负债与流动资产的比率
3．保费的变化	9．代理人的资产与盈余的比率
4．盈余的增量与盈余的比率	10．一年的准备金进展与盈余的比率
5．两年的杠杆率	11．两年的准备金进展与盈余的比率
6．投资回报率	12．预计目前的准备金赤字与盈余的比率

对于每一个比率，都有一个合理的区间。如果指标值都落在正常区间范围内，则说明保险公司风险状况良好；如果某保险公司有 4 个或 4 个以上的 IRIS 指标值超

出正常范围，则认为该保险公司处于风险状态。从而在分析阶段，对于不符合一定标准的保险公司，政府监管部门抽调有经验的财务检查和分析人员组成专家小组，重新分析年报数据和 IRIS 比率。

（3）财务分析和偿付能力追踪系统（FAST）。从 1995 年开始，NAIC 在 IRIS 的基础上针对那些至少在 17 个州开展业务并且毛保费收入超过 5000 万美元的人寿与健康保险公司以及毛保费收入超过 3000 万美元的财产与责任保险公司进行另一项附加分析，即 FAST 系统。财产与责任保险公司 FAST 系统的具体指标如表 12-15 所示。

表 12-15　财产与责任保险公司 FAST 指标

1. 净保费收入与盈余之比	13. 流动资产增长率
2. 毛保费收入与盈余之比	14. 代理人账户余额增长率
3. 准备金与盈余之比	15. 已决赔款的应收摊回款与盈余之比
4. 净保费收入增长率	16. 未决赔款的应收摊回款与盈余之比
5. 毛保费收入增长率	17. 长尾型险种的保费与总保费之比
6. 盈余津贴与盈余之比	18. 附属机构投资与盈余之比
7. 投资收益率	19. 附属机构应收账款与盈余之比
8. 盈余增长率	20. 其他应收款与盈余之比
9. 两年期提存准备金与盈余之比	21. 非投资级别债券与盈余之比
10. 综合比率增长率	22. 其他投资资产与盈余之比
11. 毛费用与毛保费之比	23. 管理者潜在风险
12. 毛费用增长率	24. 现金流出测试

3. 经济资本管理

（1）经济资本的产生背景。经济资本最早起源于 1978 年美国信孚银行创造的风险调整后的资本率（RAROC）模型，20 世纪 90 年代后期，被欧洲和美国的一些大型商业银行广泛应用，许多国际金融集团（如花旗集团）以及一些知名的国际银行（如加拿大蒙特利尔银行（Bank of Montreal）更是在自身的业务发展规划中注入了经济资本理念。许多行业协会（如 SOA、GAAP 等）、咨询机构（如 PWC）、金融企业和监管部门（如 NAIC）及评级机构（如标准普尔）对此都进行了比较深入的探索。经济资本这一概念逐渐成为金融行业衡量风险和资本管理的重要标准，经济资本的内涵不论从理论角度还是从实践角度都得到了极大的丰富。

保险行业运用经济资本的步伐较银行业落后很多。目前国际上只有一些大型的保险集团公司引入了经济资本的风险管理、资本配置办法。例如，法国的安盛集团

（AXA），作为业内对“经济资本”的主要支持者之一，早在1999年就引入了这一理念，通过多年实践，于2002年首次发布了统一的用于判断各业务线资本配置状况的经济资本计算系统。

（2）经济资本的内涵。

从概率论的观点看，经济资本是用以防范一段时期内在既定置信水平下的意外损失而留存的资本量。对于保险公司来说，经济资本可以定义为保险公司为了对付非预期风险而应持有的资本，即在某一置信度下，大于某一分位点的损失金额的期望。根据定义，如何置信水平应该如何确定，以及在给定置信水平的条件下，意外损失应该如何定义，是确定经济资本的关键。

经济资本具有以下特点（见表12-16）：

表12-16　经济资本的特点

特点	主要内容
经济资本的风险匹配	经济资本的风险匹配是指经济资本用于弥补哪一类型的损失。一般来说，可以将损失划分为预期损失（EL）和意外损失（UL）。预期损失可根据损失的历史数据统计，这一损失往往频率高、程度轻。意外损失是指超过期望损失水平以上的损失，这类损失往往发生频率较低、但程度重、很难预测、风险性较大。此外，对发生频率极低但损失程度极重的一类损失事件，通常称之为重大损失（SL）或最糟糕损失（WCL），此类风险如果运用资本分配的方式进行弥补会有较高的资本成本，因此一般采用再保险方式转移风险
经济资本的“经济性”	“经济性”即资本的有效配置。作为盈利性主体的保险公司，资本成本与内部配置至关重要，配置过多将减弱资本的盈利能力，配置过少又将影响资本防范风险的能力。经济资本的概念是基于经济现实的、动态的以及可调整的。这与现行的监管资本概念不一致。目前的监管资本设定是出于对保险公司偿付能力的要求，主要关注债权人资金的风险，并不关注资本成本、资本配置和企业效益

（3）经济资本的简要评价。经济资本的优势主要如下：1）对整个组织的所有风险做一个整体的测量；2）与风险资本和资本充足性比率比较而言，经济资本对于管理更有意义；3）强制公司将其所面临的风险进行量化，并将其整合成一个概率分布；4）不仅为组织整体，也为独立的各条业务线设置一个可接受的风险水平的框架。

经济资本的局限性：对于非保险企业来说，在企业风险管理中的资本是从经济资本开始考虑的，通常采用尾部概率的方式来衡量在险价值（VaR），譬如2000年1遇。但是对于保险人来讲，这种方式太简单，保险公司趋向于综合采用多种风险衡量方式进行风险测量，同时观测各种方式的结果是否具有一致性。

参考文献

[1] 李忠信，王吉发 . 国有资产管理新论 [M]. 中国经济出版社，2004.

[2] 张治栋，樊继达 . 国有资产管理体制改革的深层思考 [J]. 中国工业经济，2005，000（001）：47–55.

[3] 陈清泰 . 深化国有资产管理体制改革的几个问题 [J]. 管理世界，2003（8）：1–4.

[4] 毛程连 . 国有资产管理学 [M]. 复旦大学出版社，2005.

[5] 凌玉香 . 国有资产管理体制改革的深层思考 [J]. 经济师，2018，No.350(004)：289–290.

[6] 王子林 . 企业并购重组与国有资产结构优化 [M]. 经济科学出版社，2000.

[7] 杨瑞龙 . 国有资产管理模式的新探索 [J]. 现代经济探讨，2003，000（004）：3–6.

[8] 平新乔 . 中国国有资产控制方式与控制力的现状 [J]. 经济社会体制比较，2003（3）：63–68.

[9] 魏杰，赵俊超 . 必须构建新的国有资产管理体制 [J]. 改革，2002，000（006）：5–10.

[10] 王宗廷，何晓勇 . 国有资产流失的法律对策研究 [J]. 湖北社会科学，2002（12）：78–79.

[11] 李华 . BOT 项目经济风险指标及其度量方法 [J]. 城市建设理论研究：电子版，2016（11）.

[12] 孙祁祥 . 中国市场经济风险管理研究 [M]. 中国金融出版社，2008.

[13] 金京，戴翔，张二震 . 全球要素分工背景下的中国产业转型升级 [J]. 中国工业经济，2013（11）：57–69.

[14] 黄勤，杨爽 . 通过产业转型升级加快推进新型城镇化建设 [J]. 经济纵横，2014（1）：44–47.

[15] 周大鹏 . 制造业服务化对产业转型升级的影响 [J]. 世界经济研究，2013（9）：

17–22.

[16] 张银银，邓玲．创新驱动传统产业向战略性新兴产业转型升级：机理与路径[J]. 经济体制改革，2013（5）：97–101.

[17] 吴利华．企业发展中产业转型战略初探 [J]. 西南交通大学学报（社会科学版），2004，5（5）：40–44.

[18] 武健鹏．产业融合：资源型地区产业转型路径 [J]. 理论探索，2012（2）：103–105.

[19] 苏朝文，张永庆，何彬斌．传统产业转型路径研究 [J]. 金融经济，2013（8）：39–41.

[20] 王涛．资源型城镇产业转型路径研究 [J]. 商业经济研究，2013（18）：120–121.

[21] 杨琳，李建伟．金融结构转变与实体经济结构升级（上）[J]. 财贸经济，2002（2）：11–14.

[22] 梁中堂．第三产业：我国经济结构升级的关键 [J]. 国家行政学院学报，2001（3）：42–44.

[23] 夏明．FDI 与经济结构升级的理论、经验和中国面临的现实课题 [J]. 生产力研究，2004（5）：20–21.

[24] 金燕．金融结构优化对经济结构升级的作用 [D]. 西南财经大学，2007.

[25] 张巧云．发展高新技术产业推动经济结构升级 [J]. 企业技术开发，2001(11)：22–23.

[26] 张桂文．统筹城乡发展促进二元经济结构转换 [J]. 辽宁大学学报（哲学社会科学版），2005，33（1）：121–127.